北京大学震旦古代文明研究中心学术丛书之三十六

仪式圣地的兴衰

辽西史前社会的独特文明化进程

李新伟 著

上海古籍出版社

图书在版编目(CIP)数据

仪式圣地的兴衰：辽西史前社会的独特文明化进程 / 李新伟著. —上海：上海古籍出版社，2017.11
(北京大学震旦古代文明研究中心学术丛书)
ISBN 978-7-5325-8641-7

Ⅰ.①仪… Ⅱ.①李… Ⅲ.①史前文化—研究—辽西地区 Ⅳ.①K293.1

中国版本图书馆CIP数据核字(2017)第261996号

北京大学震旦古代文明研究中心学术丛书
仪式圣地的兴衰：辽西史前社会的独特文明化进程
李新伟 著
上海古籍出版社出版发行
（上海瑞金二路272号 邮政编码200020）
（1）网址：www.guji.com.cn
（2）E-mail：gujil@guji.com.cn
（3）易文网网址：www.ewen.co
上海展强印刷有限公司印刷
开本787×1092 1/16 印张13.75 字数293,000
2017年11月第1版 2017年11月第1次印刷
印数1—1,800
ISBN 978-7-5325-8641-7
K·2395 定价：68.00元

Aurora Centre for the Study of Ancient Civilizations, Peking University

Publication Series , No.36

Rise and Fall of Sacred Ritual Center: Characteristic Trajectory of Social Complexity in the Prehistoric Liaoxi Area

Li Xinwei

Shanghai Chinese Classics Publishing House

序

2004年，澳大利亚拉筹伯大学（La Trobe University）考古系的中国留学生李新伟顺利通过了论文评审获得博士学位，为他艰辛的四年留学生涯画上一个成功的句号。没有澳大利亚留学经历的人很难想象，中国留学生要在短短的三四年之内完成多少工作：不仅要掌握考古学的西方理论，学会多种分析方法，进行田野工作获取第一手资料；还要制定理论性的假设，运用各种考古学方法来检验这些理论，以便恢复数千年前的社会发展进程；当然还有用英文专业词汇表述复杂的思想，写一篇数百页的论文等。在此之后要经过三个校外评审者的严格甚至是苛刻的审查，然后是进一步修改……我想，当李新伟收到论文通过的通知时，一定感到像是在漫漫长夜的征途中终于见到曙光一样可以喘口气了，而那也是我们周围每一个人为他感到万分骄傲的时刻。

13年之后，我们看到的这本专著是李新伟在博士论文的基础上经过修订并增加不少新资料的中文版。阅读过程中令我不禁回忆起那些年在澳大利亚工作时和中国留学生们教学相长的难忘岁月，而辽西地区新石器时代的社会发展问题则是和李新伟聊天的主要话题。他思路敏捷，举一反三，经常有新的灵感出现，这些思想火花都显现在本书的章节中。

博士研究生往往都是雄心勃勃的，要在自己的论文中建立一个新的思想体系，揭示前人没有发现的真谛，而李新伟便是其中之一。他的论文命题是要描述辽河流域新石器时代四千年中复杂社会的兴衰过程，分析社会政治结构、生计模式和意识形态，揭示社会变化的动力，并解释衰落的原因。这些都是具有挑战性的研究课题，涉及有关复杂社会发生、发展的人类学理论，更重要的是掌握必要的方法将零散的原始材料整理成可以检验理论框架的数据，同时还要兼顾人文的哲理和科学的实证。

第一个挑战是如何诠释中国考古学研究的发展趋势和特点，他用"三个怪圈"来概括。第二个挑战是如何利用西方人类学理论，他虽然基本倾向于采用过程考古学传统的进化论及其相关理论来解释社会复杂化的进程，但并不拘泥于单一的理论体系，因此广泛涉及酋邦、国家、手工业生产专业化、意识形态等方面的讨论。第三是如何梳理和分析庞杂的考古资料，他运用研究聚落考古的多种分析方法来剖析从家户、村落到地域不同层次的社会组织结构。这些方法包括区域性全覆盖式田野调查，使用量化方法分析遗址等级关系，并且利用地理信息系统分析区域性的遗址分布、人口与土地利用的关系，以及村落内部社会阶层的出现等问题。可以说，这些理论和方法在本书中的运用，相当成功地再现了辽西地区新石器时代社会复杂化的历史进程。

红山文化的兴衰是一个考古界长期以来十分关注的问题，是本书分析的重点，包括多学科知识的运用，也是论述最深入的部分。李新伟从玉器的形制出发，结合中国古代宇宙观的核心因素，复原玉器所负载的思想内涵。张光直先生用“相互作用圈”解释新石器时代晚期中国广大地区出现文化相似性的观点显然对李新伟研究红山文化的性质有重要启发。他将不同地区某些类似的玉器形制与酋邦社会中酋长的政治功能联系起来，认为文化交往的内容包括不同地区的上层人物之间交换有关宇宙秩序的知识，是获取政治地位的手段。因此给予相互作用圈这一较抽象的文化概念以具体的物质、精神以及人类行为的内容。这些都是颇有新意的分析方法，对以往研究考古学文化交流时采用的概念性或文学性语言解说的传统是一个重要突破。

李新伟对于红山文化衰落的解释不是将气候变化和考古学文化兴衰作简单对应，而是探究人类在环境压力下的应对措施以及因此产生的后果。由此进一步揭示红山社会上层阶级所采取的是一种超自然的政治决策方式，无助于应对长期而日趋严重的环境恶化。这些分析有助于我们理解红山文化晚期爆发式的宗教礼仪活动的出现，以及相关的大型公共建筑的流行和大量玉器的制作。在干旱气候的威胁下，红山文化先民的应对方式显然并没有超出求神拜祖一类的宗教仪式。

当然，本书也有美中不足之处。使用地理信息系统来计算红山文化聚落人口和土地利用之间的关系是一个有发展前途的分析方法，但是在运算前如何确定所需的变量并不容易。例如作者假设红山文化是以粟作为主的农业社会，因此对聚落所需土地的计算是根据粟的产量。但红山文化是否所有地区都是以粟作农业为主，这其实是一个没有解决的问题。从浮选结果来看，兴隆沟和魏家窝铺遗址中红山文化地层出土的粟黍遗存都非常少，白音长汗遗址中红山文化的磨盘、磨棒上的残留物中有多种块根及禾本科植物，但粟黍比例极低。而稳定同位素分析显示不同遗址的人骨具有不同的碳四植物比值。这些结果说明红山文化分布区域的聚落之间存在生计形态方面的差异，不完全是以粟作农业为主，而采集野生植物在一些地区可能还很重要。因此，如何分析红山人的生计模式和土地利用问题还需要进一步研究。

当今的中国考古学，几乎每天都有新资料和新分析手段产生，也使我们必须经常重新审查以往的结论。我们对辽西地区史前社会的认识也会不断改变，但不论从理论建树还是材料分析方面来看，这部专著都可称为是研究一个地区史前文化演进过程的优秀范例。

刘　莉

2017 年 8 月 28 日

目　　录

第一章 “第三个怪圈”：研究背景回顾

苏秉琦在其《中国文明起源新探》中开章明义，指出束缚中国考古学研究，特别是史前考古学研究的两个怪圈：“一个是根深蒂固的中华大一统观念，一个是把马克思提出的社会发展规律看成是历史本身。”“大一统怪圈”的具体表现是“我们习惯把汉族史看成是正史，其他的就列于正史之外。于是，本来不同文化之间的关系，如夏、商、周、秦、汉便被串在一起，像串糖葫芦一样，一根棍串下来，成为一脉相承的改朝换代，少数民族与境外接壤的周边地区的历史则被几笔带过，这也使中国史和世界史的关系若明若暗”。在史前考古研究上的表现就是一直强调黄河流域的核心地位，认定大一统格局在史前时代就已经出现。僵化套用马克思提出的社会发展规律怪圈的表现是，“我们习惯把马克思提出的社会发展规律看成历史本身。历史本身是多种多样、丰富多彩的。把社会发展史当成唯一的、全部的历史，就把活生生的中国历史简单化了”。“结果大量丰富的考古资料也只能‘对号入座’，把一般的社会发展规律当成教条，再添加些考古资料便交差了事”（苏秉琦 1997：2~3）。在苏秉琦的大力倡导和推动下，自20世纪80年代以来，中国考古学家一直在努力挣脱两个怪圈的束缚，创建考古学研究的“中国学派”，这种努力被国内外学者公认为近三十年来中国考古学发展的主流（郭大顺 2001a；张忠培 2000；Falkenhausen 1999；Wang 1997）。

这两个怪圈的归纳，实际涉及了中国史前史研究的两大主题：文化格局角度上的“最初的中国”的寻找和社会进化角度上的“文明”的认定。本章将简要回顾两个怪圈的形成和中国考古学家奋力冲破怪圈、确立“最初的中国”和最早的“文明”的努力，以此为全书提供一个学术大背景。

本章还有一个更重要的意图，即指出阻碍中国考古学研究，特别是中国史前史研究的“第三个怪圈”——对史前各地区文明化进程一体化的过分强调。挣脱出前两个怪圈的中国考古学研究正在受到这个怪圈的困扰。本书虽然只是对中国史前时代一个重要文化区的文明化进程的个案研究，但真正的“野心”却在于跳出这“第三个怪圈”，探索认识中国文明化进程或早期国家起源的新视角。

第一节 “大一统怪圈”

一、民国的“大一统”和考古学的使命

《公羊传·隐公元年》：“何言乎王正月？大一统也。”明确提出大一统观念。颜师古

注云："此言诸侯皆系统天子，不得自专也。"此概念的核心是维护一个强有力的中央，以威服四方，维系庞大的整体。经过秦汉王朝的实践和发扬，以中央集权为核心的大一统观念逐渐深入人心（晁福林 2009），成为各历史时期王朝最着力宣扬和维护的政治理念。

1911 年，辛亥革命爆发，清王朝轰然倾倒，中华民国浴血新生。清末饱受列强欺凌的中国人期盼一个强大统一、独立于世界民族之林的新中国。虽然革命的口号是"驱除鞑虏，恢复中华"，但为了团结各族人民共建民国，孙中山提出"五族共和"的思想，这在很大程度上是以汉族为主体、融合各民族的大一统思想的继承和发扬。

自大一统思想产生起，就出现了两种证明其合理性的方式：一是将其比附于天道，二是追述上古圣王一统天下的黄金盛世。已经受到科学精神洗礼的新生民国的领导者和知识精英自然不会附会天道，而是选择了后一种方式——黄帝是中华民族共祖的观念被大力宣扬（Liu 1999, 2000a; Liu and Chen 1999）。正在此时，新文化运动蓬勃而起。以顾颉刚为首的"古史辨派"是新文化运动在史学界的先锋。顾颉刚提出著名的"层累地造成中国古史"的论断，否定了整个三皇五帝时代，并质疑在西周以前是否有真正的天下一统（顾颉刚 1982）。传统古史系统崩溃，中国上古史的黄金盛世受到质疑，大一统观念失去了强大的依托。中国上古有什么样的人文和政治景观成为国人热切期盼解决的问题。

学术界不约而同地把目光投向了新生的现代考古学。顾颉刚自己就提出，"我知道要建设真正的古史，只有从实物上着手的一条路是大路"（顾颉刚 1982：50）。胡适在《自述古史观书》中也说，"我的古史观是：现在先把古史缩短二三千年，从诗三百篇做起。将来等到金石学、考古学发达上了轨道以后，然后用地底下掘出的史料，慢慢地拉长东周以前的古史"（胡适 1982）。现代考古学因此以崭新的面貌出现在中国的学术舞台上，并承担起"科学地"重建古史的重任。当时考古工作的中心就是寻找中华文化的源头，工作地域则集中在黄河中游这一古史记载中的五帝及夏、商、周三代活动的中心。

瑞典地质学家、考古学家安特生（Johan Gunnar Andersson, 1874~1960）1921 年 6 月发掘了辽宁锦西沙锅屯洞穴遗址（Andersson 1923a），10 月才到河南渑池仰韶村进行发掘（Andersson 1923b）。但仰韶的发掘引起了更大的反响，确立了中国第一个史前文化——仰韶文化，该发掘后来被认定为现代中国考古学产生的标志。这固然与仰韶遗址遗物丰富有关，但更与其地处文献记载中的中国文明的核心地带密不可分。

如果说安特生的发现只是他兴趣所至，无意偶得的话，中国考古学家重建古史的愿望则更加迫切和明确，而且明显力图以考古资料印证被质疑的古史记载（Falkenhausen 1993）。

1925 年底，公认为中国现代考古学之父的李济所在的清华大学与美国弗利尔美术馆（Freer Gallery of Art）签订协议，由该馆资助李济进行考古调查和发掘。1926 年初，李济与袁复礼同行，赴山西南部汾河流域调查，并选择夏县西阴村遗址进行发掘。李济选择此地区的一个重要原因是文献记载的尧、舜和夏的活动区域都集中在汾河流域，他明显意在探寻以考古资料印证古史传说的可能性（李济 1927）。1928 年，中研院史语所开始了对殷墟的发掘，这是中国官方学术机构组织的首次田野考古工作，其目标是当时被质疑的殷商史的重建。同样在1928年，从清华大学返回齐鲁大学任助教的吴金鼎在山东章丘龙山镇调查，发现了城子崖遗址，为以考古资料重建古史找到了新的线索（吴金鼎 1930）。1930~1931年，史语所对城子崖遗址进行正式发掘，确立了龙山文化。

仰韶文化和龙山文化呈现出的东西并立的格局，与时任史语所所长的傅斯年经梳理文献提出的“夷夏东西”的上古时代文化格局颇为契合（傅斯年 2003），殷墟的发掘更是直接证明了《史记·殷本纪》的可信性。考古学重建古史初见成果，极大地鼓舞了考古学家们的信心，激发了学术界的热情。需要指出的是，上述古史重建工作明显是以黄河流域为核心的。这与当时的考古发现有关，也与黄河流域为古史记载中的中国文明中心有关。

新中国成立以后，大规模基本建设的开展，促使考古发掘全面展开。1949年以后，中国各地的考古发现大量增多。至1979年，“建国三十年以来，新石器时代遗址的发现已超过六七千处，大规模的调查发掘遍及全国，新的发现丰富多彩，文化类型的分析及其相互关系的探索日益深入”，经过发掘并成为考古学文化和重要类型命名地的遗址即有数十处（任式楠 2010）。面对大量新发现，梳理异彩纷呈的考古遗存的时空关系，建立考古学文化的时空框架自然而然地成为中国史前考古学的首要任务。夏鼐于1959年发表的《关于考古学上文化的定名问题》，为时空框架的建设提供了理论指导（张忠培 1994）。70年代，碳十四测年技术的应用又为框架建设提供了技术支持。1972年，中国社会科学院考古研究所实验室发表第一批碳十四数据，安志敏著文，分别讨论了仰韶文化、龙山文化以及西北地区、长江下游、长江中游和西南地区的文化序列；1981年又发表论文进行了更细致的探讨，设立“仰韶文化的类型和变体”、“龙山文化的再认识”、“江汉地区的诸遗存”、“长江下游的文化序列”、“东南和西南的遗存及有关问题”诸小节（安志敏 1972，1982）。1977年，夏鼐著文，参照碳十四年代全面地叙述了各地考古学文化的发展序列。文章按照中原、黄河上游（甘青地区）、黄河下游和旅大地区、长江中下游、闽粤沿海、西南地区、东北地区七个地区展开讨论（夏鼐 1977）。

这些经典论文的发表，可以作为中国史前考古学文化时空框架年代初步建立的标志（李新伟 2012）。

在这一长达三十年的考古学文化时空框架建设过程中，考古学家们的大部分精力用于田野发掘和以地层学为依据的类型学排比，确立新的考古学文化或类型成为研究的重点。同时，马克思主义关于社会发展和国家起源的理论被广泛运用于考古学研究中，以中国考古资料验证马克思主义普遍原理成为中国考古学家的另一项重要工作，半坡类型是否处于母系社会，大汶口文化是否发展到了父系社会等问题成为中国史前考古学的热点问题。

但对于重建古史和整体格局演变的思考并未停止。1954年，时任中国科学院考古研究所所长的尹达即指出，“我国境内这许多不同地区的新石器时代的文化，由新石器时代到青铜时代，在纵横交织着的繁复错综的关系中向前发展着；这些新石器时代的不同系统的文化，在一定的条件下，就逐渐形成中国古代史上的不同地区不同部落的文化。如果科学地系统地加以分析和研究，把地下遗存的资料整理出一个眉目来；再结合我国丰富的古代传说和少数民族的现实资料，做进一步的研究，这将使我国原始社会的研究获得更大成果”（尹达 1955）。表露出寻找中国历史时期文化格局的史前基础的意愿。

二、“黄河流域中心”模式

由于当时仍然以黄河流域的考古发现最为引人注目，也由于当时确认的最早的考古学文化——磁山—裴李岗文化等“前仰韶文化”仅发现于黄河流域，“黄河流域中心”模式成为构建中国古史的主导模式。此模式常被称为“中原中心论”，但实际上它强调的是以整个黄河流域为中心的仰韶文化和龙山文化的核心作用和强大影响力，以这种影响力作为维系各地区文化、构成史前中国文化体系的纽带。

20世纪50年代，仰韶文化早于龙山文化的事实被确认后，以“夷夏东西”为指导的仰韶和龙山两大文化东西对立的旧模式即受到了严重挑战。但“夷夏东西”模式赋予黄河中下游的核心地位并未受到质疑，只不过仰韶和龙山的东西并立变成了前后相继，黄河中下游仍然被认为在中国史前时代一直处于领先地位的中心。因此，在对于中国史前核心地带的认定，以及核心地带的领导和维系作用方面，新旧两个模式实际上是一脉相承的。

1959年，安志敏在阐明仰韶文化与龙山文化为早晚相继的两个发展阶段而非东西对立并存后提出：“从新石器时代到金属时代，黄河中下游一直是古代文明的中心，阶级社会统治王朝夏、商、周的产生与发展，也与这里的新石器文化有着不可分割的联系。据近年来所发现的丰富资料，仰韶文化是发生在黄河中下游而经过长期发展的一种新石器文化，继而兴起的龙山文化，至少在豫、晋、秦一带可能是从仰韶文化发展来的。龙山文化也同样经过长期的发展过程，而历史上的‘夏’文化，便要从这个地区的晚期文化中去探求。……据以上看法，则龙山文化承袭着仰韶文化，而‘夏’和殷代文化又与龙山文化有密切的联系。至于西周文化，则是从陕西龙山文化中演化出来的，它们的发展系统还都比较清楚。这种悠久的文化传统与不可分割的联系，奠定了中华民族古代历史的发展基础。”（安志敏 1959）

石兴邦指出：“黄河流域是我国历史发展的中心地区，历史上我国多民族国家的形成，是以这一地区为核心的。黄河流域考古学上主要问题的解决，直接间接地有助于其他地区历史问题的解决。因为，中国自古以来，以黄河流域为中心的中原居民与边疆及少数民族聚居地区的古代民族的活动，就拧结成了一条紧密的历史纽带。”（石兴邦 1959）

黄河流域一直处于领先地位，引领着周边地区的发展，并使得周边地区自史前时代开始便成为一个有“中央”的整体，而黄河流域又沿着母系社会—父系社会—军事民主制—国家的经典道路发展，孕育出夏、商、周三代王朝——这一模式将传统的大一统思想与马克思主义社会发展理论结合起来，以此建立了与时代背景和学术积累相适应的“中华民族古代历史的发展基础”。

这应该说是利用新的考古资料进行古史重建的重要成果，但同时也深受“第一个怪圈”即大一统思维模式的束缚。

三、“多元一体”

20世纪80年代，随着红山文化及良渚文化高等级遗存的发现，一个清楚的事实摆在了中国考古学家面前——黄河流域并不总是处于领先地位。辽西地区兴隆洼遗址的发掘和兴隆洼文化的命名，更说明“前仰韶”文化并非黄河流域独有，中国史前各文化区可能有自己相对独立、与其他地区基本平行的发展道路。“黄河流域中心”模式因此受到严重挑战。

早在20世纪60年代，苏秉琦就对“黄河流域中心”模式产生了疑问（苏秉琦1965），其思想源头更可以追溯到徐旭生提出的“三集团”说（徐旭生1985）。1981年，苏秉琦将以前的思考整理成文，正式提出了著名的“区系类型”说（苏秉琦、殷玮璋1981），将中国史前文化分为六大区：陕豫晋邻境地区、山东及邻省一部分地区、湖北和邻近地区（1997年改为“以环洞庭湖与四川盆地为中心的西南部”，见苏秉琦1997）、长江下游地区、以鄱阳湖—珠江三角洲为中轴的南方地区、以长城地带为重心的北方地区（图1-1）。

苏秉琦提出此文化区系的目的不是梳理考古学文化的时空框架，而是要强调两个核心内容：一是各区系沿各自的道路发展，均达到过相对高的社会发展程度，出现“文明曙光”，整个中国文明起源呈满天星斗之势；二是各地区在发展过程中除了自己的“裂变”外，相互间也有密切互动，表现为“撞击”和“融合”，即区系间的相互学习和某些区系对其他区系因素的兼容并蓄。这一模式正与费孝通1989年正式提出的中华民族“多元一体”格局相呼应（费孝通1989），力图摆脱“黄河中心”模式的大一统思想，开启以“多元一体”模式建立中国史前基础的新时代。

但“区系类型”模式侧重强调各区系的多元性，在各区系何以凝结为“一体”方面未作详细讨论，也许是认为这是一个不言自明的问题——因为这些区系都在现代中国的疆域内，也多在秦汉帝国的疆域内。苏秉琦和他的学生们常以“庖丁解牛”比喻“区系类型”模式的贡献，认为“黄河中心”模式将中国史前文化视为一头“全牛”，忽略了各地区的独立发展，而“区系类型”模式则游刃有余地划分出了各个相对独立发展的区系，黄河流域不再是核心纽带，只是全牛的一个部位而已。但他们并没有认真讨论，否认了黄河流域的维系作用后，为什么还可以将各地区看作一个整体，是一头牛的不同部分，而不是不同的牛？

在各区系的关系上，苏秉琦虽然指出各地有自己的考古学文化序列和社会发展道路，但非常诗意地提出由“华山玫瑰”到“燕山龙”，再到“汾河岸边磬和鼓”的文明火炬接力传递的模式，即认为以华山南侧的豫西和关中为核心地区的庙底沟文化彩陶发达、社会发展一度领先，影响到了以燕山北麓为核心地区的红山文化，激发了其社会发展，出现玉猪龙等具有特殊内涵的玉器，以及“女神庙”、祭坛和积石冢等仪式性建筑。红山文化又影响

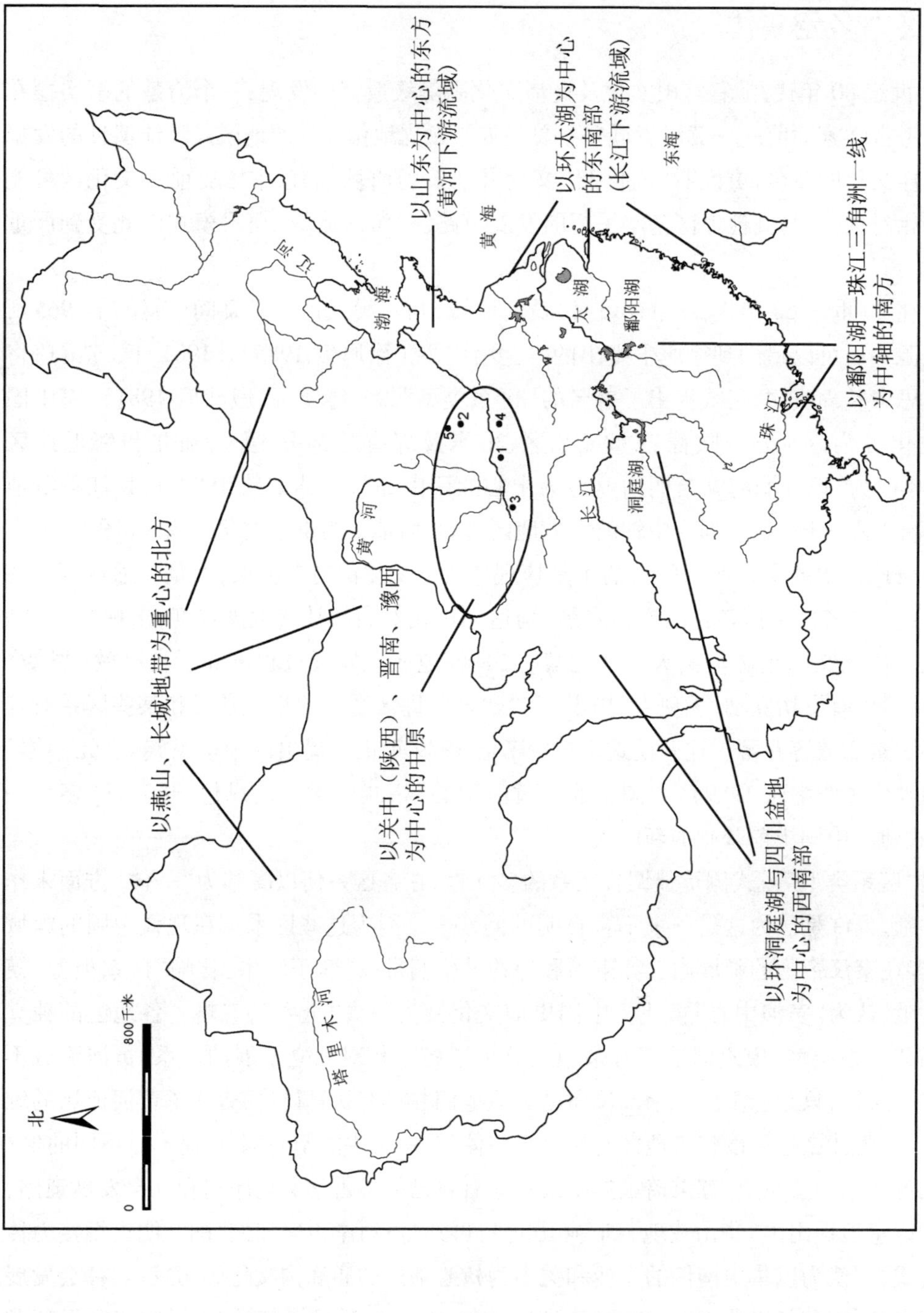

图1-1 中国史前六大考古文化区（苏秉琦，1997b）

1. 仰韶 2. 殷墟 3. 半坡 4. 裴李岗 5. 磁山

到了以汾河流域为中心的、大型墓葬中随葬石磬和鳄鱼皮鼓的陶寺文化。可见，在对中国史前时代社会发展或文明化进程的讨论中，苏秉琦采取的仍然是“一体化”的视角，即仍然认为这一过程是一出大戏，只不过主角没有被黄河流域独占，而是在不同时期由不同地区分别承担。苏秉琦还将文明火炬接力与古史传说相联系，试图把区系类型嵌入古史记载的人文地理背景，建立考古资料与古史记载的联系。

四、“重瓣花朵”

严文明提出的“重瓣花朵”模式实际是有“花心”的“多元一体”模式。他在 1987 年发表的经典文章中指出，史前文化格局中，“最著名的是中原文化区，它以渭河流域和晋陕豫三省邻接地区为中心，范围几乎遍及陕西、山西、河北、河南全境”。这一大中原地区周围有甘青文化区、山东文化区、燕辽文化区、长江中游区和江浙文化区，“这五个文化区都紧邻和围绕着中原文化区，很像一个巨大的花朵，五个文化区是花瓣，而中原文化区是花心。各文化区都有自己的特色，同时又有不同程度的联系，中原文化区更起着联系各文化区的核心作用”。“假如我们把中原地区的各文化类型看成是第一个层次，它周围的五个文化区是第二个层次，那么最外层也还有许多别的文化区，可以算作第三个层次。它包括福建的昙石山文化、台湾的大坌坑文化、广东的石峡文化，以及云南宾川白羊村、西藏昌都卡若、黑龙江新开流和昂昂溪、从内蒙到新疆的诸细石器文化等。……它们同第二个层次的关系较第一个层次更为直接也更为密切，好像是第二重的花瓣。而整个中国的新石器文化就像一个巨大的重瓣花朵”（严文明 1987）。赵辉对重瓣花朵格局何时形成、中原何时成为中心进行了阐述，认为在公元前 3000~前 2500 年之间，中原文化区开始出现，中国新石器文化呈现出以中原为中心的三重结构。

这一模式非常明确地提出大中原地区处于核心地位，但并没有像“黄河流域中心”模式一样强调中原地区一直处于领先地位，具有强大辐射力和影响力，推动着周边地区的发展，而是认为中原在文化上的核心地位很大程度上是由其地理上的核心位置决定的——中原因为位居花心，“易于受到周围文化的激荡和影响，能够从各方面吸收有利于本身发展的先进因素，因而有条件最早进入文明社会”。即中原地区因地理优势而形成文化交流优势，再形成文化发展的优势，最终由地理上的核心发展为文化上的核心，造成“重瓣花朵”格局。这一格局是“一种分层次的向心结构”，“这种格局不但把统一性和多样性很好地结合起来，而且产生出强大的凝聚力”。也就是说，中原仍然是维系各地区文化、构成史前中国文化体系的关键，但这种“维系”靠的是凝聚力，而不单纯是影响力。

“重瓣花朵”模式还非常明确地试图将各文化区系与文献记载的古代部族对应，提出中原地区“根据古史传说，这一带曾是黄帝和炎帝为代表的部落集团活动的地域，以后在这里形成华夏各族”；甘青地区的新石器文化“应是往后戎羌各族的史前文化”；在山东地区，“大汶口文化和龙山文化等就应是东夷诸族的史前文化”；燕辽地区古文化可能是燕文化的重要渊源；长江中游孕育了楚文化；长江下游诸文化应是古越族的史前文化。通过这种对应，史前时代与后来的历史发展紧密结合起来。这一模式赋予中原的核心位置使得夏王朝在中原出现成为“史前文化发展的必然结果”，这一模式的向心结构“奠定了以汉族为主体的、统一的多民族国家的基石。……即使在某些时期政治上发生分裂割据，这种民族的和文化的凝聚力量也毫不减弱，成为中国历史发展的一个鲜明特色”。由此，史前文化格局不但奠定了中国第一个王朝——夏的基础，而且预示甚至决定了后来历史发展的大方向。

此模式在尊重各地区沿各具特征的道路独立发展、各有优势的同时，强调了中原地区的核心作用，是对“黄河流域中心”模式和“区系类型”模式的整合，力求兼顾中国史前文化的统一性和多样性。更为重要的是，此模式非常明确地提出了史前的“重瓣花朵”格局奠定了历史时期直至现代的统一多民族国家的基石，也就是明确提出了历史时期和现代中国有一个史前的基础，中国的形成是一个自史前时代就已经启动的发展程序。

此模式以中原的核心地位作为维系各周边地区为一体的纽带，但没有明确说明在“重瓣花朵”格局出现之前（或公元前3000年之前），是否存在一个没有中心的“多元一体”格局。而且，自公元前3000年之后，中原地区在史前时期是否一直是向心力的中心所在，是一个颇值得商榷的问题。

五、“中国相互作用圈”

几乎在“重瓣花朵”模式提出的同时，张光直提出了“中国相互作用圈”模式。在1986年出版的*The Archaeology of Ancient China*（《古代中国考古学》）第四版中，张光直将公元前4000年的中国新石器文化分为红山、小珠山、仰韶、大汶口、大溪、山背、马家浜、河姆渡、石峡—昙石山—凤鼻头九个文化系统（图1－2），他借用了美国学者葛德伟（Joseph R. Caldwell）在讨论美国东部印第安人文化时使用的相互作用圈（Sphere of Interaction）概念，提出：“到了约公元前4000年，我们就看见了一个会持续一千多年的有力程序的开始，那就是这些文化彼此密切联系起来，而且它们有了共同的考古上的成分，这些成分把它们带入了一个大的文化网，网内的文化相似性在质量上说比网外的为大。到了这个时候，我们便了解了为什么这些文化要在一起来叙述：不但它们的位置在今天的中国境内，而且因为它们便是最初的中国。”“这个在公元前4000年前开始形成，范围北自辽河流域，南到台湾和珠江三角洲，东自海岸，西至甘肃、青海、四川的相互作用圈，我们应当如何指称？我们也可以选择一个完全中立的名词而称之为X，可是我们也不妨径便称之为中国相互作用圈或中国以前相互作用圈——因为这个史前的圈子形成了历史期间的中国的地理核心，而且在这圈内所有的区域文化都在秦汉帝国统一的中国历史文明的形成之中扮演了一定的角色。”（张光直1989）

这一模式同样强调中国史前时代存在各自独立发展的文化区，但与“区系类型”模式不同，它非常明确地强调了各地区的一体性，并以考古资料可以明确显示出来的各文化区间的密切联系和互动作为将各地区凝结为一个整体的纽带。与“重瓣花朵”模式不同，它并未强

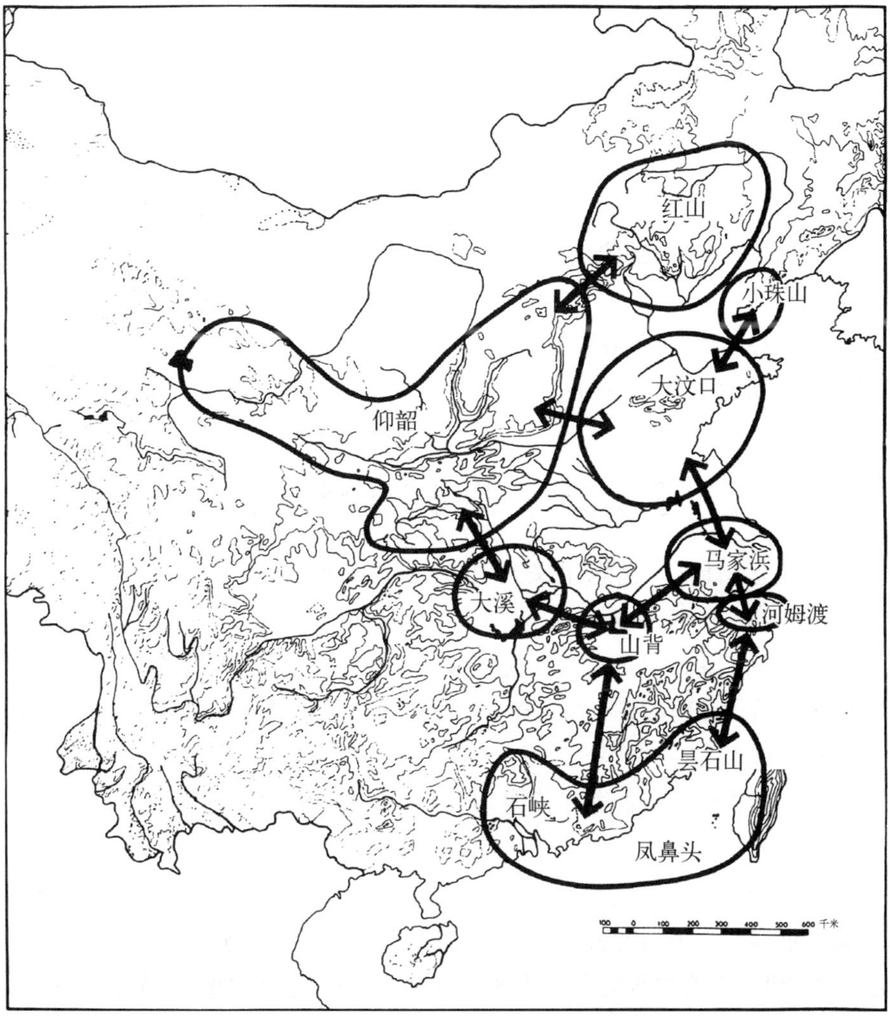

图 1－2 公元前 4000～前 3000 年“中国相互作用圈”(张光直 1986：图 197)

调中原地区的核心地位,认为没有中心的互动也可以形成此交互作用圈,也就是说,互动圈内的互动不一定是向心的,而是交叉网络式的。

张光直同样明确提出了中国的史前基础这一问题。他对“中国相互作用圈”的出现给予高度的重视,热情地称之为“最初的中国”,实际认为这一作用圈是秦汉帝国的史前基础。张光直在 1990 年前后即写成但逝世后才发表的《论中国文明的起源》,非常有助于我们体味他提出“中国相互作用圈”模式的深意(张光直 2010)。他在文中精辟地指出：“谈中国文明起源问题,第一步是决定‘文明’该如何界说,下一步便要决定什么是‘中国’文明。”明确提出在对中国文明的探索中,不能只关注什么是文明,也应关注什么是“中国”。

长期以来,很多学者执着于马克思主义社会发展普遍原理的应用和验证,中国文明起源问题被转化为：在现代中国的疆域内(或秦汉帝国疆域内),何时出现最早的符合西方学者制定的标准的国家。其实,正如张光直所言,先辨认出中国,“中国”文明起源才成为有意义的命题，而他倡导的“中国相互作用圈”模式为运用考古学方法明确辨认和论证史前“中国”，进而探讨中国文明起源提供了重要方法论。

历史时期的中国政治体制，确实可以“大一统”概括。但在中国文明初生时期，是否就已经形成了“大一统”的格局是很值得怀疑的。目前的考古资料更倾向于“以中原为中心”的历史趋势有一个形成过程，重瓣花朵的开放也需要滋养和浇灌。中国交互作用圈模式的可操作性更强，更易于摆脱史学根基深厚的“大一统怪圈”，以考古学方法重建中国古史。

本研究正是想以相互作用圈的视角，解读辽河流域的社会发展演变，从一个地区的个案出发，管窥“最初的中国”形成的多彩画面。

第二节　“第二个怪圈”

与大一统观念相比，马克思主义是引进的思想，但对中国考古学研究的影响同样深远。

郭沫若在1930年出版的《中国古代社会研究》中，将中国历史的各个时期与恩格斯提出的社会发展各阶段相对应，树立了第一个按照马克思主义的社会进化论解读中国历史的典范（郭沫若1930）。新中国成立后，马克思主义成为各社会科学研究的指导思想，考古学也不例外。用中国的考古资料证明马克思主义社会发展进化框架，成为中国考古学家的一项重要使命。

这一新使命很大程度上促进了中国考古学的发展，促使中国的考古学家们关注社会结构和社会发展问题。中国考古学在诞生之际，就有借助考古资料研究古代人类行为的传统，吴金鼎对史前陶器的研究即为范例。但建立考古学文化的时空框架和古史构建，即将时空框架与后期历史发展相联系，更多的是依靠地层学和类型学——所谓“见物不见人”的研究——就可以完成任务。马克思主义理论的引入，极大激发了中国考古学家“透物见人”的热情，也引发他们深入思考社会变革背后的动因。

尹达在其1939年完成、1955年出版的《中国新石器时代》中，认识到因为考古资料的限制，“关于中国原始公社中较早的氏族制度的社会生活的研究，现在存在着许多困难”，只能尝试用生产力决定生产关系的理论，探讨生产工具反映的生产力发展、经济形态，及其与考古学文化发展的关系，提出“以渔猎为基础的氏族制的社会”和“以农业为基础的氏族制的社会”，认为它们是前后相继的两个发展阶段（尹达1955）。并在1954年指出：“在我国，从原始共产社会到奴隶制社会的研究工作，正有赖于考古学者的大力支援，正有赖于丰富的地下资料的发掘和整理；这将有助于我国古代社会历史中某些关键问题的解决。这是马克思列宁主义在历史理论斗争中的一个重要方面，任何忽视，都会造成历史科学中的损失。”

1963年出版的《西安半坡》则引发了对母系社会的讨论（考古所1963）。大汶口墓地的发现，又引起关于父系社会的讨论。这些讨论促进了对遗迹和遗物的深入分析，对经济生活的细致发现，但存在着僵化套用、盲目比附的现象（Olsen 1987；Nelson 1995a；Tong 1995；Shelach 1999：51）。而且，还产生了一个罗泰曾经指出的（Falkenhausen 1993：846）后果，即中国考古学逐渐失去了“提出要解决的问题，做一个假设，再设计考古工作方案验证”的科学研究步骤。因为对马克思主义的僵化运用，使得关于古代社会发展的假设成为多余——革命导师们早就已经提出来了，中国考古学家需要的只是证明一个已经被全盘接受的观点。这种情况持续下来，使得中国考古学逐渐丧失了理论创新力。而丧失创新力的最主要后果，就是使得中国考古学偏离了重建古史的轨道，走上了印证马克思主义社会发展理论的道路。中国学者对此转变欣然接受，一方面是大学术环境的影响；一方面是此种研究确实开拓了研究视野和研究领域，颇为吸引人；还有一方面深层次的原因——论证中国一直沿着“普遍”的、“正常”的、“先进”的、与西方文明相同的发展道路前进，是提高民族自信心的一种方式。中国也经历过母系、父系、军事民主制、奴隶制、封建制，直接跃进到社会主义，领先了西方的资本主义一个阶段，而且还将实行共产主义，证明了在进化论阶梯上高人一阶，就等于证明了中国又站在了世界发展的前列。自清末列强入侵后，中国就一直在进行各种努力，重拾被践踏蹂躏的民族自信心。马克思主义的引入，为从社会发展的角度重拾自信提供了有力的理论框架。

但是，苏秉琦敏锐地感觉到，对马克思主义的僵化运用、将验证马克思主义普遍原理当作中国考古学的唯一重要理论建设工作，影响了中国考古学家对其历史使命——重建中国古史的追求，用他的话说，即“把社会发展史当成唯一的、全部的历史，就把活生生的中国历史简单化了”。考古学家把更多的注意力投入到把中国史前史纳入“放之四海皆准”的社会发展普遍原理范畴中，极大地弱化了他们寻找一个最初的中国，为中国的历史发展寻找一个史前基础的努力。因为这种弱化，“黄河流域中心”模式虽然受到了考古资料的挑战，却没有被认真反思；因为这种弱化，描述中国史前社会发展阶段的概念还是似是而非的“母系社会”、“父系社会”和“军事民主制”等。苏秉琦真切地感受到中国考古学研究的运行轨迹与他几十年前在宝鸡斗鸡台进行第一次田野工作时就树立的重建古史的追求渐行渐远。

1979年4月10日，在“全国考古学规划会议、中国考古学学会成立大会”上，苏秉琦在发言中指出，今后工作的一个重点是“原始社会的解体与阶级、国家的产生，以及统一多民族国家的形成和发展问题”。这实际上就是明确指出中国文明起源问题包括的两个方面：文明和中国。在讨论文明方面，可以运用马克思主义基本原理，从原始社会的解体和阶级、国家的产生入手；在讨论中国问题时，则更需要中国学者自己的理论创新。他在讲话中似乎更关注后一个问题，指出“必须正确回答下列诸问题，中国文化起源、中华民族的形成、统一和多民族国家的形成和发展等”。“这样我们就有可能对‘国家的统一、人民的团结、国内各民族的团结’，作出自己更多的贡献”。以考古学研究论证中国的史前基础，为现代统一多民族国家的稳定寻找基石的意图非常明确。

在实践中，苏秉琦并不反对运用马克思主义社会发展框架分析中国史前社会发展，在给《中国通史·远古时代》写的序言“重建中国古史的远古时代”中，他开宗明义地引用了恩格斯在马克思墓前的讲话中的名言：“正像达尔文发现了有机界的发展规律一样，马克思发现了人类历史的发展规律。”他的有关社会发展的论述均在“生产力的发展”、“氏族社会的演变”等经典概念体系内展开。他提出“第二个怪圈”的真意，不是否定马克思主义社会进化理论的适用性，而是强调运用经典理论不应该是中国考古学研究的全部，“中国”考古学还有一个很重要的部分，即“活生生的中国历史”，也就是多民族统一国家的形成过程，实际上就是要用考古资料建立中国的史前基础。

因此，他突破“第二个怪圈”的努力，不是动摇马克思主义经典理论作为中国考古学基础理论框架的地位，而是提出了一套“中国特色”的古文化发展和社会进化的概念体系，补充经典理论框架中的“母系氏族”、“父系氏族”等概念，力图在讨论经典概念、印证中国道路的“普遍性”之外，让关于“中国文明”的讨论更加接近“活生生的中国历史”，更能够与关于“中国”的讨论密切结合。他提出的中国特色的新进化路线是古文化古城—古国—方国—帝国，中国特色文明形成方式是原生、裂变和次生三种类型。但是这些概念都没有严格的定义，在实际操作过程中遇到了困难（谢维扬 2001）。到底什么是古城—古国—方国诸阶段的考古学标志有时候并不那么明确，使相关讨论易陷入概念的迷宫。

但总体而言，苏秉琦破除“第二个怪圈”的努力为中国考古学的发展和中国文明研究作出了开创性的贡献。首先，这一努力与击破“第一个怪圈”的努力形成合力，极大地激发了中国考古学界对中国史前史整体格局，也就是“中国”形成过程的深入思考。“重瓣花朵”模式、“中国相互作用圈”模式、禹贡九州与考古学文化的对应等 20 世纪最后二十年最精彩的理论构架，都是这一新的思考潮流的产物。这些思考重新强化了“重建中国古史”这一中国考古学诞生之初就肩负下来的历史使命，使得中华文明的研究回到了中国化的轨道上来。其次，研究“活生生的中国历史”的呼吁和“中国特色”进化概念体系的提出，有力促进了探究中华文明特性的考古学努力，激发出中国考古学家寻找适合中国特色的文明标准的热情，红山文化的“唯玉为葬”、“玉器时代”、“礼制的形成”、“萨满传统”等概念成为被热烈探讨的话题（高炜 1989；牟永抗、吴汝祚 1993）。

因此，苏秉琦的努力启动了中国考古学的一个新阶段，用他的话说，是“中国考古学派”形成的阶段。这一“中国考古学派”的根本特征是：用中国传统概念体系探求中国文明的独特形成道路，构建中国的史前基础。

但是，冲破两个怪圈的努力在取得这些意义深远的成果时，“第三个怪圈”已经悄然而至，成为阻碍古史重建的新障碍。

第三节 “第三个怪圈”

对“大一统”思想的继承和对马克思主义社会发展理论的僵化应用其实还有一个后

果，就是对史前中国各文化区发展道路独特性的忽视。这可谓前两个怪圈作用下形成的“第三个怪圈”。

在深受“大一统怪圈”影响的“黄河流域中心”模式中，黄河流域以外的“周边地区”没有自己的发展道路，它们的发展只是在先进的黄河流域的影响下取得的，是黄河流域发展的余波，或者说是黄河流域发展的附属部分。连独立的发展道路都不存在，遑论发展道路的独特性。

经典进化论是以寻找共性、建立放之四海皆准的普遍原理为目标的。因为对马克思主义社会发展理论的僵化运用，各地区同一时期的文化被贴上“原始部落”、“母系社会”、“父系社会”之类的标签，以便被放置到社会进化阶梯的相应阶段上。地区间的差异性在这种简单化的研究中被忽略，难以得到深入剖析。

苏秉琦冲破两个怪圈的努力并没有有力触及这“第三个怪圈”。在他的理论框架里，史前中国的发展还是被当作一个整体。他强调各区系的独立发展，但似乎这主要停留在考古学文化从早到晚自成系列的层次上，谈到社会发展，特别是进入“文明”的过程时，他采取了一种文明火炬接力的模式：先是晋陕豫交界地区华山周围的庙底沟文化兴旺发展，孕育出“华山玫瑰”；然后是庙底沟文化北上，通过一条呈“S”形的西南—东北向通道，沿黄河、汾河和太行山麓上溯，至山西、河北北部桑干河上游和内蒙古河曲地带，与源于燕山北侧的大凌河的红山文化碰撞，实现了花与龙的结合，产生出红山文化这一“原生型”文明；再后，红山文化因素和以“大青山下斝与瓮”为代表的北方因素等“一系列新文化因素在距今五千至四千年间又沿汾河南下，在晋南同来自四方(主要是东方、东南方)的其他文化再次结合，这就是陶寺”。催生了“次生型”的真正的中原文明，产生“共识的中国”，成为中华文明形成的标志。

这一在全国范围内追寻文明发展“主旋律”的模式在很大程度上是对各地区存在自己的发展道路的否定。且不说“碰撞”和“花与龙的结合”这些诗意的语言难以作为严谨科学的定义运用于考古实践，红山文化表现出的浓厚宗教性，她的发展怎么会以与文化、社会风貌截然有别的庙底沟文化的“碰撞”为前提？复杂的红山文化又怎是一个“花与龙的结合”就能概括？此外，同时期的黄河下游的大汶口文化、龙山文化，长江下游的凌家滩遗存、崧泽文化及后续的良渚文化被排斥到了文明发展的“主旋律”之外，它们似乎只是可以发展到“方国”的阶段，然后在陶寺时期贡献了自己的力量，这些地区自己的社会发展旋律便被湮没在了“主旋律”之中。

“重瓣花朵”模式的主旨是讨论中国史前文化的整体格局。在提出中原地区位居中心，四周有两重外围地区环绕，中国史前文化整体格局如重瓣花朵之势，各地区在空间上保持原位，在时间上被压平，使得这一“重瓣花朵”在时间上是一个没有纵深的平面。在“重瓣花朵”形成过程中和形成以后，属于此花的各地区的发展道路未被提及，似乎所有地区的全部发展过程就是参与了“重瓣花朵”的绽放。或者说整个中国文明起源就是一个各地区贡献力量，中原强力吸收，重瓣花朵最终形成的过程，不存在独立于此过程之外的各地区自己的过程。

与此相似，“中国相互作用圈”模式同样关注的是整体格局的构建，在确认中国史前时代存在各自独立发展的地区的同时，并没有深入讨论各地区是否存在独特的发展道路，以及这些独特的发展道路在相互作用圈的视角下是如何发展变化的。在关于“萨满文化”的讨论中，在关于“泛太平洋的底层”的描述中，我们都可以体味到对整个中国史前各地区共性的追寻。

“大一统”思想是如此的根深蒂固，深入人心，出身于中国文化传统的学者难以摆脱其束缚。“区系类型”和“中国相互作用圈”模式都否定了大一统中“中央集权”方面的内涵，提出无中央的、多元作用的格局，但未论及各区系独特的文明化进程，仍然强调各地区作为一个整体的发展。这其中的内涵是，史前的一体化是证明现代中国合理性的重要依托，让人难以割舍。这一想象中的整体发展，“火炬接力”就是我们所称的“第三个怪圈”。

因此，虽然“区系类型”模式极大地激发了各地考古学家建立本地区的完整考古学文化发展序列、宣扬本地区的社会发展先进性的积极性，但当谈到文明化进程时，他们力图证明的是本地区社会发展在整个中华文明形成这一宏大过程中扮演的角色的重要性，甚或认为自己工作的地区就是当时中华文明的代表。罗泰曾经尖锐地指出，“中原中心”模式和“区系类型”模式下文明起源研究的区别就是，在旧模式下，各文化区系是“被”一体，在新模式下，是自愿奉献的一体——一体本身并没有任何改变（Falkenhansen 1995：200）。

我们当然不反对在“中国相互作用圈”或“多元一体”的整体背景下讨论和描述中国史前社会的发展或中华文明的形成。从整体的角度观察各地区的文明化进程，关注“最初的中国”的形成，无疑是中华文明起源研究中必不可少的视角。我们提出第三个怪圈是想强调，作为这一整体下的各史前文化区践行了自己独特的发展道路，有自己的文明因素萌生、形成、发展和兴盛或衰落的完整轨迹，以这些相对独立的发展轨迹的研究为出发点，观察整体的中华文明形成过程，应该是中国文明起源研究的另一个不可或缺的重要视角。因为受到“第三个怪圈”的束缚，考古学家们更热衷于从本地区文明因素对整个中华文明的贡献的视角讨论问题、展开研究，对本地区自身完整发展序列的研究不能说没有，但被严重削弱。这种状况既阻碍了各地文明化进程的研究，也影响了对中华文明形成的总体性研究。

选择以红山文化为核心的辽西地区进行深入分析，实际上是冲破这第三个怪圈的一个尝试。红山文化接连不断的重要发现是在中国史前考古学史上大放异彩的现象，红山文化以其文化特质，为我们进行相互作用圈视野下的地区性研究、以地区性文明化进程反观整体进程提供了非常好的标本。在整体—区域相互变化、相互关照的视角下，观察整个辽西地区的发展历程，将为我们提供一些新鲜的认识（图 1－3）。

在很大程度上，我们冲破“第三个怪圈”的努力，是对“大一统怪圈”的乘胜追击。这一视角的实质是，在承认构建“最初的中国”是合理的学术诉求的基础上，提倡以对各地区的个案研究为构建的基础，清晰的地区性发展才能提供“最初的中国”的高清画面。

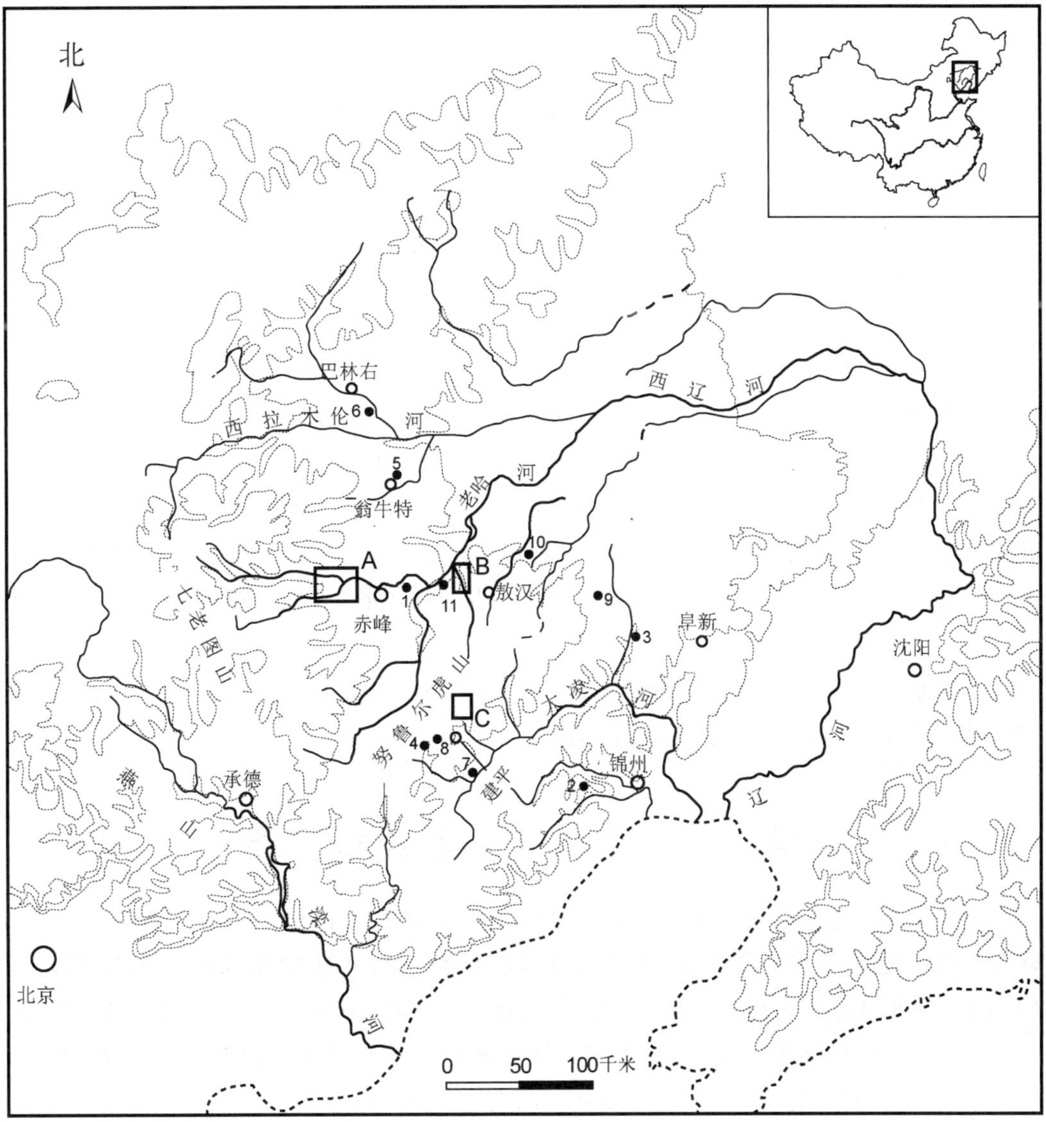

图1-3 辽西地区及其遗址分布图

1. 红山后遗址 2. 沙锅屯遗址 3. 胡头沟遗址 4. 三官甸子遗址 5. 三星他拉遗址 6. 那斯台遗址 7. 东山嘴遗址 8. 牛河梁遗址 9. 兴隆洼遗址 10. 赵宝沟遗址 11. 小河沿遗址 A. 赤峰项目研究区域 B. 蚌河下游流域调查区域 C. 老虎山河上游流域调查区域

我们对辽西地区的描述，是对其史前社会发展阶段的描述，必然涉及社会进化论的发展框架问题。苏秉琦矫正僵化应用马克思主义的方法是提出了自己的“中国特色”社会发展阶段名称，但在其主编的《中国通史·远古时代》中（苏秉琦 1994c），实际仍然使用了马克思主义的经典社会发展框架。我们的研究在突破“第二个怪圈”上也试图进行一些探索，主要措施是对西方社会发展和文明起源理论与方法的借鉴，这也是我们下一章要讨论的主要内容。

第二章　理论和方法

本章的目的是借鉴西方有关社会复杂化发展和早期国家起源的理论与方法，搭建本书的理论框架。这同时在很大程度上也是试图为突破苏秉琦指出的“第二个怪圈”，即马克思主义社会发展理论的机械套用提供解决方案，为中华文明研究中“文明”进程的研究提出一些新思路。西方关于此方面的讨论汗牛塞屋，不可能在此进行全面评述。我们只能采取一种“实用主义”的态度，选取那些对本研究最“有利”的理论和方法，或是我们认为中国的考古学研究中最“急需”的内容。因此，这里要展开的不仅是单纯对西方理论的介绍，也是对中国史前社会发展研究的回顾和反思，以及对未来开展相关研究的设想。还要说明的是，本章只是对一些理论和概念进行总体性的讨论，有些内容会在后面章节的实际应用中作更详细的说明。

这些形而上学的、有时候很像夸夸其谈的讨论的结果，是引出本书的研究具体要回答的问题，为下面各章节的叙述铺设好轨道。

第一节　进化论：单线和多线

进化论和反进化论在人类学论坛上是长期对决的老对手了（Trigger 1998）。在人类社会是进化还是非进化等方面，我们不作过多的讨论，直接引用炊格尔的经典论述（Trigger 1998：10）作为我们的意见：“进化的根本要点是：认为人类历史的主要特征是其具有可以理解的趋势性。这种趋势性包括从整体上看，会创造出规模更大、更具差别化和更复杂的结构，而且这结构的运转需要更多的人均能量消耗。”

如果按照炊格尔的标准对人类历史作总体性观察，进化的趋势一眼便知，无需任何证明。我们可以讨论这进化是好还是不好，从“幸福指数”来说是进步还是退步，但谁也不能否定现代社会比起史前时代的狩猎采集社会要复杂得多，人均消耗能量不可同日而语。但炊格尔同时也指出，虽然人类社会作为一个整体在持续进化，但在具体的地区，一个具体的社会进程有时候会发生停滞甚至退化。

但是很多自信的进化论者还是倾向于认为大多数人类社会都经历了或即将经历相似的进化过程，并且根据民族学或文化人类学的成果，设计出了不同的社会进化框架，认为大多数人类社会曾经或即将沿着进化的阶梯一级一级向上攀登（Feinman and Neitzel 1984）。中国考古学界最熟悉的“梯子”是母系社会—父系社会—军事民主制—奴隶制国家—封建制国家这一发展序列。20 世纪 60 年代，受到美国学者怀特（White 1949，

1959)的影响,西方出现了所谓“新进化论”学派,提出了另外两个在考古学研究中影响深远的进化论框架,描述人类社会由初级阶段进化到早期国家的历程。一个是塞维斯提出的“游帮(band)—部落(tribe)—酋邦(chiefdom)—国家(state)”框架(Service 1962),另一个是弗雷德提出的“平等社会(egalitarian society)—分级社会(rank society)—阶层社会(stratified society)—国家(state)”框架(Fried 1967)。

自这两个发展框架被提出起,就引发了激烈的讨论。桑德斯和威博斯特将其称为“单线进化”框架,提出用这种框架只是描绘了人类社会整体的进化过程,但很难表现人类社会行为的多样性。即使处在这些框架的同一发展阶段的社会,也是千差万别的,这种进化框架无助于我们认识丰富的个案差别。当考古资料不断积累,我们面对的古代社会发展现象更复杂时,这种单线进化框架的弊端就愈发明显(Sanders and Webster 1978)。

斯图尔德在1937年就提出了一种多线方案。这直接源自他一直坚持的文化生态学研究方法。他研究了诸多形态各异的、难以用单线进化概括的社会,指出处于相似的生态系统、采取相似的资源获取模式的社会可能发展出相似的社会组织、意识形态和发展历程。因为生态环境是千差万别的,人类社会的形态自然也千差万别(Steward 1937)。

作为斯图尔德的得意门生,桑德斯和威博斯特综合新进化论者的思考和斯图尔德的生态方法,提出了他们的多线进化模式,糅合上述两个进化框架对社会发展阶段的划分和命名,但摒弃了单线进化论中从初级到高级一成不变持续进化的程序。他们认为,主要是因为所处的自然环境不同,人们的生产条件和生产结果也会不同。比如,农业的风险程度、农作物品种的多样性、农产品的产量等,在不同的环境中会有很大差异。因此,在不同环境内的人类社会的发展道路也必然不同,呈现出多线的趋势。如图2-1所示,有些地区会从平等社会直接发展到酋邦社会,并在外来因素的影响下,发展到国家;有些地区会由平等社会发展到阶层社会,再发展到国家;有些地区会由平等社会发展到酋邦,再发展

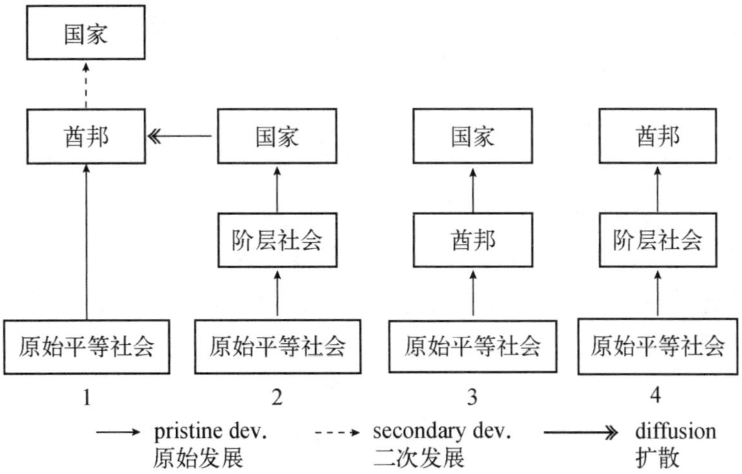

图2-1 多线进化论

(Sanders and Webster 1978: 图11.13)

到国家；有些地区的平等社会发展成阶层社会后，会演变成酋邦，不会发展出国家（Sanders and Webster 1978）。

艾尔也提出了他的多线进化理论，但其着眼点不是生态环境差异这一外因，而是权力运作这一内因。他认为，在不同的历史条件下，会有各种不同的权力来源，这些不同来源按照不同权重相互组合，理论上可以形成无数种不同的权力结构。权力的来源及其组合方式不同，直接影响着一个政体的社会发展。理论上说，各个社会可以沿着无数条不同的道路走向社会复杂化（Earle 1997：13）。

更有考古学家对新进化论社会发展框架的理论基础提出质疑。新进化论的经典作家萨哈林在 1960 年的著作中曾写道："某一文化发展阶段的任何类型的例证从本质上说都可以代表其他类型的例证，不管这一例证是来自属于民族学的现代例证，还是来自考古学。"（Sahlins 1960：33）换句话说，民族学的例证和考古学的例证是可以通用的：我们如果在民族调查中发现一个社会类型，就可以认为它能够代表考古遗存中发现的某一时段的社会发展阶段；反之亦然。这一论断成为很多学者攻击的目标。

尤费就对此提出了尖锐的反驳。他认为新进化论者这种构建理论的方式完全属于恣意妄为——他们专横地把各种主要在民族学调查和研究中发现的社会标本从它们的历史背景中拽出来，然后同样专横地把这些标本按照发展程度从低到高分类。他们根本罔顾一个事实：这些被拽出来参加进化论排队的民族社会是同时并存的，根本不存在相互递进的关系。他进一步指出，不可能通过人类学家或民族学家对现存社会的短期观察来构建人类社会长期的演变过程的模式（Yoffee 1993）。佛兰纳瑞持同样的观点，指出新进化论的社会发展框架是民族学家而非考古学家提出来的，关于人类进化这一长期过程的理论是考古学家的研究课题，民族学研究将民族学调查发现的社会形态按照自认为的复杂程度排队而构建出的各种"阶段"只是一种"先验性"的、没有经过实证的设想（Flannery 1983）。

尤费提出了一个他自称为"新社会进化模式"的社会发展模式，同样认为权力的不同运作方式会产生千差万别的进化轨道。如图 2－2 所示，在尤费的模式中，不是所有人类社会都沿着社会进化的阶梯逐级上升，进化的道路有很多种，如果以原始的"游帮"为起点的话，有些游帮会一直延续下来，有些可以发展成部落，有些可以发展成酋邦，有些可以发展成国家。在这些发展主干上，还会出现"分叉"，如有些游帮在向酋邦的发展过程中，会偏离轨道，或转而走上向部落发展之路，或转而走上向国家发展之路。人类社会的发展就是这样一幅歧路纷呈的复杂场景。从图 2－1 和图 2－2 的对比中就可以看出，尤费和桑德斯等都强调多线的社会进化，但两者也有差别。桑德斯等的多线论是以生态环境的多样性为基础的，而尤费的多线论和艾尔一样，是以权力运作方式的多样性为基础的。除此之外，尤费还反对新进化论框架把进化过程划分为若干"阶段"的做法，特别强调对于某个社会来说，进化过程是一个整体性过程，所以他的图示中，每一条进化主干上都没有阶段划分。他举例说，如果在民族学调查中发现了一个酋邦社会，我

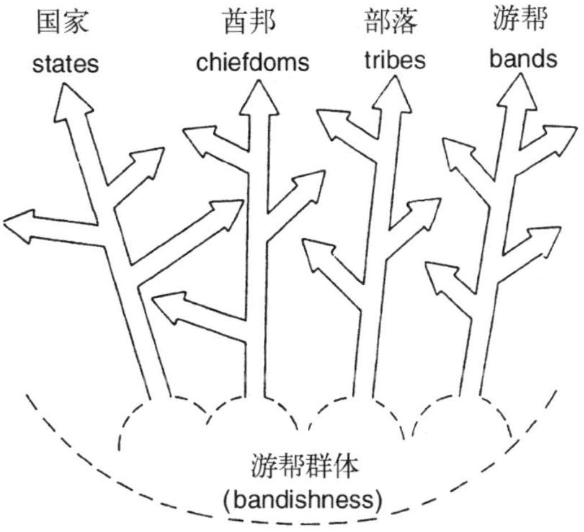

图 2-2　尤费的新社会进化模型
(Yoffee 1993:图 6.6)

们不应该把它当作正待发展为国家的社会来认识,而应该把它当作一个不同发展道路的结果来考察。在进行跨文化对比时,也不应该专注于某文化"相当于"另一个文化的某一"阶段",而是应该对比两个文化的完整发展轨迹(Yoffee 1993: 73)。

尤费的这种"新社会进化模式"在某种程度上与反对新进化论的"后过程"思潮很合拍。后过程考古学的领军人物霍德同样反对新进化论者的跨文化比较方法,认为那种比较和归纳为了追求一致性,牺牲了各文化的独特性,忽视了特殊的历史因素可能影响整个文化发展序列这一事实。他强力呼吁文化和历史进程的独特性必须得到充分的认识(Hodder 1982: 4~5)。

目前,越来越多的考古学家开始认识到,对世界范围内丰富多彩的社会发展道路的异同的研究比机械地认定某个社会属于主观设定的进化论阶梯上的哪一级更有意思,也更有意义(Yoffee 1985; Murray and Walker 1988)。大家的共识是,考古学家和人类学家不能只专注于跨文化对比以发现普遍的社会发展规律、构建普遍性社会进化框架,研究的重点应该转移到对考古资料反映的各个历史发展过程的研究,整体上对比各个地区发展道路的异同(Drennan 1991; Earle 1991)。

如上一章讨论过的,新中国成立以后的几十年中,很多中国考古学家都将马克思主义社会发展框架当作"放之四海而皆准"的普遍原理,试图以中国的考古资料加以证明。这无疑促进了中国考古学的发展,尤其是对社会结构和社会发展变化的研究,但也陷入了苏秉琦指出的僵化运用经典理论的"第二个怪圈"。苏秉琦本人冲破此怪圈的努力之一是打造中国特色的社会发展阶梯,运用古代文献中的词语和概念,以适应对中华文明形成的探寻。在世界文明研究的大背景下,这当然是符合新潮流的、追求中华文明特色的努力;但在中华文明研究的背景下,却弱化了对中国史前各主要文化区独特发展道路的研究。上述西方学者提出的各种多线进化模式,以及后过程考古学的"历史主义"的观点(赵辉

1999）是进一步打破“第二个怪圈”，特别是我们上一章指出的“第三个怪圈”的利器，也正是我们对辽西地区社会复杂化进程研究的理论基础。

我们同意人类社会的总体发展趋势无疑是不断进化的，对这一过程进行总体性研究并发现其规律具有重要意义，是人类学家和考古学家们的首要任务之一。虽然有些后过程主义考古学家意图抛弃进化论的理论模式（Hodder 1986；Shanks and Tilley 1987：chapter 6），但这些理论在考古学研究中仍然是必不可少的（Kristiansen 1991）。但是，正如斯本塞指出的，虽然对文化发展的进化观点是任何史前文化发展过程研究中不可或缺的基点，但考古学家同时要清醒地认识到，对于任何一个我们具体研究的文化进化系统来说，其独特的历史因素均在发展道路的形成中扮演了重要角色（Spencer 1990）。因此，对各个历史进程进行个案研究，探寻其独特性，是“整体进化趋势”研究的基础。就中国的史前史研究而言，将各主要文化区的社会复杂化进程当作一个独具特色的整体进行研究，是对中华文明的形成进行整体研究的基础，而各地区的文明化进程无疑不是沿着单线进化论的框架逐级升高的，而是呈现出多线进化的更纷繁复杂也更动人的场面。

辽西地区的社会发展进程正是这诸多多线进化进程中的一个，需要放置在其独特的历史地理文化背景中作长时段的全面的考古学观察。需要说明的是，如上一章所言，“中国相互作用圈”的形成、“最初的中国”的形成是中国史前史中的重大事件，为中国历史时期的发展奠定了史前的基础。我们强调对各史前文化区相对独立的独特发展道路的个案研究，并不是想否定此相互作用圈的存在，否定区域间的交互作用对各文化区发展进程的重要影响。与此相反，对各个独特的社会发展进程的充分研究，正是为了让我们更深刻地认识区域间相互作用的实质和相互作用形成的机制，更牢固地建立起中国的史前基础。

尤费对于划分社会发展阶段的批评和对社会发展进程不可分割的整体性的强调很有道理，但跨文化的比较是认识各独特发展进程的必要手段，而要比较，就要有相关的术语系统（Trigger 1993）。与辽西地区社会复杂化进程关系最密切的是“酋邦”这一概念及与之相关的一系列理论与方法。本章后面的部分将对此进行详细的介绍和评述，为后续研究搭建理论框架。但我们在一开始就要指出的是，我们并不认为“酋邦”是对红山文化社会发展阶段的最佳命名。详细讨论“酋邦”这一概念的目的，是利用世界范围内的前国家复杂社会的研究总结出的理论与方法，描述辽西地区独特的发展道路。

第二节　酋邦研究的回顾

一、“酋邦”概念

酋邦概念在20世纪50年代就已经在人类学研究中出现，但塞维斯的研究（Service 1962）才使这一概念真正盛行开来（Welch 1991）。塞维斯主要依据萨哈林对波利尼西亚社会的民族学调查资料（Sahlins 1958，1963）提出了一个包括四个发展阶段的进化框架，即从游帮到部落到酋邦最后到国家的发展进程。对于酋邦，他列举了一些基本特征，包括更高的人口密度，更复杂的或更有组织性的社会组织，出现了可以协调经济、社会和宗教活动的中心等，还特别强调了一点，就是酋邦进行"再分配"的重要意义。他指出："在很多情况下，而且在所有个案里都特别重要的是，酋邦的出现与在特定环境中生产的专门化和产品再分配中心的出现密切相关。"具体来说，在一个地区内，因为自然环境的不同，不同的聚落会生产出不同的产品，产品集中和再分配必不可少，促成了产品集散中心和酋邦的出现。所以塞维斯下了一个简明的定义："酋邦就是有一个长期的中央协调机构实行再分配的社会。"(Service 1962：144)(图 2－3)

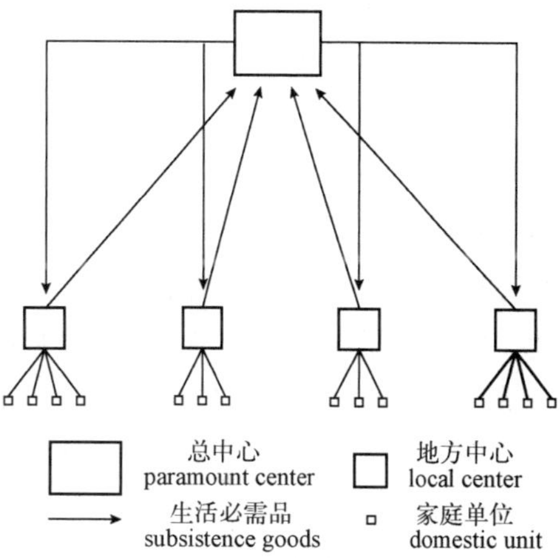

图 2－3　经典再分配示意图

(Welch 1991：图 2.1)

自塞维斯的著作出版以后，对处于游动的狩猎采集社会和国家之间的"过渡阶段社会"的研究兴趣日益增长。这主要是因为社会科学研究者们认识到，如果要明了国家级社会的等级化政府、市场经济和社会分层的演变过程，就一定要了解前国家社会的社会分化和领导阶层出现的过程(Feinman and Neizel 1984)。在关注早期国家研究几十年后，研究者们开始认识到，"我们需要探究比国家简单，又比平等部落的结构复杂得多的社会的过渡性"(Renfrew 1974：71)。酋邦在世界的各个角落被考古学家们辨识了出来(Yoffee 1993)：伦福儒在欧洲发现了酋邦(Renfrew 1974)，桑德斯等在史前时代的玛雅高地发现了酋邦(Sanders and Webster 1978)，德瑞南在美洲的各个地区发现了酋邦(Drennan 1991)，艾尔在美索不达米亚发现了酋邦(Earle 1987)，文德安(Underhill 1991)、刘莉(Liu 1996)和吉迪(Shelach 1999)在中国也发现了酋邦。

但是，酋邦的队伍越壮大，给酋邦下详细的定义就越难。塞维斯原来的定义受到了强力挑战。很多学者指出，他特别强调的"因为环境差异造成的产品再分配的迫切需要"不是酋邦社会的特点，也不是其形成的动力(Peebles and Kus 1977；Steponaitis 1978；Helms 1979；Feinman and Neizel 1984；Earle 1987)。艾尔在其研究中指出，一般而言，各个社群在基本食物方面都是自给自足的，酋长对食物的再分配不是促成各社群整合的基础，只是在发生饥荒和举行大规模公共宴饮活动时才发生(Earle 1977，1978，1987)。伦福儒列举出了 20 项酋邦的特征，想让酋邦更看得见摸得着，特别是在考古实践中更容易辨认(Renfrew 1974)。但费曼和内泽尔的研究又证明，美洲地区前国家复杂社会千差万别，任何对酋邦的限定都失之偏颇(Feinman and Neitzel 1984)。

在这些热烈的争论后，艾尔在 20 世纪 90 年代编辑出版关于酋邦的专著时，只给酋邦下了一个非常宽泛的定义：一个有中心的包括数千人口的区域政体(Earle 1991)。我们在对辽西史前社会，特别是红山文化社会的研究中就借鉴了这个宽泛的定义。但如前所述，这并不是说红山社会可以用酋邦来称呼，而是想借鉴西方与酋邦社会的理论和方法来对辽西史前社会发展进行分析。正如伦福儒所言，一个概念的价值不在于其真实性，而在于其实用性（Renfrew 1974）。

二、酋邦的产生

在设计酋邦进化框架的时候，古典进化论者们认为进化的起点是平等社会，如果出现不平等现象，就算进入了酋邦社会。在他们心目中，"平等"是指社会中没有阶级或显著的分化。所以，很多社会虽然有家庭或家族间在财富和权力方面的显著差别，还是被他们归入了平等社会之列（Hayden 2001）。但是目前，是否有真正平等的社会受到了学术界广泛的质疑。很多研究证明，在原来认定的所谓的平等社会里面，普遍存在着性别、年龄、技术和威望等方面的差异或不平等（Flanagan 1989；Paynter and McGuire 1991），而且在任何人群里，每个人的野心、个人魅力和技艺也都是有差异的（Clark and Blake 1993；Feinman 1995）。寇恩更是提出所有社会系统都包含着等级因素，也就是说都会出现领导者和随之而来的威望，即使存在的时间很短（Cohen 1974：78）。因此，人类学家和考古学家们开始认为，超越了年龄、性别、个人魅力、家庭地位等因素的制度化的不平等的出现才是酋邦级别社会形成的标志（Berreman 1981；Feinman 1995；Hayden 2001）。

对于此类制度化的不平等或酋邦级别社会产生的原因的解释可以分为两大类：一类是强调意识的、社会的和文化的因素，另一类则强调物质的和生态的因素（Hayden 2001）。其中后者强调的是外因在社会复杂化发展过程中的作用，认为社会变化是对存在的社会问题的反应。例如，宾福德就曾宣称："当我面对诸如为什么会出现复杂的社会系统这样的问题的时候，我的第一反应就是问人们想用这新系统解决什么样的问题。"（Binford 1983：221）环境压力（Sanders and Webster 1978）、人口增长（Boserup 1965；Cohen 1977；Rosenberg 1998）、农业的发展、灌溉系统的建设和战争（Service 1962；Carneiro 1970）是最常被提及的催生酋邦级别社会的动因。

这些外因确实对社会发展有重大影响，但它们都不足以解释所有的社会发展过程（Earle 1991）。普罗格就曾经指出，环境在社会发展中的作用常被过分夸大了，应该发展出解释文化变革的新模式（Plog 1990）。他认为对社会发展的全面解释应该关注内因和外因的互动，而不是只纠结于其中之一。克拉克和布拉克（Clark and Blake 1993）提出，人口增长没有也不能迫使人们发明或者采用不平等的社会组织形式。费曼（Feinman 1991）对中美洲高地的社会复杂化进程的研究表明，在该地区的复杂社会出现之前，没有任何环境压力和人口压力的证据。因此，意识的、社会的和文化的因素在社会发展中的作用日益受到重视。像酋邦这样的区域政体产生的"政治过程"正在成为研究的重点（Earle 1991；Hayden 2001）。

在这种对"政治过程"的研究中，促成变革的动力是对威望或社会地位等政治因素的自私的追逐(Clark and Blake 1993)。艾尔(Earle 1997：2)就宣称过："我愿意遵循政治逻辑,相信领导权带来的个人利益足以解释对威望和权势的追逐。"

在 20 世纪 90 年代,研究者提出了"积聚者"(accumulator)或"扩张者"(aggrandiser)概念,代指那些追求个人利益的政治人物(Hayden and Gargett 1990; Clark and Blake 1993)。克拉克和布拉克认为,不平等和社会复杂化的发展是长期的过程,"扩张者"们持续地追逐自己的利益,不经意间,催生了社会的复杂化。随着时间的推移,一些"扩张者"成了拥有制度化权威的酋长,使得临时性的威望增值为法规化的权力。这一模式为我们提供了很有价值的视角,提示我们在研究中更多关注文化、社会和个人行为方面的因素,寻找不同社会复杂化进程的内因。

正如费曼指出的(Feinman 1995),研究不平等产生的最佳方式是避免"环境—人口决定论"和片面强调文化发展道路特性的"特殊论"两个极端。我们在对辽西社会发展进程的研究中也将关注外因和内因两个方面。

三、酋长的领导策略

随着"政治方法"的流行,对于酋长的领导策略,即酋长们获得和维持权力的方式的分析日益成为酋邦研究中的热点(Earle 1991)。艾尔提出了权力的三个基本来源：经济、军事和意识形态。他认为,经济权力的基础是对关键生产资源或消费品的独占,获得了经济权力就可以买得服从;军事权力来自通过胁迫获得的服从;意识形态权力来自通过礼仪获得的服从(Earle 1997：6~8)。

一些学者强调经济权力的重要性。艾尔就认为在三种权力中,经济权力最扎实,是促进大规模、长时间的社会组织形成的有效力量,对基本生活用品和财富的生产和交换的控制是政治权力的基础。一些研究者强调物质财富对于那些怀有野心的个人获得权力的重要性。"扩张者"常常被描绘成勤劳的农人,通过辛勤的劳动积累下他们最初的物质财富,接下来,依靠日益增长的财富,通过宴饮、贸易、战争和仪式等策略,追求社会威望和权力。海顿也提出剩余食物是所有"扩张者"追求政治权力之路的起点(Hayden 2001)。

但是,对意识形态权力重要性的认识也日益增长(Miller and Tilley 1984; Bradley 1991; Steponaitis 1991)。德瑞曼(Drennan 1991)、费曼(Feinman 1991)和斯蒂普昂奈提斯(Steponaitis 1991)等学者从自己的研究出发,都强力认为,中美洲和北美密西西比河流域的酋邦中,都没有发现占有土地或占有储藏设施之类的严格经济控制的确凿证据。把人们聚集成一个社会政治系统的真正力量是操纵仪式活动,是掌控在宗教上占有核心地位的仪式中心和具有神圣内涵的外来物品的交换。例如,费曼在其对中美洲高地瓦哈卡谷地"形成期"的经典研究中,严密证明了政治组织的变化是与区域间交流和仪式活动的变化紧密相关的(Feinman 1991)。这表明宗教在分散独立的农业社群的一体化过程中发挥了显著作用。

研究者们指出，艾尔在其理论框架中提出的严格的经济控制不适于对酋邦起源问题的研究，只有在复杂酋邦形成、出现阶级系统后，这样的经济控制才可能出现。在真正的阶级系统出现以前，意识形态已经渗透进社会生活的各个方面，依托宇宙自然秩序建立起了社会秩序；只有借助对意识形态的操纵才能实现对劳动力和生产的控制。拜尼斯、尤费(Baines and Yoffee 1998)和乔希(Joyce 2000)都指出，在中美洲，社会上层获得权力的第一步是证明他们拥有关于宇宙秩序的知识。贝尔曼对秘鲁末车谷地的研究得出的结论是，意识形态方面的领袖魅力是所有政治组织形成的起点(Billman 1999a：158)。伦福儒也认为早期社会中的宗教系统“再也不能被当作解释文化变革的次要原因了”(Renfrew 1994a：51)。

根据艾尔的总结(Earle 1997：151~159)，获得意识形态权力的主要策略可以归纳为两类：一是意识形态的物化，二是建立交流威望用品(prestige goods)和神秘知识的网络。所谓“物化”，就是把思想、价值观、故事和神话等意识形态的内容转化成看得见摸得着的形式，包括公共仪式活动、标志性的物品、公共建筑和景观以及文字记录等。思想观念要经过物化才能被社会认知，成为文化的有机组成部分。作为一种权力来源，意识形态必须让人们通过切身的体验来确定它的真实存在，必须要通过相关物品的生产活动建立起对它的控制。不管是对已经存在的意识形态规则进行控制，还是想创造维护社会上层合法地位的新规则，都需要对这些规则进行各种形式的“物化”。

韦德洛维奇在20世纪60年代末就提出了“威望物品经济”(prestige goods economy)的概念(Coquery-Vidrovich 1969)，费曼等人在70年代又对其作了进一步发展(Friedman 1975；Frankenstein and Rowlands 1978)。皮波斯对密西西比河流域土丘期社会的研究很好地诠释了这个概念(Peebles 1987：34)。他精辟地指出，在实行“威望物品经济”的经济系统中，物品的价值是由地理距离和社会距离两个因素决定的。从地理距离上讲，越是来自远方的东西价值越高；从社会距离上讲，越是社会上层使用的物品价值越高。因此，交换网络对社会上层非常重要。交换把不同社会中的社会上层联系起来，通过频繁的交换活动，他们形成了一个跨地区的上流阶层，有效强化了他们在各自的社会中的超越一般民众的地位。

在赫尔姆斯的经典著作《古代巴拿马：寻找权力的酋长》中(Helms 1979)，她用大量民族学材料雄辩地证明，通过远距离交换获得外来的标志财富的物品和神秘知识，巴拿马酋长们可以宣称拥有“世界性”的权力，证明自己的神圣性和超越其所在的酋邦的“非本地”合法性。在晚近的论文里，她描绘了获得宗教权力的“二维性”，即垂直和水平两个维度。宗教权力垂直维度的获得就是与天上的超自然力量的上下沟通，或者自己做“精神旅行”直上天庭，或者做法请神灵降临。宗教权力水平维度的获得就是社会上层做“实体旅行”，即亲自到各地旅行访学，或者请人来面授机宜。

艾尔也指出过，社会上层证明其权力的一个办法就是建立普通民众难以完成的与外部势力的联系，外来的表示财富和威望的用品可以显示社会上层的“超越本地”(nolocal）的合法性（Earle 1991）。

事实上，正如费曼和内泽尔在他们对美洲前国家社会的全面研究中提出的，没有一个酋长获得领导地位的通用公式。酋长们使用的领导策略总是由他们所处的特殊文化和自然环境限定的（Feinman and Neizel 1984）。艾尔也提出，获得权力的最有效的方法是综合利用各种权力来源。他所提出的三种权力来源都不足以独自保证权力的获得和相关政治机构的建立。这些权力来源可以被组合成无限多的形式，也就产生出无限多的社会进化路线（Earle 1997：12～13）。

四、酋邦的分类

如前所述，在世界各地被考古学家和人类学家发掘出来的酋邦类社会千差万别，对其进行分类自然成为研究者们的一项重要工作，也成了他们探讨不同的社会复杂化道路的重要手段（Earle 1991）。

根据发展程度的不同，酋邦被分成了简单酋邦和复杂酋邦两类。判断发展程度的标准一般是佛兰纳瑞提出的"决策层级"的多少，他认为社会复杂化的一个重要标志是"决策层级"的增多（Flannery 1972）。斯蒂普昂奈提斯认为，简单酋邦只有一级决策机构，而复杂酋邦有两到三级决策机构（Steponaitis 1978：420）。怀特根据他对两河流域前国家社会的研究，将此分类表述为简单酋邦在地方社群之上有一级控制组织，复杂酋邦在地方社群之上的控制组织在一到两级之间变动（Wright 1984：42）。艾尔提出的划分标准更侧重于人口规模。他认为简单酋邦的人口规模为几千人，地方社群之上有一级政治组织，社会中有等级差别。复杂酋邦的人口规模可以达到上万人，在地方社群之上有两级政治组织，社会中出现了阶层（Earle 1991：3）。

这种分类的目的不仅是划分不同种类的酋邦，而是意在探讨国家社会的发生过程。怀特指出，他的划分是其早期国家发展理论的组成部分，其隐含的意思是，简单酋邦和复杂酋邦是前国家社会发展的两个相互衔接的阶段，即国家是由简单酋邦发展到复杂酋邦再最终发展而来的（Wright 1984：67）。但刘莉对中国黄河流域早期国家起源的研究并不支持此进化路线（刘莉 2007）。她认为，中国最早的国家级别政体以二里头文化为代表，是从中原地区的简单酋邦发展起来的；而周边地区的复杂酋邦却处于停滞状态或已经衰落。

上述以决策层级为基础的划分法为考古学家提供了一个很具操作性的酋邦分类法，尤其被广泛应用于区域聚落考古学研究中。

按照社会上层的领导策略的特征划分酋邦社会的方法在20世纪60年代就已经出现，这些不同的分类方案指导思想基本相同，一般将酋邦分为两类：一类特别关注整体的利益和与基本生活物资相关的经济活动；另一类则关注某些个人的利益和威望，强调建立交换表达威望用品的交流网（Feinman 2000）（表2－1）。伦福儒、艾尔、布兰登和费曼提出的分类方案是其中的代表。

表 2-1　酋邦“二分法”的不同表述(Feinman 2000：表 3.1)

网络型(Network)	合作型(Corporate)	出　处
财政领导者型 (Finance-based big man)	生产领导者型 (Production-based big man)	Strathern 1969
非合作组织型 (Noncorporate organization)	合作组织型 (Corporate organization)	Schneider and Hansen 1972
个人取向型 (Individualizing chiefdoms)	集体取向型 (Group-oriented chiefdoms)	Renfrew 1974; Drennan 1991
奢侈品系统型 (Prestige-goods systems)	竞争宴饮型 (Big-man competitive feasting)	Friedman 1982
财富基础型 (Wealth-based)	知识基础型 (Knowledge-based)	Lindstrom 1984
财富财政型 (Wealth finance)	必需品财政型 (Staple finance)	D'Altroy and Earle 1985
财富分配型 (Wealth distribution)	必需品分配型 (Staple distribution)	Gilman 1987

伦福儒根据他对欧洲史前社会和世界其他地区前国家社会的对比研究,将酋邦划分为两类：集体取向(group-oriented)酋邦和个人取向(individualizing)酋邦。前者在考古遗存中的特征是以贵重物品为标志的个人财富不会给人留下深刻印象,但存在通过集体活动强化社会整合的证据;后者的特征则相反,表现个人财富和标志威望的物品的大量存在,等级化明显,但往往缺乏大型公共集会活动的证据(Renfrew 1974：74)。虽然没有明确说明,但伦福儒也有将这两种酋邦视作递进发展的两个阶段的倾向。但德里曼对中美洲和南美洲北部酋邦的研究发现,这两种酋邦是并存的(Drennan 1991)。

德阿尔特瑞和艾尔在对印加帝国经济系统的研究中提出了必需品财政(staple finance)和财富品财政(wealth goods finance)的概念(D'Altroy and Earle 1985：188)。必需品财政侧重于强制收取国家税收,包括生产者的产品、特殊税赋以及强制在国家土地上劳作获得的产品。这部分收入被用于支付国家工作人员的工资和国家工程雇佣临时性劳力的费用。财富品财政侧重于获取具有符号价值的特殊物品。社会上层或通过长距离交换,或通过控制其附属工匠的生产获得这些物品,用来赏赐给支持者。

提出这两个概念的原意是描述国家级社会的两种财政类型。但后来艾尔把它们用在了他钟爱的酋邦研究中(Earle 1991,1997)。他提出可以按照酋邦财政取向的不同把它们分为必需品财政型和财富品财政型(或威望品财政)(Earle 1997：209)。在必需品财政酋邦中,酋长拥有农业设施,掌握着经济基础。农业剩余产品被用来进行战略性投资,用来支持农业的持续发展,也用来谋取经济权力以外的其他权力。在财富品财政酋邦中,社会上层重视“出口”经济,开展范围广大的区域间交换,获得的外来物品可以用来物化意识形态,并可以作为一种“政治货币”用于社会上层维护领导地位(Earle 1997: 209~210)。

布兰登和费曼根据酋邦“政治经济策略”的不同,将其分为网络型(network)和合作型(corporate)(Blanton and Feinman 1996)。合作型酋邦重视集体仪式、公共建设、社会整合和亲属联盟,经济差别相对不那么明显;与此相反,网络型酋邦把个人威望和财富的积累放在最显著的位置,重视个人关系网络、远距离交流网、外来奢侈品交换,并发展显示身份等级的特殊工艺品的专业化生产(Feinman 1995)。他们还指出,两个类型的酋邦都可以沿着不同的发展道路达到不同的复杂程度。

这种被称作“政治/经济”分类的二分法(Feinman 2000)对研究酋邦社会不同的权力运作方式和不同的发展道路颇具启发性。

五、酋邦的衰落

传统进化论者热衷于讨论新的进化阶段的兴起、起源、出现、发展和壮大等问题。但20世纪90年代以来,衰落即复杂化的倒退问题的研究也日益引起学者们的重视(Tainter 1989: 4)。学者们认识到,衰落同样是人类社会系统的基本特征之一,对衰落进行研究,不仅是因为衰落会引发很多我们至今未充分认识的社会现象,也因为这其实是我们深刻理解发生衰落的社会各个方面的另一个重要角度(Yoffee 1988: 2)。艾尔认识到,大多数酋邦其实并没有进化到国家级社会,而是发生了衰落(Earle 1991)。越来越多的研究者们认识到了酋邦社会的不稳定性和在发展与衰退间的循环性,也认识到进化到强大的国家只是社会发展的特例而非“正常”结果(Mann 1986)。因此,对衰落的研究自然成为酋邦研究的重要组成部分。

事实上,对衰落问题的研究有很长的历史。古希腊人认为文明就像有机体一样,逃不出诞生、成长和死亡的循环。斯宾格勒(Spengler 1918~1922)和汤因比(Toynbee 1961)都继承了这一观点,确信衰落是文明难以摆脱的宿命。

在新进化论者的头脑中,衰落意味着没能成功进入下一个进化阶段。塞维斯用一种生物学的方法解释衰落。按照他的“进化潜力法则”,对于一个进化阶段适应得越好,形成的适应该阶段的特性越多的社会,进化到下一个阶段的潜力就越小。原因很简单,适应得特别好,就没有改变的必要,形成了许多适应特点后,想改变也难。这就像过于适应某种环境的动物就会难以适应其他环境,灭绝的危险更大(Service 1975)。佛兰纳瑞则试图用他擅长的系统论作出解释,认为当社会各部门紧密联系,形成一个系统后,任何一个子系统的问题都会影响其他子系统,最终导致整个社会系统的崩溃(Flannery 1972)。

尤费指出了新进化论者们对衰落的分析的一个共同误区,即认为衰落就是整个社会的全盘崩溃。尤费认为没有一个国家或文明的各个部门会发生程度相同的崩溃,在有些部门失灵时,其他部门并没有失败,而且,更多的注意力要放在衰落以后发生的事情上(Yoffee 1988)。这一观点也适用于对酋邦衰落的研究。

除了对衰落的这些理论性讨论外,还有大量对衰落的具体原因的讨论。泰因特对这些原因进行了归纳，将其分为两类，与涉及起源的原因一样，也可以分为内因和外因（Tainter 1989：42）。虽然他的研究重点是国家和文明的衰落，但对酋邦衰落的研究也有启发意义（表 2－2）。

表 2－2　衰落的主要原因

外　因	内　因
关键资源即社会赖以生存的资源被耗尽或其来源被断绝（主要由于环境和气候变化）	对环境应对的失败
新资源基地的建立（新资源可能会打破原来在资源获取上的不平等，造成社会复杂化的退化）	阶级冲突，社会对立，社会上层为谋取私利造成的管理不当或胡作非为
一些不可控的灾难的发生（例如火山爆发、地震和瘟疫等）	经济原因：复杂化的效益降低，复杂化的损耗加大，复杂化的代价过高
其他复杂社会（与其他复杂社会发生的竞争是衰落的重要原因）	
外来入侵者	

不难发现，很多造成衰落的原因也是前面我们讨论过的促成酋邦兴起的原因。这提醒我们面对同样的内部或外部挑战，应对方式的不同，会造成社会的进步或衰退，关键的不是挑战，而是应对方式。

第三节　酋邦的考古学研究方法

伦福儒列举出了下列 20 个酋邦的常见特征（Renfrew 1974：73）：

1. 存在等级的社会。
2. 有酋长组织进行产品再分配。
3. 人口密度更高。
4. 一个社会内的人口数量增多。
5. 居址规模增大。
6. 生产力提高。
7. 边界更明确。
8. 社会整合性更强，核心性职位（socio-centric statuses）增多。
9. 出现社会、经济和宗教中心。
10. 服务于更广泛的社会事务的仪式和宗教活动增多。
11. 出现宗教集团。
12. 开发整个周边环境，因为环境物产的差异，会产生再分配。
13. 专门化生产，不仅是区域性的或生态环境性的专业化，也包括将个体工匠集中起来进行大规模生产。

14. 公共劳务的组织和使用,或为了农业生产(如兴修水利),或为了建筑寺庙、庙冢和金字塔等。

15. 手工业生产专业化的发展。

16. 疆域扩张的趋势——这与酋邦的兴衰有关。

17. 内部争斗的减少。

18. 社会内部个人间和集团间的不平等成为普遍现象,出现持久的领导阶层,且涉及经济以外的其他领域。

19. 社会上层的特征明显的服饰。

20. 还没有出现依靠法律的力量作出决定的政府。

他进一步指出,这些特征都有可能在考古遗存中辨认出来。辨认这些特征的考古学方法很多,我们在此只简要讨论本研究中主要使用的两种方法: 聚落考古和墓葬研究。

一、聚落考古

(一) 聚落考古的简单回顾

戈登·威利承认他第一次听到"聚落形态"这个词是在斯特伍德那里(Willey 1999),但他本人在1946年主持的秘鲁维鲁河谷的调查被认为是对区域聚落形态进行系统研究或聚落考古的里程碑(Willey 1953)。威利给聚落下的定义是:"人们在其生活的景观中安置自己的方式。"(Willey 1953: 1)与当时流行的通过陶器的类型学研究建立考古学文化的年代序列不同,他的调查意在"对遗址自身的结构、位置和遗址间的空间关系作出些分析,并期望以此为基础,发现建造并生活在这些聚落中的社会的信息"(Willey 1974: 153)。

张光直发展了聚落形态考古理论,将其提升为以考古资料分析古代社会的最重要的方法(Chang 1958: 324)。他指出:"考古学家的首要任务是划分家户、社群和集团,而不是依据物质遗存的时空分布情况划分区域。因为如果没有社会做背景的话,文化遗存就毫无意义。"对聚落形态的研究因此成为相对独立的研究方法。考古学家们开始认识到,考古遗存除了本身蕴涵各种信息以外,其空间关系中也蕴涵着重要信息(Chang 1968; Clarke 1977)。

张光直提出聚落考古研究包括微观和宏观两个层次,分别对应社群内部的社会系统和社群之上的社会系统(Chang 1968)。炊格尔则提出可以分为三个层次: 单体建筑、社群布局和区域形态(Trigger 1968)。此分类被普遍接受,被表达为家户和建筑、社群和聚落及区域(Earle 1978; Sharer and Ashmore 1987),或微观层次、半微观层次和宏观层次(Clarke 1977)。

区域范围的聚落形态研究是聚落考古成果最丰硕的部分。威利的维鲁河谷调查在当时并没有引起什么反响，直到20世纪70年代，美索不达米亚和墨西哥谷地区域调查成果出版，此方法才受到真正的重视（Adams and Nissen 1972）。同类的调查成为时尚，日益增多，范围遍及世界，其中在中美洲规模尤其宏大。20世纪最大规模的聚落调查项目是墨西哥瓦哈卡谷地调查，历时25年，覆盖面积达到惊人的6 500平方公里（Finsten and Kowalewski 1999）。由于张光直的引介和提倡，此方法也被引入中国（Liu and Chen 2001）。

借鉴经济学、地理学、建筑学、生态学和民族学中关于人类行为的空间关系的研究成果，结合考古资料，考古学家们发展出了一系列具有启发性的模式。此外，随着计算机技术的发展，对空间信息资料的处理和分析能力得到了极大的提升。尤其是地理信息系统、遥感和全球定位系统的应用，更为考古学家开展大规模区域聚落考古、处理海量信息提供了利器（Billman 1999b）。

社群层级的研究也是聚落考古的重要组成部分。艾尔提出过，要了解酋邦社会的演进，一定要把家户和社群当作相对独立的单位进行研究，要了解家户和社群之间的竞争关系，了解他们与整个酋邦政体的关系（Earle 1991）。

张光直是开展社群层次聚落考古研究的先驱之一。他认为社群基本与考古学中的遗址或聚落相对应。他对考古学中聚落的定义是"一个社群的成员在一定的时间内生活、获取食物并进行社会活动的地点或一组地点"（Chang 1968：3），直接建立起了遗址和社群的对应关系。虽然这一定义引发了一些不同意见（Willey 1968；Willey and Sabloff 1993：173~176），而且在考古遗存中辨别出社群确实相当复杂（Marcus 2000），但在考古实践中，对非城市化的农业社会来说，聚落确实是进行社群层次研究的最佳单位。炊格尔也认为社群与聚落大体对应。他提出社群层次的分析应该涉及地理位置，每个建筑的居住人数及居住密度，建筑和空间的结构，聚落内部和周边进行的活动以及聚落的外围界限等方面（Trigger 1968）。

家户是聚落考古的最小单元，大体对应考古发现的单个房址。炊格尔提出了家户研究的几个要点，包括居室的面积、形状、建筑方法、内部布局以及居室内和周围进行的活动的内容等。后过程考古学特别强调对个体行为的研究，有力促进了家户考古的发展（Allison 1999；Liu 1994：99~128；Meadows 1999）。

我们在这里难以展开对聚落考古的全面讨论，只能重点介绍与酋邦级别社会有关的聚落考古方法。

（二）聚落形态和社会复杂化

聚落考古是最流行的研究社会复杂化的考古学方法之一（Earle 1984，1987）。

在区域层次方面，聚落的等级分化被公认为复杂社会出现的有力证据。怀特指出，酋邦在考古遗存上的反映之一就是聚落的等级差别，聚落的等级数量对应着政治系统中决策层级的数量。每个酋邦都会有中心性聚落，在规模上会更大，并有特殊的建筑类型，与一般性中心截然有别,而一般性中心又会与普通社群居住的聚落存在类似的等级差别(Wright 1984)。

还有学者试图为酋邦社会的聚落空间分布建立模式。

德国地理学家瓦尔特提出过“中心点”模式,认为高级聚落通常是行政和经济枢纽,应该位于众多低级聚落环绕的中心位置以提高经济效率(Haggett 1965)。一些考古学家将此模式引进了聚落考古研究中,作出了颇有新意的分析(Hodder 1978),但因此模式完全以经济活动为基础,也引起了大量批评。斯蒂普昂奈提斯指出,在非市场经济系统中,影响遗址位置的主要因素是政治控制而非经济效率(Steponaitis 1978)。艾尔则强调竞争在区域聚落形态形成中的重要性。他认为,因为前国家社会的一个重要特征是相互间的竞争,为了能够在政治上获得生存空间,一个区域中的较小聚落一定会从属于某个较大的聚落。因此,虽然在考古实践中,一个酋邦的基本形式是有一个大型中心,周边有低等级聚落,在外围会有遗址稀少的缓冲区,但中心聚落不一定真的在空间上也处于中心位置(Earle 1987: 289)。

在社群层级的聚落考古中,社会等级化的表现是房屋在规模和结构上的差别,以及分区现象的出现。怀特在对伊朗西南部前国家酋邦社会的研究中发现,社会上层的住所要消耗更多的劳力(Wright 1984)。考迪的研究表明,房屋建筑的差别反映在稀有建筑材料的使用、房屋的面积、房屋的高度以及对珍贵工艺品的使用等。同一阶层的住所一般会有相似的投入、形似的水准,房屋的等级分化程度与聚落内决策层级的多少有关(Cordy 1985: 162)。

怀特在其研究中还发现,住所的分区和聚落空间布局的复杂化也是社会复杂化的标志。社会上层常会把自己的居住区与普通民众隔离开来,以显示其特殊地位。很多研究都证明了这一观点(Adams 1981; Haviland 1982; Flannery 1983)。

(三) 聚落考古学在中国的开展

自20世纪80年代开始,西方考古学的理论与方法逐渐被介绍到中国(中国历史博物馆1991;考古所1996)。90年代,一些中外合作项目开始实行,其中多为区域聚落考古调查项目(Liu and Chen 2001)。

聚落考古在中国也并非全新的研究方法。20世纪60年代,历史地理学家史念海就根据当时很有限的资料,讨论过旧石器和新石器时代遗址的位置、分布与环境的关系(史念海 1963)。国家文物局组织的全国规模的文物普查也为区域聚落考古奠定了基础。同时,受到马克思主义社会发展理论的影响,对聚落内部建筑布局进行分析,探讨其中反映的氏族制度也是中国史前考古学的热点问题之一,促成了对若干重要史前遗址的全面揭露(严文明 1989)。

张光直在1984年对北京大学的访问和讲学极大促进了聚落考古学在中国的发展。在关于聚落考古的讲座中,张光直系统介绍了聚落考古的概念、不同层次的聚落考古研究和“中心点”模式等(张光直 1986)。此后,中国的聚落考古研究项目出现明显增长(严文明 1989),并展开了一些多学科结合的区域聚落考古调查项目(李非、李水城等 1993)。但因为理论和方法方面的欠缺,调查的成果更多局限于基本资料的记录,与社会组织相关的深入分析明显不足。

刘莉为完成博士论文开展的研究,是系统地将西方聚落考古理论与方法运用于中国考古资料分析的先驱(Liu 1994, 1996, 2000b)。她的研究分家户、社群和区域三个层次,并使用了酋邦、聚落等级、“限制理论”模式和“等级—面积”分析等西方流行的理论和方法。虽然她的资料基础是发表过的考古调查和发掘资料,其中的一些结论也有进一步讨论的必要,但她的研究以实际行动表明,聚落考古在中国史前社会复杂化进程的研究中有很大的发展潜力。

随后的一些中外合作区域聚落调查项目进一步揭示了聚落考古的潜力(Liu and Chen 2001)。这些项目包括伊洛调查项目(陈星灿、刘莉等 2003)、安阳研究项目(Rapp and Jing et al. 2000)、商丘研究项目(Murowchick 1997; 张长寿、张光直 1997)、颍水流域调查项目(河南省、密苏里大学 1998)、日照调查项目(Underhill and Feinman 1998)和赤峰调查项目(赤峰考古队 2002)。这些项目表现出两个新特点:第一,采取了多学科结合“地毯式”的全覆盖调查,所有遗址和环境信息都被系统采集;第二,更重要的是,调查的目的不是为了像一般文物普查一样发现新的遗址以备发掘,而是要通过对聚落形态的长时段发展演变的研究,探讨调查区域的社会发展演变。这些调查项目都为西方聚落考古学理论和方法与中国考古资料的结合提供了良好的平台,其成果已经陆续发表,为聚落考古研究提供了很多新鲜的资料。

二、墓葬研究

墓葬等级分化和墓葬的分区埋葬也是社会分化的重要考古学标志(Tainter 1973, 1975; Kirch 1980)。

宾福德在数十年前提出,虽然墓葬的差别确实与社会复杂化有联系,但墓葬表现出的等级差别并不能与现实社会中的阶层分化完全对应,因为葬仪只是社会生活的一部分,所反映的是等级分化的某一方面,而现实社会中的分化是基于更广泛、更基础的社会活动(Binford 1971)。霍德也指出,墓葬仪式的简化和墓葬差别的消弱并不一定表明社会复杂化也减弱了(Hodder 1982: 199)。对古代和现代社会的研究都证明,在一些社会中,葬仪会强调甚至夸大死者的社会、政治和经济地位;而在另一些社会里,社会成员间的差别在葬礼中反倒会被淡化(Parsons 1982; Cannon 1989)。

但是,更多的个案研究还是表明,墓葬制度和社会等级间存在着密切联系。怀特在伊朗西南部的研究证明,酋长的墓葬在靠近仪式中心的特别墓区,也更复杂(Wright 1984)。吉迪对夏家店下层和夏家店上层文化墓地的研究也证明,在高度等级化的社会,社会等级与墓葬消耗的“劳动量”有密切联系,主要反映在墓葬的规模和随葬品的数量等方面的差异(Shelach 2002)。在密西西比流域(Peebles 1971)、中美洲(Merry de Morales 1987)和中国(Pearson 1981; Underhill 1983; 高炜 1989; Shelach 2002)的一些重要研究均支持这个结论。因此,吉迪认为,墓葬等级的层级数量也与决策层级的数量有关,如果遗址中既有居室遗存又有墓葬遗存,两相结合,就能更准确地反映出社会等级分化的实际情况。

上述理论和方法将在我们下面分析具体考古资料时应用得更为深入。但在展开具体的研究之前,我们需要对辽西地区的史前考古工作进行简要的回顾,由此引出面临的主要学术问题和具体的解决方案。

第三章 研究回顾

第一节 自然环境

我们要研究的区域的核心部分习惯上被称作“辽西”。因为目前大部分已经发现的遗址均集中在内蒙古赤峰市和辽宁西部的朝阳地区，而赤峰在20世纪60年代以前，在行政区划上也归属辽宁省。如果跳出现在的行政区划，从河流山川这些自然地理因素观察，史前遗址的核心分布地带为辽河上游即西辽河的老哈河和西拉木伦河及其众多支流沿岸，南部的滦河流域也属于本文化区，而大凌河流域由目前的发现看，是红山文化时期与仪式活动有关的特殊地区。这些河流穿行于努鲁尔虎山脉和燕山山脉的海拔较低的谷地和山前丘陵地带。居址遗址大多坐落于河旁台地上，高度为海拔500米左右，大体而言，其界限东部大致为辽河下游的低地平原，南部为燕山山脉以南的永定河流域的华北低地平原，西为努鲁尔虎山脉以西的蒙古高原，北为西拉木伦河以北的沙地（参见图1－3）。

但这一地理单元和外界之间并没有不可逾越的障碍。只是因为单元内环境条件相似，比周围的低地平原和高原更适于人类生活，才形成了遗址集中分布、文化集中发展的现象。其实，面对辽阔的东北地区、华北平原和内蒙古高原，本地区都是有多条通道可以与之沟通的。

现在的辽西属于半干旱和干旱地区，全年降雨量为350～450毫米。冬季寒冷干燥，春季少雨，多风沙，夏季短而炎热，45%～55%的降雨集中七、八两个月。一月的平均温度为-15℃至-11℃，七月的平均温度为20℃至23℃。总体而言，区域内西北部比东南部更寒冷干燥。各年度的降水量波动较大，最高可有25%的差异（孔昭宸、杜乃秋等1991；田广金、史培军1997）。

学者们对辽西地区的史前环境进行了复原研究，虽然意见不甚统一，但可以让我们了解大致的史前气候变迁情况。在对全新世中国北方树木草原地带的沙漠化研究中，研究者在辽西地区的古湖床提取了土样，地点为好卢库（HLK，北纬42°57.38′，东经116°45.42′）和小牛场（XNC，北纬42°37.05′，东经116°49.02′）（Liu and Xu et al. 2002），并对其中的孢粉进行了分析。分析结果显示：辽西地区在距今10 000年到8 000年，气候寒冷而湿润；在距今8 000年至5 900年，转为温暖湿润；在距今5 900年至2 900年，变为温暖干燥；在距今2 900年以后，又变为寒冷干燥。全新世中期的气候干燥可能是因为冬季气温升高，造成蒸发量加大。在距今5 900年前后发生的由湿润向干旱期的转变，造成了植被的变化，落叶阔叶林被针叶林取代，又被草原植被取代。

这一结果与对东亚季风的研究颇为相符(An and Porter et al. 2000)。研究表明,在距今11 000年至10 000年,季风降雨的最北线北进到了现在的干旱和半干旱地区,包括辽西地区,造成年降水量达到峰值。随着北半球季节性的减弱,夏季季风的势力也减弱,其最北线后退。从距今7 000年至5 000年,持续后退到了长江流域。中国北方开始经历年降水量减少的时期(图3-1)。中国北方9个湖泊的钻探资料显示,从距今5 000年开始,湖泊开始处于中水位和低水位。在东亚季风地区,季风带来的降雨与生态环境密切相关,干旱、半干旱和半湿润地区对季风的变化尤其敏感。有研究显示,虽然距今5 000年以后中国东北地区年平均气温较高,但年降水量在减少,可能会加剧该地区的干旱状况。

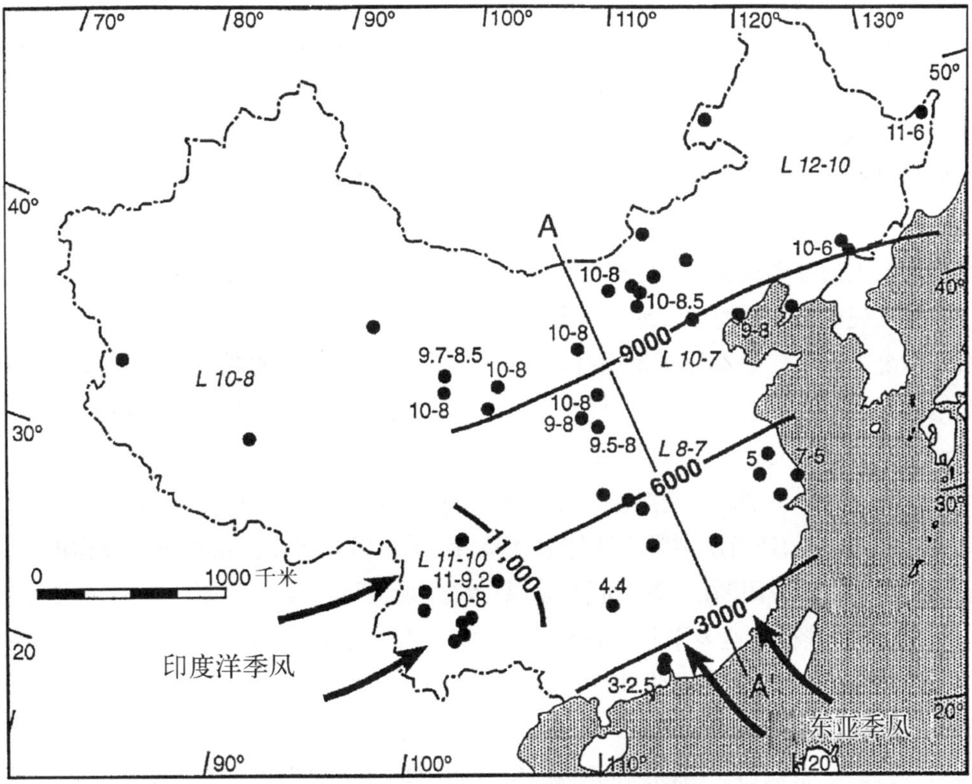

图3-1　距今9000~3000年间东亚季风线变化

第二节　研 究 回 顾

一、发现历程

辽西地区是中国最早开展考古学研究的地区之一。1906年至1908年,日本学者鸟居龙藏3次进入热河,停留时间达27个月,对全省进行了详细的考察,在60个地点发现了新石器时代遗址。红山文化的命名地——红山后遗址就是在那次考察中发现的。1914年他以法文发表了相关论文(Torii R. and Torii K. 1914)。法国学者桑志华自1919年开始在中国北方调查,多次进入热河省,在22个地点采集到新石器时代遗物(Licent 1932)。1921年夏天,安特生在辽宁锦西沙锅屯的发掘实际上是在中国开展的第一次正式考古发掘(Andersson 1923a)。在后来发表的研究报告中,安特生认为沙锅屯彩陶与仰韶文化彩陶相似。1924年,德日进和桑志华在他们的地质考察中也发现了多处遗址(Licent 1932)。

这些发现和当时日俄觊觎东北的时局引起了新成立的中研院史语所的重视,决定启动"东北考古计划",由梁思永主持。1930年,梁思永前往东北地区考察。1930年10月21日,他在完成黑龙江齐齐哈尔昂昂溪遗址的工作后,转道通辽,经开鲁、天山、林东、林西、经棚、赤峰、围场、承德,11月27日返回北京,历时38天,行程千里。新发现查不干庙、双井和陈家营子遗址,并重新考察了内蒙古林西哈拉海遗址和赤峰红山后遗址,是中国考古学家在本地区的首次考古工作(梁思永 1936)。

但当时中国考古学家们的注意力集中在黄河流域的仰韶文化和龙山文化上,没有在辽西进行发掘,难以对该地区的文化有深入认识。他们依据调查资料,形成了两个对后世研究影响很大的基本观点：一是本地区细石器丰富,被认为是与蒙古草原地带以至新疆的细石器发现密切联系的北方地区史前文化的重要特征,可见当时已经隐然形成了"北方细石器传统"观念;二是本地区发现有彩陶,表现出与仰韶文化的联系。梁思永在论文中称此地区为"沿边文化接触区域",体现出以黄河流域为中心的观察基点。但他同时也指出辽河流域自成一文化区,辽河以北的热河与松花江以北的东三省为一文化区。

1931年,"九·一八"事变爆发,"东北考古计划"被迫中断。追随日本军队之后的除了政治经济团体外,还有所谓学术团体。1933年,早稻田大学教授德永重康领衔的"第一次满蒙学术调查研究团"在北票、朝阳、凌源、承德、兴隆和赤峰一带进行调查,考古工作由八幡一郎负责,进行了地表采集。1935年6月,京都大学教授滨田耕作主持了对赤峰红山后遗址的发掘,历时3个星期,1938年出版的报告《赤峰红山后》把遗存分为两期,认为"第一史前文化"属于新石器时代,有彩陶。"第二史前文化"为青铜时代文化,有红色磨光陶和"绥远式"青铜器。两期之间有缺环,但也有联系。其"第一史前文化",即后来命名的红山文化;其"第二史前文化"包括了夏家店下层和夏家店上层两种文化遗存。其中墓葬均属夏家店上层文化。滨田耕作表现出强烈的将两种文化纳入北方系统的倾向,淡化其与中原地区的联系,并把青铜时代文化与文献记载中的东胡联系起来。这些工作为本地史前文化提供了一个基于发掘的基本年代序列(滨田耕作、水野清一 1938),虽然难免受到政治因素的影响,但也不能否定,此研究成果对于本地区的考古工作而言,有重要的学术价值(陈星灿 1997：43~52)。

此后直至20世纪70年代,本地区史前考古的工作基本陷于停滞的状态,只开展了一些小规模的文物普查(Guo 1995a),对本地区史前文化面貌的认识也难以深化。自20世纪 50 年代起流行的观念是：更新世晚期，华北地区开始出现细石器文化，该文化的居民以狩猎采集为生存方式。此细石器文化向北传播"影响到东北亚洲和西北美洲的大部分地区"。进入全新世，随着农业的兴起，华北细石器逐渐衰落，仅有少量残余，而在从"东北经内蒙到新疆的北方草原地带"，广泛分布着细石器遗存，但可能属于不同的文化系统。在东北地区的偏北部，为细石器与篦纹陶共存的文化，在辽西地区，则是以红山文化为代表的彩陶、篦纹陶和细石器共存文化。由其彩陶看，明显受到黄河流域仰韶文化的强烈影响，甚至可以作为仰韶文化的一个地方变体（安志敏 1957，1979；佟柱臣 1961）。这一深受"黄河流域中心"模式影响的认识直到 20 世纪 70 年代仍然盛行。磁山—裴李岗文化这一"前仰韶"文化的发现，更加固了黄河流域的"领先"地位。在磁山遗址（河北省、邯郸市 1981）和裴李岗遗址（考古所 1982a）均发现有之字纹。虽然此类纹饰在红山遗址的发掘和大量辽西地区的调查中均有发现，并曾经被认为是细石器文化的一个重要特征，但一些学者仍然认为磁山—裴李岗文化是之字纹的发明者，北方之字纹的存在是强大而领先的黄河流域文化强劲传播的又一个有力证据（安志敏 1979；严文明 1989）。

也是在 20 世纪 70 年代，一系列重要的考古发现揭开了辽西这一"边缘地区"史前研究的新篇章，并引起了苏秉琦的高度重视，将其视为打破"大一统怪圈"、构建区系类型理论的重要实验基地（郭大顺 2001b）。

这一系列重要发现的开篇是 1975 年辽宁阜新胡桃沟遗址的发掘（方殿春、刘葆华 1984），在红山风格筒形器环绕的积石墓中，发现了各种玉器，以确凿的考古资料证明红山文化居民是此类精美玉器的制作者和使用者。其后，又在辽宁凌源三官甸子城子山遗址（即牛河梁第十六地点）（李恭笃 1986）、内蒙古翁牛特旗三星他拉遗址（孙守道 1984）和巴林右旗那斯台遗址（巴林右旗 1987）发现玉猪龙和勾云形器等精美玉器与红山风格陶片共存的地层证据。此类玉器早在清朝就已经被收藏，世界各地很多著名博物馆都有类似藏品，但其时代一直不明确，没有人将这样精致的艺术品与边缘地区的史前文化联系起来，上述发现对学术界的震动可想而知（Guo 1995a）。但更大的震动还在后面。1979 年和 1982 年对辽宁喀左东山嘴遗址的发掘（郭大顺、张克举 1984）以及 1981 年开始的建平牛河梁遗址的发现和发掘引起了真正的轰动（辽宁省 1986）。大型积石冢下墓葬内的精美玉器，内有殉人的圆形和方形的祭坛，以及出土有超过真人大小的泥质人面和大量人体泥塑残块的"女神庙"——所有这些前所未有的发现都表明，辽西地区的红山文化曾经达到了相当高的社会发展程度，其"先进性"甚至超过中原地区。

辽西史前考古学文化发展序列的建立最终确立了该地区独立发展的地位。在多年艰苦的文物普查的基础上，20 世纪 80 年代，中国社会科学院考古研究所开始在内蒙古赤峰市敖汉旗进行一系列发掘。确立了兴隆洼文化（考古所 1985a）、赵宝沟文化（考古所 1997）、红山文化和小河沿文化（考古所 1987）这一文化发展框架。其中兴隆洼文化的年代为公元前 6200 年至公元前 5200 年，与黄河流域的前仰韶文化相当，是筒形罐、之字纹这些文化因素的源头，从根本上否定了中原文化影响扩散的假说。红山文化是本地区史前文化发展的高峰，明显继承了本地的文化传统，又表现出社会复杂化进程的突然加速，从根本上否定了本地区属于仰韶文化在边缘地区的变体的假说。这些发现有力证明了辽西地区存在着与中原地区平行的独立发展轨迹，在发展程度上也毫不逊色。

此后，兴隆洼遗址在90年代又进行了连续大规模发掘，被全面揭露。内蒙古克什克腾旗南台子遗址（内蒙古 1994b，1997a）、林西白音长汗遗址（内蒙古 2004）和辽宁阜新查海遗址（辽宁省 2012）被全面揭露，为兴隆洼文化的聚落研究提供了珍贵资料。牛河梁遗址群的工作更是获得了一系列重要发现。大南沟墓地的发掘和资料的发表，则加深了对小河沿文化的认识。与此同时，对各文化的分期讨论成为重要的研究题目，在建立了文化发展的基本框架后，又提供了更细致的分期方案，为进一步研究奠定了基础（张星德 1991；杨虎 1994）。红山文化的文明因素、红山文化是否可以称为文明、红山文明在中华文明形成中的作用等成为本地区研究的热点，也成为中华文明起源研究中最闪亮的组成部分（白云翔、顾智界 1989，1992）。

但在辽西地区复杂化进程的研究中，还存在两个不足。首先，因为系统整理发表的资料较少，也因为缺乏相关的理论和方法，更多的注意力被倾注到了大型积石冢、大型祭坛、精美玉器的文明性质的“贴标签”式的讨论之中（白云翔、顾智界 1989，1992）。对于各文化的社会发展阶段的系统研究相对薄弱。

其次，如前所述，由于“第三个怪圈”的影响，辽西地区的史前社会发展并没有被充分地当作相对独立的发展过程来观察，而是更多地被认同为整个中华文明形成过程的一部分来分析和描述。苏秉琦自己把辽西当作打破中原中心论的最得力的武器，但他想强调的不是辽西自己的独特道路，而是辽西在中华文明起源这出大戏中，扮演了比中原还要重要的角色，或者说辽西为中华文明的起源贡献了更多重要的“文明因素”（Su 1997）。虽然红山文化“唯玉为葬”等特殊习俗得到了重视，但学者们热衷讨论的是辽西如何点亮了中华文明的第一个火种（白云翔、顾智界 1989）。更有学者试图将辽西与古史传说中的黄帝联系起来（Barnes and Guo 1996；郭大顺 1997b）。在考古学文化的发展上独立成为一个区系的辽西，在文明起源的框架下仍然未获得独立，而是被当作整体的一个部分，大戏中的一个角色。

二、辽西的聚落考古调查

辽西地区其实是中国区域系统聚落考古调查起步最早的地区之一。20世纪80年代内蒙古敖汉旗的调查曾经蜚声全国。1980年以前，在中国考古学中，敖汉旗只是边缘地区的一个默默无闻的地方。1981年至1988年，中国社会科学院考古研究所内蒙古工作队和敖汉旗博物馆联合进行了8年的全覆盖式聚落调查。开始，调查的目的像其他类似的工作一样，是为了寻找新考古学文化的线索，为发掘选择“好遗址”。但极富远见和责任心的考古学家们把普通的调查变成了真正的全覆盖“地毯式”系统调查。在经费匮乏的情况下，调查队员们历尽辛苦，走遍了旗内的山山水水，发现史前遗址3 000余处，比有些省份全省的史前遗址还要多,一时轰动全国。敖汉旗博物馆因此在1986年的全国文物工作会议上,被评为先进单位(苏秉琦 1994a, 1994b)。虽然在遗址的面积和文化性质的确定方面存在一些欠缺,但此次大规模调查还是为后续工作奠定了坚实的基础,除红山文化以外,辽西地区所有史前文化都是以敖汉旗的遗址命名的。

1995年,时在美国攻读博士学位的以色列学者吉迪在赤峰半支箭河上游进行了本地区第一次以西方聚落考古学理论和方法为指导的区域考古调查。他在1999年出版的博士论文也是第一部以聚落考古学研究中国考古资料的专著(Shelach 1999)。吉迪的全覆盖式调查覆盖区域约200平方公里,发现遗址180个。因为调查区域内缺乏新石器时代遗址,他的研究集中在对青铜时代夏家店下层文化和夏家店上层文化的分析。

从1999年起,中国社会科学院考古研究所、吉林大学等学术机构与美国匹兹堡大学和以色列希伯来大学合作,对赤峰西部进行调查。至2001年,调查面积达765平方公里,发现兴隆洼至辽代遗址836处(赤峰考古队 2002)。这批资料的整理发表,推动了本地区区域聚落考古的进一步深化(滕铭予 2009)。

本书中的区域聚落考古分析主要依据作者在敖汉旗进行的田野调查,但上述调查资料也是重要的基础材料。

第三节 蚌河和老虎山河调查

为本研究的需要,我们选择了敖汉旗四道湾镇境内的蚌河河谷和四家子镇、四德堂镇境内的老虎山河上游河谷进行了拉网式调查。因为研究的重心是史前时代,我们在调查中只记录了兴隆洼文化、赵宝沟文化、红山文化和小河沿文化遗址。

蚌河源出辽宁建平的努鲁尔虎山区,全长近70公里,北流注入老哈河。选择这条河谷进行调查的原因有三:一是20世纪80年代的调查中,此河谷的调查较薄弱;二是河谷面积适中,正符合我们研究的需要;三是辽宁省文物考古研究所在1981年调查了河谷的上游(李宇峰 1984),未发现史前遗址,这样,我们的调查资料反映了整个河谷的聚落分布情况。

老虎山河是大凌河的支流,源自努鲁尔虎山的东南侧,长约50公里,由东北向西南流,在辽宁省朝阳市汇入大凌河上游。在20世纪80年代的调查中,发现有三处红山文化仪式性遗址,均在此河流域。我们调查的目的是确定红山仪式性遗址的数量,并确定是否同时存在居住遗址。

两条河谷的地貌相似,都可以分为四部分:

一、河床:现代河床的宽度从10米到超过100米不等。因水土流失和自然倒塌,河岸边缘多为10米到20米高的断崖。

二、冲积平原:河岸上为较平整的冲积平原,宽100米到近1 000米不等,现为耕地。现代村庄基本都在此平原上。

三、山前缓坡：在平原和山地之间，有1公里到5公里的缓坡地带。有的地点，此缓坡地带会直接连接河岸；有的地点，此缓坡上有丘陵凸起。靠近河岸的缓坡地带多为耕地，靠近山地的则为新近种植的林地。所有的新石器时代遗址均位于此缓坡地带。

四、山地：缓坡逐渐变陡，连接山地。山峰的海拔高度在1 000米左右。

两条河谷地貌的主要区别是，老虎山河谷的山前缓坡地带要窄得多，而且其上有更多的丘陵凸起。

调查是在敖汉旗博物馆的大力协助下完成的，从2000年5月中旬开始，历时40天。5月和6月是调查的好季节，气候适宜，农田刚播种，视野良好。虽然有了以前的普查为基础，我们还是决定采取全覆盖式调查，而非只是复查原来发现的遗址。因为在普查中所有的新石器遗址均发现在山前缓坡，这一地带是我们的调查重点。

遗址的认定在调查区域里不成问题。在居住遗址，除了地表可以采集到遗物以外，还可以看到灰土圈，大多是半地穴居址的遗迹。仪式性遗址的标志物是筒形器残片和人工堆放的石块。

调查过程中，调查队员大约相距100米列成一排，缓步前进，观察地表。当发现遗址后，间距变成20米左右，以进一步确定遗址范围。范围确定以后，在地图上标示准确位置，采集遗物。地表可见保存较好的居住遗址和所有仪式性遗址均做了测绘，完成1∶100或1∶200的遗址平面图。

在蚌河下游共发现新石器时代遗址55处，其中30处是新发现的。在老虎山河上游共发现遗址22处，其中11处是新发现的，红山文化时期的仪式性遗址共7处。这些调查资料是后面各章中区域聚落形态分析的主要依据(考古所、敖汉旗2005)。

第四节　研究思路

本书是对辽西地区史前社会独特的进化道路的长时段个案研究。红山社会的出现和突然衰落是整个研究的重心所在。聚落考古分析涉及家户、社群和区域三个层级。对于家户层次和社群的研究以发掘过的典型聚落的资料为基础。区域层次的研究主要依靠在内蒙古敖汉旗蚌河下游和老虎山河上游的调查资料，还将参考赤峰地区调查资料。

本书按照时间顺序展开叙述。辽西地区目前确定的最早的新石器文化为兴隆洼文化，其后经过赵宝沟文化的过渡，在红山文化时期达到顶峰，而在小河沿文化时期突然衰落。在最后一章，我们将对整个辽西地区的文明化进程作出归纳，并与其同时期的海岱地区大汶口文化中期、长江下游的凌家滩文化和崧泽文化以及中原地区的庙底沟文化做对比，以凸显本地区发展道路的独特性。

这些研究想要回答的问题包括：

一、红山文化兴起的动因是什么？是内因还是外因？是经济的原因还是意识形态的原因？

二、红山社会上层的领导策略有哪些?

三、红山社会衰落的原因是什么?

如第一章所述,本研究还有一个更大的野心,就是想说明史前中国的各文化区既是“中国相互作用圈”的一员,又有自己独特的发展道路,各地区的独特性和互动共同决定着每个地区文明化进程的兴衰,而且也许前者的作用更大。我们在这里想提供的,是一个新的视角,期望这个新视角也能带来新的认识。

第四章　家户内的仪式：兴隆洼文化

1982 年的寒冬，中国社会科学院考古研究所内蒙古工作队和敖汉旗博物馆组成的联合调查队仍然在田野中穿行。在宝国吐乡兴隆洼村东南的一个山包上，他们发现了一种文化类型不明的陶片。此时苏秉琦的区系类型模式已经提出，激励着各地的考古工作者们建立本地区的文化发展序列。主持调查的杨虎立即认识到了这种新陶片的意义。1983 年和 1984 年，杨虎主持了兴隆洼遗址的第一次和第二次发掘。1985 年，在发掘简报中，兴隆洼文化的命名被正式提出（考古所 1985a）。考古学家们马上得出结论，兴隆洼文化早于红山文化，动摇了红山文化属于仰韶文化边缘地区的一个变体的观点。这一系列重要工作标志着辽西地区的史前考古终于走出了中原中心论的影响。此后，没有人能够否认，本地区存在独立的文化传统和发展序列，与中原地区平行发展。

虽然现在发现了一些更早的新石器时代遗存的线索（朱延平 1991；徐光冀、朱延平 2001），但兴隆洼文化仍然是被正式命名的最早的辽西地区新石器时代考古学文化，可以作为我们探讨本地区独特发展道路的起点。我们的聚落考古想解决的问题包括：兴隆洼文化的基本经济基础是什么？是否有社会不平等和“扩张者”的证据？这一最早的新石器文化是否从一开始就表现出了辽西地区发展道路的独特性？

第一节　文 化 特 征

目前辽西地区发现的兴隆洼文化聚落超过 100 处，其中 10 多处经过发掘（图 4-1）。有资料发表的遗址包括内蒙古敖汉旗兴隆洼遗址（考古所 1985a，1997b）、兴隆沟遗址（考古所等 2000；刘国祥、贾笑冰等 2011；刘国祥 2003）、林西白音长汗遗址（内蒙古 2004）、克什克腾旗南台子遗址（内蒙古 1994b，1997a），辽宁阜新查海遗址（辽宁省 2012），河北迁西东寨遗址（河北省 1992）、西寨遗址（河北省、唐山市 1992）、三河孟各庄遗址（河北省、廊坊 1983）、易县北福地（河北省 2007），北京平谷上宅遗址（北京市、平谷县 1989b）和北埝头遗址（北京市、平谷县 1989a）。丰富的出土遗物显示，兴隆洼文化是辽西地区独立发展起来的具有鲜明文化风格的考古学文化。

兴隆洼文化陶器均为夹砂陶，器表为棕灰色、棕黄色或偏棕红色，泥条盘筑法制成。器形简单，以各种形态的筒形罐为主，也有一些钵和器座。典型的纹饰为“三段式”，从口部至底部依次为：1. 唇部以下饰凹弦纹带，较晚时期出现几何纹带；2. 附加泥条带 1 条或 2~3 条，上面有按窝、圆点、平行短斜线纹和几何纹饰；3. 器身的主体纹饰，包括交叉短斜

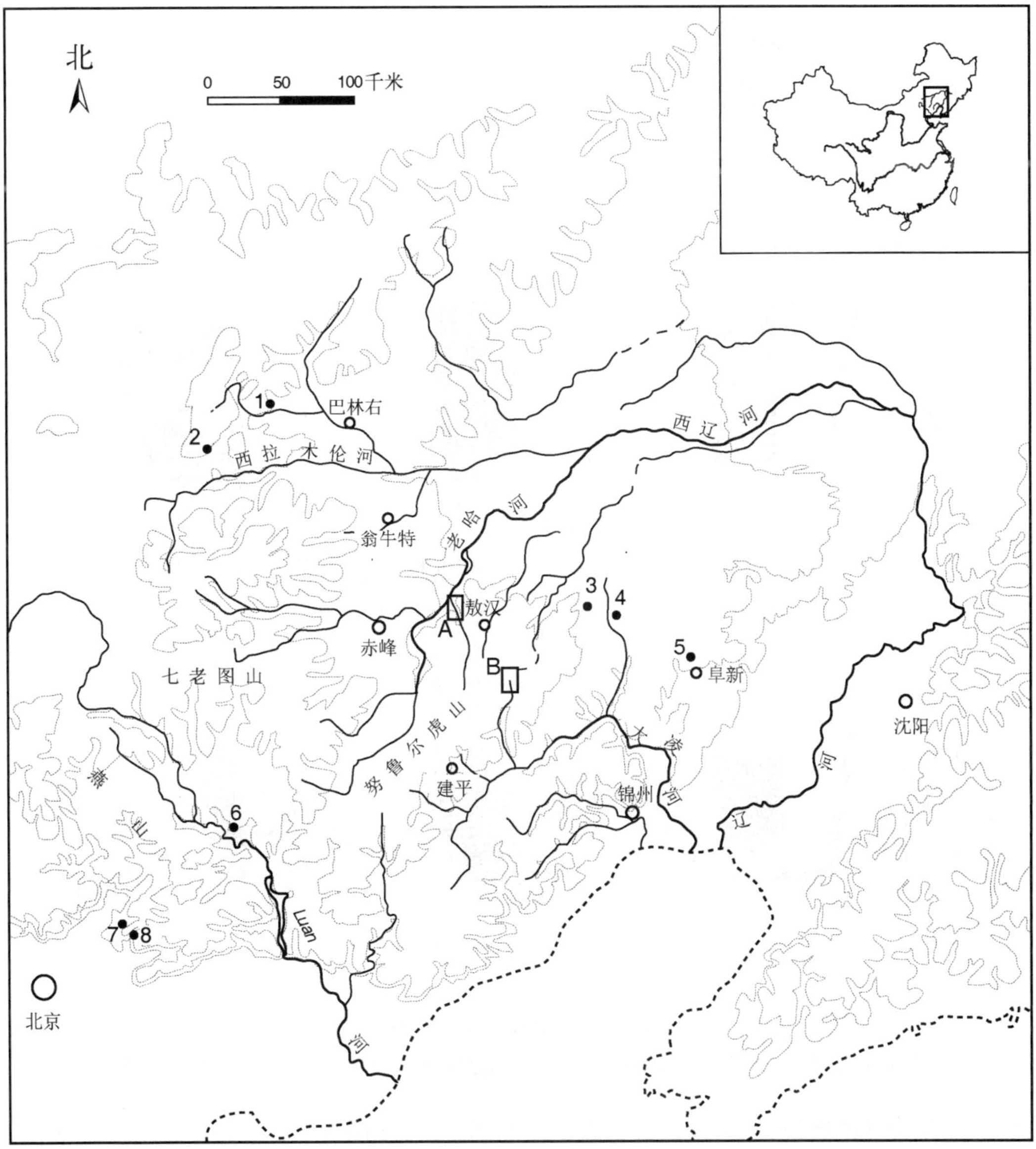

图4－1　辽西地区主要兴隆洼文化遗址分布图

1. 白音长汉　2. 南台子　3. 兴隆沟　4. 兴隆洼　5. 查海　6. 西寨
7. 上寨　8. 北埝头　A. 蚌河下游流域　B. 老虎山河上游流域

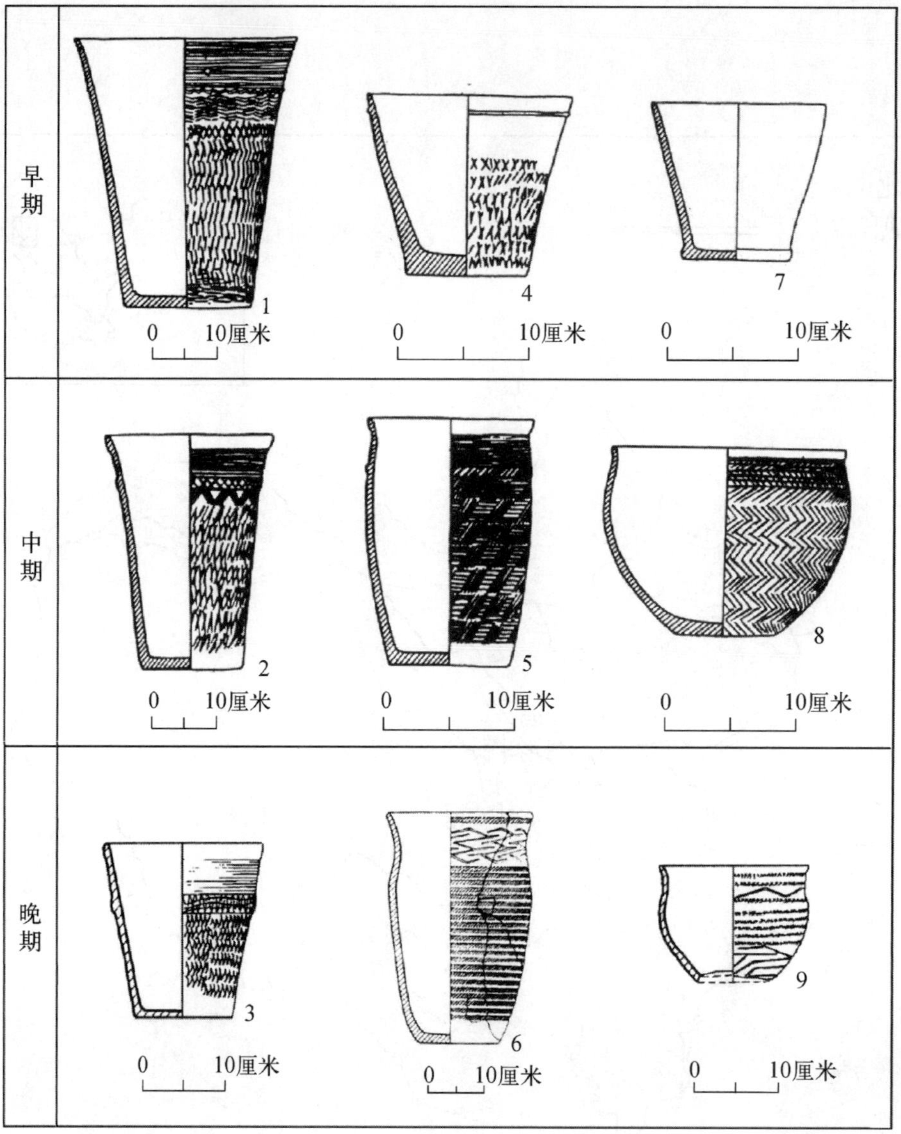

图 4－2　兴隆洼文化陶器

1~6. 筒形罐　7~9. 陶钵(1~2、4~5、7~8. 兴隆洼遗址;3、9. 白音长汗遗址;　6. 查海遗址)

线纹、呈条带状的网纹、之字纹、席纹、人字纹和凹点纹等(图 4－2)。

比起陶器来,石器类型相当丰富。打制石器中最典型的为有肩锄形器,还有刀状器、盘状器;磨光石器有斧、凿、有槽箭杆整直器(李新伟 2009);研磨类石器数量较多,有磨盘、磨石、磨棒和杵;还有大量的细石叶,多用作骨梗刀或鱼镖的刃部,也有可能用为箭头(图 4－3)。

精致的骨器是兴隆洼文化的重要特征,主要类型包括：锥、针、匕状器、两端尖状器、骨梗石刃刀和骨梗石刃鱼镖等(图 4－4)。

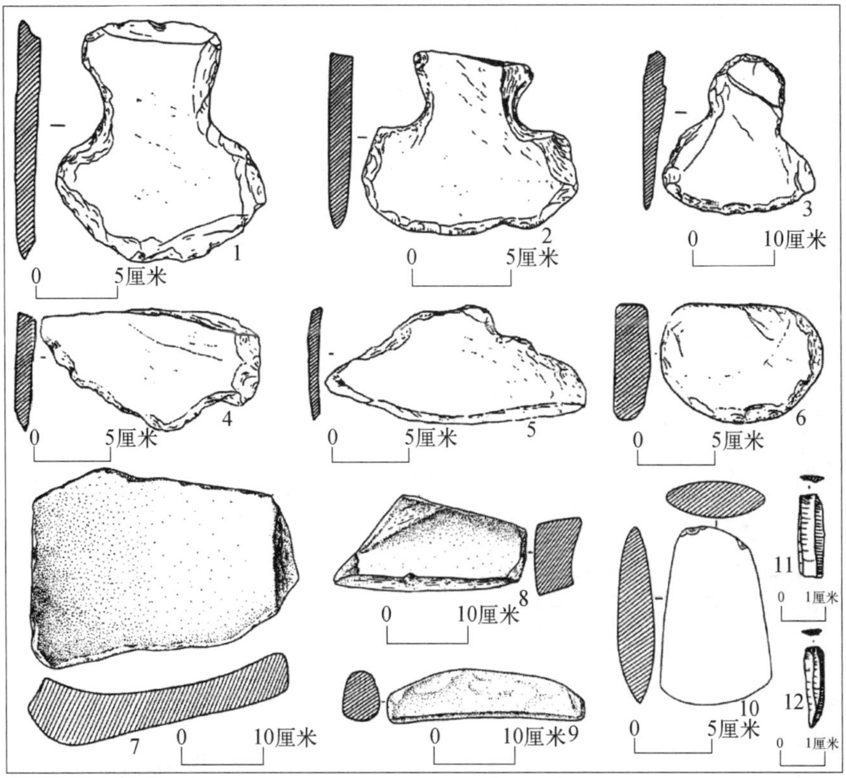

图 4－3　兴隆洼文化石器

1~3. 锄形器　4~5. 刀　6. 盘状器　7. 磨盘　8. 砥石　9. 磨棒　10. 石斧　11~12. 石叶(1~12. 兴隆洼遗址)

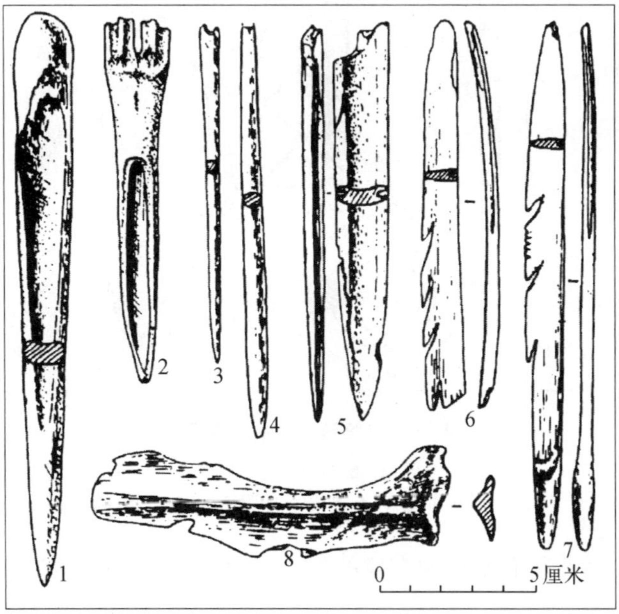

图 4－4　兴隆洼文化骨器

1~2. 骨锥　3~4. 针　5. 骨梗石刃刀　6~7. 骨梗石刃镖　8. 刀(1~8. 兴隆洼遗址)

在房屋堆积和墓葬中均发现了装饰品，包括玉质的玦、坠和短管，它们属于中国最早的玉器之列。还有一些石质的同类饰品。蚌壳是制作装饰品的另一种重要材料，可能是附着在编织物上作为装饰的。野猪牙经剖切、磨光后制成的坠饰也比较常见。

有一类重要的饰品为“人面形”坠饰，多用石和蚌壳制作，以凹点或穿孔表现人的眼、鼻和口。在南台子遗址和兴隆沟遗址，各发现一件用人顶骨制作的人面像。此外，在白音长汗的一座房址的居住面上，发现有一个孕妇石雕像和一个蛙形器（图4－5）。这些都是研究当时仪式活动的重要资料。

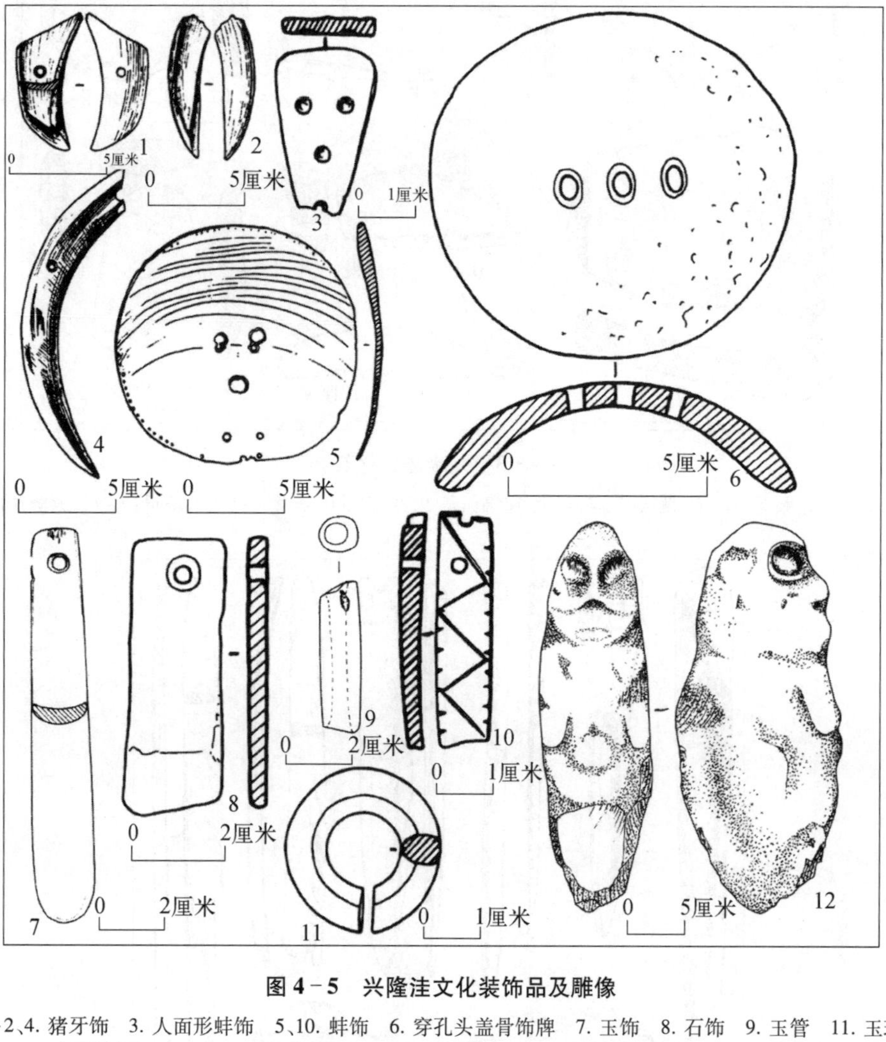

图4－5　兴隆洼文化装饰品及雕像

1～2、4. 猪牙饰　3. 人面形蚌饰　5、10. 蚌饰　6. 穿孔头盖骨饰牌　7. 玉饰　8. 石饰　9. 玉管　11. 玉玦　12. 人形雕像（1～5、10～11. 兴隆洼遗址　6、8. 南台子遗址　7、9. 查海遗址　12. 白音长汉遗址）

兴隆洼居民的住所是有木结构支撑的方形半地穴房屋。除了兴隆洼遗址外，其他各遗址的房屋均发现有短门道。因为发表资料所限，房屋的建筑过程尚不清楚，只是在室内发现有柱洞，在火烧过的房屋倒塌堆积中发现有木结构的炭化痕迹，地面抹黄泥。查海遗址的半地穴房屋开凿在基岩上，工程量惊人。

兴隆洼、兴隆沟和查海遗址均发现有兴隆洼文化的居室葬。多数有墓坑，多紧靠墙壁；有的房屋中，死者被直接放置在居住面上。从墓葬数量和聚落规模的对比看，应该只有少部分特殊死者采取居室葬的形式。在白音长汗遗址发现兴隆洼时期墓葬 17 座，分布在两处，墓上有积石，个别墓葬随葬品较丰富。数量不多，似乎是特殊埋葬场所。查海遗址中心位置发现墓葬 10 座，也属于特殊埋葬场所，不是正规墓地。墓中多无随葬品，只有 M2 有两件筒形罐，M8 有 23 件石器（辽宁省 2012）。

研究者们对兴隆洼文化的分期进行了深入细致的分析（杨虎 1986）。目前比较稳妥的方案是分为三期，各遗址的分期情况及部分碳十四数据参见表 4－1、表 4－2。筒形罐上纹饰的变化是各期最主要的特征，总体趋势是几何纹和之字纹逐渐流行和规范化，短斜线交叉纹逐渐消失（参见图 4－2）。

表 4－1　兴隆洼文化遗址分期

	兴隆洼	白音长汗	兴隆沟	查 海	上 宅	东 寨	西 寨	孟各庄	南台子	北埝头
早	=	=								
中	=	=	=	=	=					
晚	=	=	=	=	=	=	=	=	=	=

注："="表示该遗址有此期遗存。

表 4－2　兴隆洼文化碳十四数据

遗 址	编 号	材料	碳十四年代（半衰期：5730）	树轮校正年代（B.C.）
兴隆洼	ZK－1391	木炭	7470±115	6211～5990
兴隆洼	ZK－1392	木炭	7240±95	6032～5760
兴隆洼	ZK－1393	木炭	6965±95	5730～5560
兴隆洼	ZK－1390	木炭	6895±205	5740～5423
兴隆洼	ZK－1389	骨骼	5660±170	4510～4159
白音长汗	?	木炭	7040±100	
白音长汗	?	木炭	6590±85	
查 海	BA－93001	?	7360±150	
查 海	ZK－2138	木炭	6925±95	

目前发表的兴隆洼文化碳十四年代数据有 9 个，仅就这些数据而言，大致在公元前 6200 年至公元前 4500 年之间。但参考后续的赵宝沟文化的年代，我们认为兴隆洼文化的绝对年代在公元前 6200 年至公元前 5200 年之间。早、中、晚三期的年代可能各约 300 多年。

第二节　基本经济形态

兴隆洼文化的基本经济形态，即其居民以何为生还是个正在引起热烈争论的问题（Shelach 2000）。许多考古学家认为兴隆洼居民是早期农耕者（杨虎 1986，1989，1994；Guo 1995a；郭大顺 1997a）。他们大多没有明确提出理由，这种观点主要根植于一个被广为接受的关于“新石器时代”的观念，即新石器时代的特征就是：定居、使用陶器、新的石器类型和农业。这四要素是紧密联系的，有其一则很可能有其四。因为兴隆洼文化具有了大型定居聚落、发达的陶器和各种新型工具，自然应该已经开始了农业生产。

爱德华曾给定居下过一个被考古学家们广泛接受的定义：“社群内的大多数人口在一个聚落里连续多年长期生活的一种系统。”（Edwards 1989：9）但要在考古实践中确认定居并不是一件简单的事情。巴尤瑟夫等提出：“确定一个遗址是常年使用而另一个遗址为短期的季节性使用必须完全依靠生物遗存的证据，而不能仅依靠是否有可长期使用的建筑、储藏设施、墓葬和重型工具。”（Bar-Yosef and Meadow 1995：51）研究者们对赵宝沟文化的赵宝沟聚落进行分析时，就是以对鹿角的研究为定居的依据的——该遗址中发现了不同季节切割下来的鹿角，表明当时的居民整年在该遗址居住（考古所 1997a）。类似的生物遗存的证据在兴隆洼文化遗址中尚未发现，但兴隆洼文化聚落均布局规整，并有壕沟环绕，明显经过严格的规划设计；房屋建筑规模大，耗费人工多（查海的半地穴房屋是在基岩上开凿的），明显用于长期居住；各遗址均发现有大量储藏坑，还有居室葬——这些证据加在一起，可以证明兴隆洼居民采取定居的生活方式的可能性极大（Lu 1999：280～281；Shelach 2000）。

但是，定居与农业并不存在必然的联系。对日本绳纹文化聚落的动植物遗存的研究表明，绳纹人虽然开始定居，但依靠的是对各种动植物资源的“广谱性”开发和利用（Aikens 1992，1995）。目前一些对兴隆洼文化动植物遗存的重要研究尚在进行中，但已经发表的资料表明各遗址动物遗存相当丰富，强烈指向狩猎和采集占重要地位的经济形态（考古所 1985b；孔昭宸、杜乃秋等 1991）。

陶器与农业的关系也并非牢不可破。文德安曾经指出，陶器在不同的地区、不同的情况下被发明，且用于不同的目的（Underhill 1997）。在日本，陶器的出现在农业出现之前（Aikens 1995）。在西亚，情况正相反，陶器在定居和农业出现很长时间后才出现（Moore 1995）。在狩猎采集社会和农业社会，陶器这种比木器和石器更容易破碎的器物的出现，都更多是表明定居性的加强而非农业的发展（Shelach 2000）。

有学者认为中国最早的陶器是用来烹煮谷物的（金家广、徐浩生 1992）。但这谷物可能是采集而来并非有意种植。此外，陶器可以烹煮各种动植物类食物。刘莉最近的研究认为，橡子等坚果是中国新石器时代早期的重要食物资源，大量早期陶器可能用于煮食橡子（Liu and Chen 2012）。

石器功能分析是讨论基本经济形态的重要参考。但目前对兴隆洼文化石器的认识主要是基于形态的推测。因为一些石器与现代工具的形态相似，被赋予了具有功能性的名称：如锄和铲等，并被认定为农业工具（考古所 1985a；辽宁省 1988；内蒙古 1993，1997a）。吉迪也在其研究中认为，兴隆洼文化的石质工具显示出其为一种狩猎、采集和农耕的混合经济，其中大型的石锄和石斧可能是用来清理杂草和翻地以利于种植的，而骨梗石刃刀是收割工具（Shelach 2000）。吕烈丹认为，兴隆洼的工具组合似乎表明谷物种植已经是基本的食物生产活动（Lu 1999：281）。但是，王小庆对兴隆洼文化石器的微痕分析表明，所谓"锄"和"铲"实际具有多种功能，可以进行挖土、砍伐树木、砍砸兽骨和鞣皮等多种工作；细石刃可能是用来屠宰和切肉的，并非用于收割。对石刀的分析显示，它们也用于屠宰和切肉而非收割。因此，他得出的结论是，兴隆洼文化中有大量与屠宰和切肉有关的工具，狩猎在食物资源获取中占有重要地位（王小庆 2008）。吕烈丹在最近的实验考古研究中也提出，石锄和石铲不一定是农具，开荒时可以用火烧的办法，当时在播种前不一定要松土（Lu 2002）。

兴隆沟遗址发掘中，曾提取大量土样进行了浮选。一些房屋的堆积土中发现有驯化的黍和粟（赵志军 2005）。这是目前为止兴隆洼居民已经开始种植谷物的最有利证据。但与磁山遗址发现的大量谷物遗存相比（Hebeisheng and Handanshi 1981），兴隆沟遗址谷物遗存数量很少，似乎表明农作物种植并不是主要的食物来源。

目前对兴隆洼等遗址的动物遗存的研究尚在进行中，但由已经发表的白音长汗遗址的资料看，野生动物，尤其是鹿的遗存数量相当多，占可鉴定标本数近46%，显示对鹿科动物的狩猎是重要的食物来源。在兴隆洼、兴隆沟和白音长汗遗址均发现大量猪骨，第三臼齿均较大，似野猪。但也有学者认为，兴隆洼遗址标本的下颌第三臼齿长度与家猪的测量数据有重合，线性牙釉质发育不全（LEH）的出现率也大于野猪，因此倾向于认为兴隆洼居民已经开始猪的喂养（罗运兵 2012）。但由白音长汗的资料看，即使猪的饲养已经开始，在肉食中也只占很小的比例（图 4－6）。

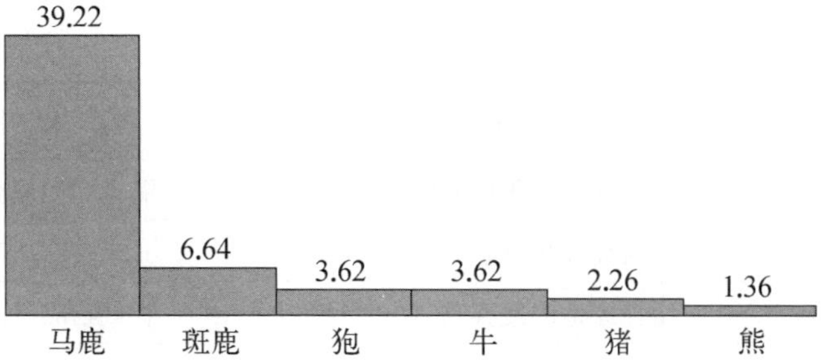

图 4－6　白音长汗遗址主要动物 NISP 百分比

总之，目前的资料显示，虽然兴隆洼居民已经开始种植谷物和饲养家猪，但狩猎和采集仍然可能是最重要的食物来源。虽然同时期的黄河流域、淮河流域和长江流域的居民的农业生产已经颇具规模（河北省、邯郸市 1981；考古所 1982；佟伟华 1984；王吉怀 1985；

Lu 1999；赵志军 2005），当时的夏季季风也能给辽西地区带来充足的降水（An, et al. 2000），但兴隆洼居民似乎仍然坚持着他们以狩猎采集为主的获取食物资源方式，依赖辽阔的河谷和丘陵山地间充足的自然资源，发展出了长期定居的村落。

第三节　家 户 分 析

家户（household）是社会的最基本单元，人们在家户中的行为对理解其所在的社会至关重要（刘莉 2007）。因此，根据房屋居住面上残留的遗物对家户活动的研究是分析更大规模的社会活动和社会组织的重要起点。肯特根据大量不同地区的民族学研究资料，提出一个假说，认为家户中的活动分区情况与社会复杂化直接相关（Kent 1984, 1990）。也就是说，对于一个分化程度高的社会（例如存在社会等级分化、劳动分化和生产专业化的社会），家户内部的分区也会更复杂，会有更多不同的功能分区、不同文化内涵和不同功能的遗物、更多性别相关物（即主要属于男性或女性的遗物）。

兴隆洼文化遗址房址保存了丰富的遗物，为家户分析提供了难得的资料。

一、居住面遗存的形成

在分析房屋内遗物反映的家户活动之前，有必要讨论一下房屋居住面遗存的形成过程。

希佛是力倡加强对考古遗存形成过程进行深入研究（LaMotta and Schiffer 1999: 20）的著名学者，曾与新考古学盟主宾福德就是否存在未受任何干扰的“庞贝式遗存”进行过交锋，倾动学界。他指出，考古学家发掘出来的古代房屋遗存经历过三个阶段，一是居住使用阶段，二是废弃阶段，三是废弃后埋藏阶段。在每一个阶段中，对房屋居住面上遗存造成影响的因素可以分为两大类：一是增加过程，导致在居住面上留下遗物；二是损耗过程，包括从房屋的堆积中移走遗物的行为，或阻止曾经在房屋内使用的遗物保留在房屋居住面上的行为。表 4 - 3 列出了在房屋遗存形成的三个阶段中的主要增加和损耗行为。

表 4 - 3　房屋居住面遗存形成过程

	增 加 过 程	损 耗 过 程
居住阶段	日常的或过失废弃物堆积	清理屋内废弃物
	临时废弃物堆积	
废弃阶段	留在原地的废弃物	收藏物品
	仪式活动中留在原地的遗物	仪式活动中损耗的遗物
废弃后埋藏阶段	对废弃堆积的再利用	在废弃物中提取有用物品
	二次废弃物堆积	干扰和带出行为
	建筑倒塌，各种干扰因素混入	腐化

（参照 LaMotta and Schiffer 1999）

在房屋使用期间，"日常的或过失废弃物堆积"以及"临时废弃物堆积"应该是经常发生的。一些动物骨骼碎片和碎石片可能就是在房屋废弃不久前遗落在地上的废弃物。很多民族学调查证明，对房屋的定期清扫是非常普遍的屋内活动，大部分的日常、过失或临时性堆积都会被打扫干净，房屋废弃时留在居住面上的应该只是未来得及清扫的一小部分（LaMotta and Schiffer 1999）。

希佛指出，与其他两个阶段相比，废弃阶段要短暂得多，可能在很短的时间内就完成了。之所以将其独立出来为一个阶段，是因为在废弃过程中蕴涵着丰富的文化内涵，对房屋遗存内容和形式的形成起着至关重要的作用。如果忽略对废弃过程的充分思考，考古学家就很难对揭露出的房屋遗存作出适当的分析。由现有资料分析，兴隆洼文化房屋地面上遗物存留的原因大致有两个。

一个原因是在房屋废弃仪式中有些遗物被有意保留下来。希佛特别指出，仪式活动（ritual）在房屋废弃过程中扮演了重要角色，直接影响着居住面上遗存的形成。兴隆洼文化就盛行一些房屋废弃仪式。在兴隆洼遗址，居住面上遗物丰富的房址多有火烧的痕迹。虽然一些研究者认为这是不小心造成了火灾，居民来不及把屋内的东西抢救出来，但更可能的解释是，火是有意燃放的，是废弃仪式的一部分——因为特殊的原因，居民们认为房屋已经不适宜居住，里面的器物也不宜再使用，应该放火烧毁（李新伟 1997）。兴隆洼和兴隆沟遗址一些房屋的居住面上还整齐摆放着鹿和猪的头骨。有的房址内，摆放在一起的头骨有 10 余个，一些头骨上还有钻孔，钻孔周围有火烧痕迹（考古所 1997b；刘国祥、贾笑冰等 2011）。这些明显不是日常生活时候的状况，因为摆放在地面上的兽头会影响屋内的正常活动。这种现象应与某种废弃仪式有关，也就是说，兽头是在废弃时举行的仪式中被有意摆放在地面上的，此类房屋的遗物一般也较多，是有意保留的。一些民族学的证据表明，废弃仪式中可能会重新摆放日常器物（LaMotta and Schiffer 1999），在后来的赵宝沟文化房址中，也存在此现象。因此，此类房屋居住面上的遗物基本保持着房屋使用时的情况。

另一种原因是在废弃发生时，有些物品不方便带走或不值得带走，被留在了房屋内。南台子和白音长汗遗址的兴隆洼文化房屋内遗物一般较少，特别是陶器较少，推测是有计划废弃聚落的，一些日用陶器在房屋废弃时被带走了，残留的多为石器和废料。在这两个遗址没有发现重新摆放器物的情况。

房屋废弃后会有各种因素影响居住面上的遗物保持状况。有些房屋被在原址重建的房屋打破，有些动物的洞穴会损坏居住面和上面的遗物，房屋的倒塌堆积会将陶器砸碎。但总体而言，这些因素对遗物位置的影响不大。

所谓"收藏"行为可能也发生过。在房屋废弃后不久，居住面上的遗物尚未被覆盖的时候可能会有人将一些器物取走，也许一些房屋内器物较少与此有关。这种行为会造成对房屋内遗物的统计分析与房屋使用时期的情况有差别，但对于分析屋内的功能和性别分区影响较小。

总之，考古发掘的房屋居住面上的遗物并不能完全反映房屋使用时期用品的数量和空间分布情况。但这些残留的遗物应该与房屋使用时期发生在房屋内的人类行为有密切关系，其分布形态会多少透露出房屋使用时期的信息。

二、屋内活动分区

活动区是聚落考古分析的最小空间单位。弗兰纳里在对中美洲古代村落的经典研究中，提出房屋内的活动区就是完成特定工作的一片限定的空间，一般来讲可以通过散落的工具、废弃物、原料、遗迹、遗迹组合来认定（Flannery and Winter 1976：34）。我们正是以居住面上的遗物和遗迹分布情况为判定活动区的依据的。

虽然目前经过发掘的兴隆洼文化房址超过300间，但发表的资料有限，包括兴隆洼遗址的少量房址及南台子、白音长汗和查海遗址的全部房址。我们下面的讨论主要以前三个遗址的资料为依据。根据这些资料，房屋内的活动区大体可以分为四类：生活区、工作区、储藏区和仪式区。这并不是说每座房屋内都四种功能区俱全，或者房屋内的一个空间范围只具备一种功能。相反，一般来讲，很多房屋内可能只有部分功能区，而一个空间可能会具有一种以上的功能。

生活区：炊煮食物、消费食物和休憩的空间。兴隆洼文化房屋中，灶一般在接近中心的位置或偏向入口处，周围遗物较少。一些灶附近有陶器和兽骨，应该是炊煮和消费食物的遗留。灶周围的空间，特别是灶和后墙间的空间应该是最主要的生活区，是整个房屋的中心。兴隆洼遗址F171和F180中，都发现有四个中心柱，规划出大致呈正方形的空间，应该正是生活区的范围。白音长汗的灶多偏向门道，灶与后墙之间常以特殊加工的居住面以及凸起的矮棱规划出长方形的空间，上面遗物稀少，是特意留出的生活空间。

工作区：室内居民从事各种室内工作的场所。判断工作内容主要依据居住面上的遗物种类。兴隆洼文化房屋中可辨认出的普遍进行的工作有食物加工和石器加工两类。

1. 食物加工。食物加工是室内最主要的日常工作。判定食物加工区的遗物包括磨盘、磨棒和磨石等研磨石器，可能用于切割的石刀，砍砸兽骨的砍砸器，炊煮或储藏用的陶罐等。动物类食物在兴隆洼人的食谱中占有很大比例，兽骨也是食物加工区常见的遗物。例如，在兴隆洼遗址F180中，3件磨盘、12件陶器都集中在食物加工区（图4-7）。在F220的食物加工区中，分布有20处动物骨骼和蚌壳。

2. 石器加工。石器加工或修整是房屋内进行的另一项重要活动。有些石器的初加工可能在野外采集石料处进行。但比较消耗时间的精细加工整形——例如石磨盘、磨棒、磨制石斧等工具的啄制整形和磨光——可能会在室内进行。判断石器加工的遗物主要是石料、加工工具和石器半成品。例如，南台子遗址F2（图4-8）和F6中发现了大量石材和半成品。虽然没有发表详细的资料，但它们很可能与室内的石器加工有关。

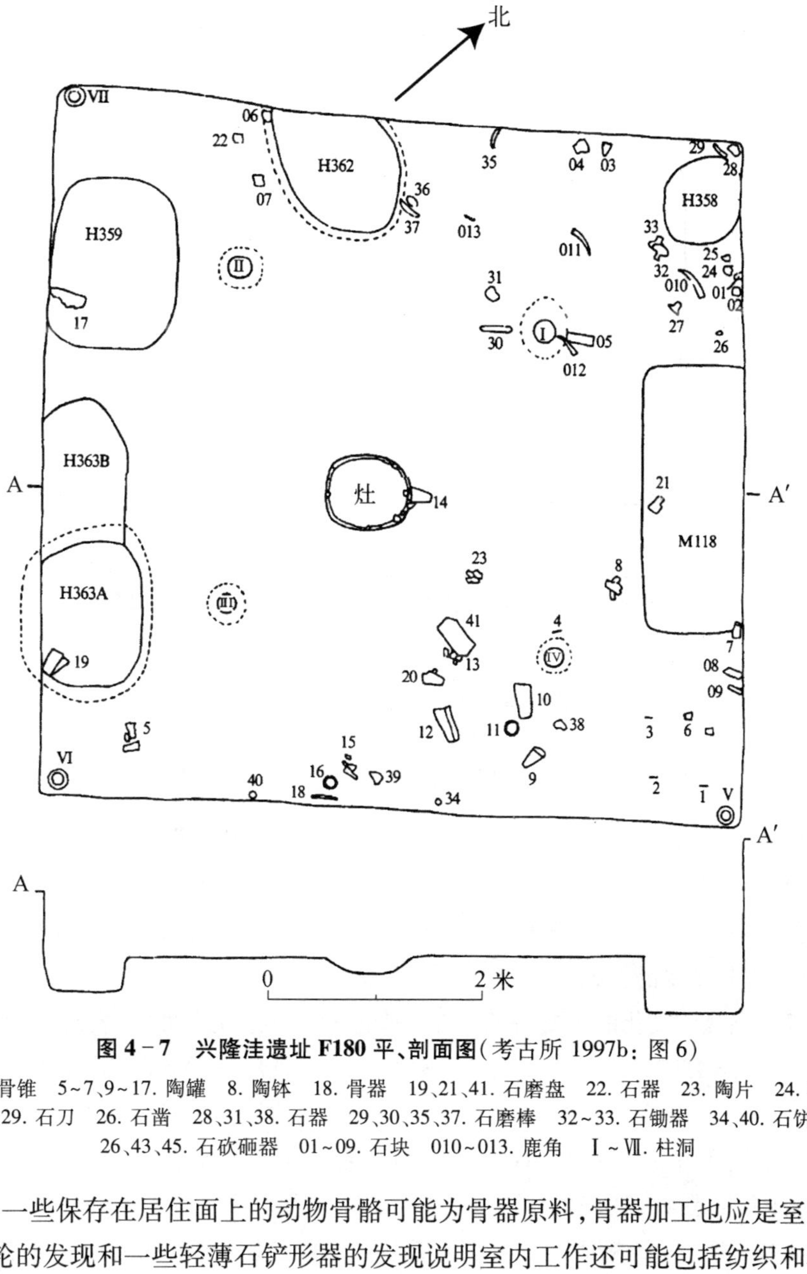

图4－7　兴隆洼遗址F180平、剖面图（考古所1997b：图6）

1~4. 骨锥　5~7、9~17. 陶罐　8. 陶钵　18. 骨器　19、21、41. 石磨盘　22. 石器　23. 陶片　24. 石斧　25、27、29. 石刀　26. 石凿　28、31、38. 石器　29、30、35、37. 石磨棒　32~33. 石锄器　34、40. 石饼形器　26、43、45. 石砍砸器　01~09. 石块　010~013. 鹿角　Ⅰ~Ⅶ. 柱洞

此外，一些保存在居住面上的动物骨骼可能为骨器原料，骨器加工也应是室内的工作之一。纺轮的发现和一些轻薄石铲形器的发现说明室内工作还可能包括纺织和鞣制皮革（王小庆2008）。

储藏区：储藏食物和其他物品以供长期使用的空间。判定储藏区的依据主要是可能用于储藏的窖穴。兴隆洼文化遗址多有大量室外窖穴，但屋内也常有可能用于储藏的窖穴。例如，兴隆洼遗址F180中（参见图4－7），有5个窖穴沿西南墙和西北墙排列。兴隆洼遗址F176、南台子遗址F2和白音长汗遗址AF17中，也各有1个窖穴。其中出土遗物很少，土样的检测结果尚未发表。由其规格和位置看，很可能是储藏之用。

仪式区：在室内举行仪式活动或对居住者有特殊仪式内涵的空间。

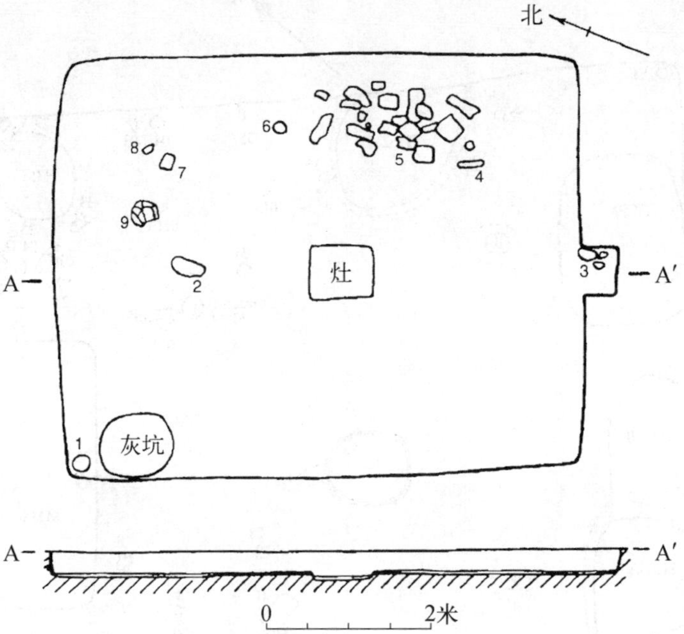

图 4－8　南台子遗址 F2 平、剖面图

（内蒙古 1997a：图 4）

1. 柱洞　2~3. 石块　4. 石磨棒　5. 石料及石器半成品　6. 陶钵　7. 石铲　8. 石刀　9. 陶筒形罐

大量民族学资料表明，灶在居室中位置显著，具有"仪式性"意义（李新伟 1997）。在兴隆洼居民心目中，灶应该也不仅是炊煮和取暖的工具。白音长汗遗址 AF19 的灶内侧，即靠后墙的一侧，放置了一个石人像，凸显了灶的特殊地位。因此，灶周围的位置既是重要的生活区，也是重要的仪式区。

居室葬是兴隆洼文化的重要特征。在兴隆洼的 150 余座房址中，发现了 40 多座居室葬（杨虎、刘国祥 1997）；查海遗址的 55 座房址中，发现居室葬 6 座（辽宁省 2012）；兴隆沟遗址已经发掘的 23 座房址中，发现居室葬 19 座（刘国祥、贾笑冰等 2011）。如前所述，由居室葬和房屋数量的比例关系看，并非全部死者都被埋在居室中，居室葬的墓主应该有特殊的身份（参见表 4－5）。

一些迹象表明，在室内埋葬了死者后，房屋还继续使用，也就是说，在这些房屋中生者与死者在共同生活。一些居室葬上部没有摆放任何遗物（参见图 4－7），这有两种可能性：一是房屋继续使用过程中，墓葬上方要保持干净；二是当时摆放有特殊物品，但已经腐朽或被搬走。不管是何种情况，正如一些民族学资料显示的，墓葬上方的空间也应该是有特殊含义的仪式区（李新伟 1997；杨虎、刘国祥 1997）。

表 4－4 总结了已发表资料的保存较好的房屋中可以通过遗物分布情况判定的功能区的情况。

表 4－4　兴隆洼文化房址内功能分区和性别分区情况

房号	遗址	灶周围（生活区）	食物加工区	石器加工区	储藏区	性别分区		注解
						男性	女性	
F2	X	南部有陶器，其他方向空白	东北墙有兽骨、石块			西南部，有石锄形器和铲形器	东北部的食物加工区	
F171	X	周围均空白。有四根室内柱限定范围。灶内有碎陶片	南角和东角，有磨盘、磨棒和兽骨			西半部，有石刀	东半部食物加工区	
F176	X	周围均空白。灶内有碎陶片	东南部，有陶器和兽骨		东南墙边坑 1 个	北部，有石斧	东南部食物加工区	东北墙边居室葬
F177	X	灶边有钵和兽骨	东南部，有陶器、兽骨和磨石				东南部食物加工区	
F180	X	周围均空白。有四根室内柱限定范围。灶边有 1 件陶罐	东南部，研磨石器 3 件、陶器 12 件		西北墙和西南墙共有坑 5 个	北角和西北边，有石锄形器、铲形器和石斧	东南部食物加工区	东北墙边居室葬
F220	X	被 F180 打破	东部，有陶罐、石器、15 堆兽骨、2 堆蚌壳等				东部食物加工区	
F2	N	周围均空白		东墙边有石料和半成品	西北角有坑 1 个			
F6	N	周围均空白	北部，有磨盘、磨棒和陶器	西墙边有石料和半成品		西南部石器加工区	西北部食物加工区，还有纺轮	
F31	N	周围均空白	西部，有陶器和兽骨			北部，有石斧、凿、骨梗石刃刀	西部食物加工区	

续　表

房号	遗址	灶周围（生活区）	食物加工区	石器加工区	储藏区	性别分区		注　解
						男性	女性	
AF12	B	面向后墙的内侧空白，左右两侧有陶器	南半部，即灶的左侧，有磨棒3件，纺轮2件，灶周围有陶器	东北部，有大小石块		东北部石器加工区	南部，有纺轮、磨棒	
AF10	B	灶与后墙间空白，居住面经特殊加工，有凸棱	南半部，即灶的左侧，有陶器、蚌壳、鹿角	北半部，有石铲、斧形器		北部石器加工区	南部食品加工区	
AF25	B	灶周围空间，居住面经特殊加工，有凸棱。灶边有石块	南半部，即灶的左侧，有陶器、石杵，AH20储藏坑	北半部，有石斧、斧形器、石铲等		北部	南部食品加工区	
AF32	B	灶周围空间，居住面经特殊加工，有矮墙。灶边有陶器	北半部，即灶右侧，有磨棒、杵、研磨器、陶器	东角，有石铲、饼形器		东角	北半部食品加工区	
BF74	B	灶与后墙间空白，居住面经特殊加工	北半部，即灶右侧，有磨盘、磨棒、兽骨、陶器	南半部，即灶左侧，有石铲、石铲坯、石片、石块		南部石器加工区	北部食品加工区	磨棒断为两截，分别在南区和北区，石斧坯在南区，可能经过后期扰动
BF71	B	灶与后墙间空白，居住面经特殊加工	北半部，即灶右侧，有陶器	南半部，即灶左侧，有石铲、石刀、石块		南部石器加工区	北部食品加工区	南部也有陶器，有石杵
AF43	B	灶与后墙间居住面经特殊加工，上面有少量遗物	南半部，即灶的左侧，有陶器、磨盘、鹿角	北半部，一小坑中有石锛和石锛坯等，有石斧		北半部	南半部	灶后区域有陶器、砍砸器、磨棒等

注："X"代表兴隆洼遗址，"N"代表南台子遗址，"B"代表白音长汗遗址。

三、房屋中的性别分区

性别区分在现代和古代都是重要的文化因素。肯特曾证明性别相关物和非性别相关物及多用途工具的比例可以作为衡量社会复杂化程度的标尺(Kent 1984，1990)。中美洲地区的民族学材料和考古学材料显示,居室中一般都会有“男性所有物”和“女性所有物”,史前房屋一般也可以在“概念上”分为有男性工具的工作空间、有女性工具的工作空间和重叠空间(Flannery and Winter 1976：43)。

判断遗物的性别相关性的最可靠证据是墓葬材料——大多数在男性墓葬随葬的物品具有男性相关性,大多数在女性墓葬中随葬的物品则具有女性相关性。但兴隆洼文化已经发表的墓葬资料很少(表4－5),只能提供部分信息。兴隆洼遗址居室葬M118为男性墓,出土的工具主要有骨梗石刃鱼镖、骨叉形器、骨锥、骨针、兽骨、石片、石斧和磨石,这些器物可能具有男性相关性。我们需要参考同时期的其他文化墓葬的研究成果来获得更可靠的依据。

表4－5　兴隆洼文化墓葬

墓号	遗址	面积(平方米)	性别	年龄	随葬品(件)
M117	X	1.2	?	成年	玉玦2，长方形蚌饰1,蚌人面坠1
M118	X	2.4	男	成年	玉玦2，小石管8，蚌壳饰1,陶杯1，磨光猪牙3，兽牙饰品2,骨梗石刃鱼镖3，骨叉形器1，骨锥2，骨针1，兽骨1，石片2，石斧1,磨石1，死者身边细石刃195，填土中细石刃715，完整猪骨2(一公一母)
MF7	C	0.6	?	儿童	3对玉匕形器
MF43	C	?	?	?	玉玦2，陶器7
M5	B	1.5	男	?	被盗,未见
M13	B	2.4	男	30	被盗,残存陶罐1,石罐1
M16	B	1.2	女	30	被盗,蚌饰1
M2	B	1.8	男1 女1	均25	石锥1,螺纹石棒2,石臂钏2,石珠9,玉玦1,玉管1,蚌饰18,蚌器1
M4	B	2.6	?	?	蚌饰16,玉管1,玉玦1,玉管1,石管1,蚌臂钏1,细石叶1
M6	B	2.3	女	30~35	蚌臂钏1套2件,在左臂上
M7	B	1.3	?	?	玉蝉1,小石熊1,蚌珠1,石珠3,亚腰形蚌饰111,亚腰形石饰6
M8	B	1.6	?	?	亚腰形蚌饰7,骨锥1
M9	B	?	?	儿童	未见

续　表

墓号	遗址	面积（平方米）	性别	年龄	随葬品(件)
M10	B	1.1	女	43~45	蚌饰 1
M11	B	0.7	男	35	蚌饰 15,石珠 2,玉管 1
M12	B	1.2	女	50	未见
M17	B	?	?	?	未见
M19	B	2	男	35	未见
M20	B	0.42	?	儿童	未见

注：1. "X"代表兴隆洼,"C"代表查海,"B"代表白音长汗。
　　2. 白音长汗 M1、M3 为石堆,未计算在内。

刘莉对河南舞阳裴李岗文化贾湖墓地的研究证明,将近 80%的随葬品有强烈的性别倾向。她统计了 13 种器物,其中只在女性墓葬出土的有石磨盘和纺轮(15%),只在男性墓葬出土的有石刮削器、石铲形器和骨凿(23%)。此外,骨镞、石锛、石磨棒和石斧(31%)大多数在男性墓葬出土,也表现出强烈的性别倾向(刘莉 2007)(表 4-6)。

表 4-6　河南舞阳贾湖墓地工具的性别倾向

种　类	女性墓	男性墓	
磨　盘	5　100%	0	女性工具（2 种,15%）
纺　轮	1　100%	0	
刮削器	0	1　100%	男性工具（3 种,23%）
骨　凿	0	4　100%	
石　铲	0	3　100%	
骨　镞	6　16%	31　84%	偏男性*工具（4 种,31%）
石　锛	1　20%	4　80%	
石磨棒	1　25%	3　75%	
石　斧	4　25%	12　75%	
锥	4　67%	2　33%	偏女性*工具 (8%)
石　凿	1　50%	1　50%	男女均使用工具（3 种,23%）
磨　石	5　50%	5　50%	
骨　针	20　43%	27　57%	

注：1. 共统计了 13 种主要工具,96 座墓葬(34 座女性墓,62 座男性墓)。
　　2. * 偏男性(女性)工具指此工具有很大的可能性(超过 70%)是由男性(女性)使用的。
(引自刘莉 2007)

我们综合这些研究成果,对兴隆洼文化房址内的性别分区情况进行了分析和推测(参见表4－4）。食物加工区可以被归入女性区。在兴隆洼遗址的F220、F180和F177的食物加工区内，均发现了女性相关工具磨石。此外，南台子遗址F6的食物加工区还发现有女性工具纺轮。同时，男性工具或有男性倾向的工具石铲形器、石锄形器、石斧和石锛经常发现在食物加工区以外的区域，这些工具集中的区域可能是男性区域。男性在此区域的活动并不很明确。在南台子遗址F2中，该区域中有相当多的石料和石器半成品，可见石器加工可能是男性从事的室内工作之一。在有些情况下，男性和女性似乎各占房屋内空间的一半。例如，兴隆洼遗址F180中，如果以灶和居室葬的连线为中轴线的话，女性空间在西南侧，男性空间在西北侧，正好各占一半。白音长汗遗址的几座房址内，此空间划分尤其清晰，器物多集中摆放在灶后侧以特制居住面规划出的生活区的两侧，入门后面对灶，左侧多为以食物加工为特征的女性空间，右侧多为有男性工具的男性空间。但在有些房屋中，此种两分模式并不清晰。待更多房址的详细资料发布后，才能对此进行更深入的讨论。

第四节　社区分析

虽然一个考古遗址不能与一个古代社群直接画等号，但在实践中还是可以通过对考古资料的分析认定一个社区的。一般而言，判断共时性的主要依据有碳十四测定的年代、陶器类型学显示出的分期和聚落布局情况。辽西地区的史前聚落地层关系简单而清晰，一般而言，房屋布局规整，显然经过规划的聚落大体对应着一个社区。

对出土器物的类型学研究表明，兴隆洼遗址的房址可以分为三期，分别属于兴隆洼文化早、中、晚期；南台子遗址兴隆洼文化聚落属于兴隆洼文化中期；白音长汗遗址A、B两聚落均属兴隆洼文化晚期。但兴隆洼文化各期的跨度各约300余年，而半地穴房屋的使用寿命肯定没有那么长，类型学研究只是增强了同聚落遗迹共存的可能性。我们并没有对每个房址进行碳十四测定，而且目前碳十四测定数据的年代跨度也较大，不足以判断房址的共时性。因此，对遗迹布局的分析往往可以提供判断共存性的证据。上述聚落的房址均成排规整排列，明显是经过统一规划布局的，最有可能是在建立聚落时就根据人口规模，一次性完成了大多数房屋的建设。在聚落使用过程中，房屋虽然有所兴废，但基本的房屋布局并没有改变。因此，从房屋布局看，各聚落内的大部分房屋很可能曾经共存过。我们以这些房屋共存为前提作出的社区级别的聚落形态分析应该大体符合当时的实际情况。

一、房屋的布局

兴隆洼文化聚落的房址均成排分布。

南台子遗址揭露面积3 100平方米，发现兴隆洼文化半地穴房址34座和灰坑11座，大致属于兴隆洼文化中期。房屋大致呈三排分布，北侧两排距离更近，整体又可分南、北两区（图4－9）。发掘区的周围为一片空白地带，所以可以确定发掘出的遗迹在聚落中为相对独立的居住单元（内蒙古1997a）。

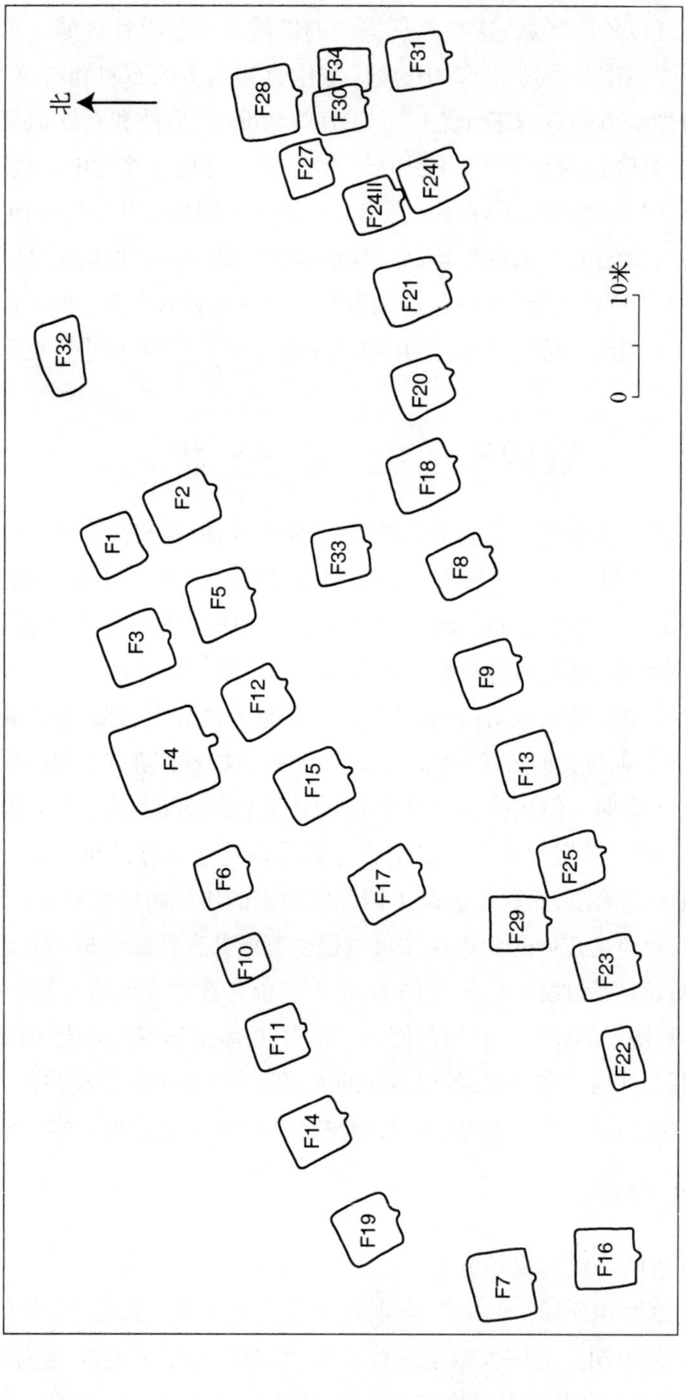

图 4－9　南台子遗址兴隆洼文化房屋布局图（内蒙古 1997a：图 3）

白音长汗遗址揭露面积7 000余平方米，其兴隆洼文化房址主要属于发掘者所说的“二期乙类”，相当于兴隆洼文化晚期。这些房址分为南、北相邻的两组，各有围沟环绕。北侧A区聚落基本完整，内有房址29座。南侧B区聚落的东南部受到破坏，残存房屋24座（未计算被BF28打破的BF30）。两聚落规模均与南台子相近。A区房址大致排列成四排，其中东部两排距离很近，似为一组，这样，可以认为整个聚落有西、中、东三组房屋，西组和中组各有9座房屋（AF18和AF12归入中组），东组有11座房屋。B区房屋大致分三排排列，可以认为整个聚落也由西、中、东三组房屋组成，西组和中组各有10座房屋（BF70和BF60归入中组），东组可能因为受到水土流失和断崖倒塌的破坏，只残存了4座房屋（内蒙古2004）。

查海遗址发现的兴隆洼文化房址有55座，也以晚期为主，分为南、北两组，中间以壕沟隔开。各组均成排排列（辽宁省2012）。

兴隆洼文化聚落的另一个显著特征是房址的大小有明显差别，大型房址占据显要位置。

南台子遗址F4（81.6平方米）明显大于其他房址，位居最北一排的中心，虽然不是整个聚落的中心，但却是最高的位置。

白音长汗遗址“二期乙类”房址多残破，而且各排房屋都有缺失，但仍然可以看出主要房址居中的格局。A区中，最西排房址普遍较小，大型房址集中在西面数第二排，也是整个聚落的中心位置，东面两排房址面积差别不显著，最东排的AF36面积最大，位置居中。B区中，最西排BF74面积最大，位置居中，中间排的BF68（100.8平方米）面积在整个聚落中最大，位居该排的中心，也占据着整个聚落的中心位置。

二、遗物分布情况

对各种人工制品，如陶器、石器、骨器、玉器等在遗址中空间分布状况的分析可以为我们提供有关社会分化、生产分工和手工业生产专业化等方面的重要信息（Costin 1991）。兴隆洼文化大批布局完整、居住面上保存了相当数量遗物的房址，为我们提供了分析兴隆洼社会的难得资料。如上所述，虽然不能确定各聚落内所有房屋都一直共存，发掘所见房屋居住面上的遗物远非房屋使用时期用品的全部，但只要充分考虑到这些局限性，我们仍然可以期待遗物空间关系分析会提供有关聚落生产和生活的重要信息。

在遗物空间分析方面，地理信息系统可以成为考古学家手中的利器。地理信息系统是以电脑为工作平台处理空间数据库的系统，它可以对各种空间要素进行表现、分析、对比以至运算（Green 1990）。地理信息系统本不是为考古学开发的，但大约在20世纪70年代，常常要进行空间分析的考古学家们开始对这一空间分析手段产生兴趣（Zimmerman 1977），尝试着利用其强大的功能，使考古学空间分析更加科学化。至80年代，它被广泛运用于遗址位置预测、文化遗产管理及聚落形态分析（Clarke 1986）。90年代，随着一些中外合作考古项目的开展，地理信息系统被引入中国考古学界（高立兵1997），主要应用在区域聚落调查过程中数字化模型的建立。河南颍河流域考古调查（河南省、密苏里大学 1998）、安阳考古调查（Rapp and Jing et al. 2000）、伊洛河流域考古调查（乔玉 2010）、山东日照两城考古调查（中美联合两城考古队 1997）和内蒙古赤峰半支箭河考古调查（赤峰考古队 2002）等项目中都有地理信息系统研究的参与。从目前发表的论文看，主要是在数字化地图上更准确地标注遗址的位置，以三维地图更好地表现遗址与地貌的关系，还缺乏对遗址空间要素的分析，但一些成果已经显示出地理信息系统与考古学相结合的诱人前景。

利用地理信息系统对一个遗址内部遗存的空间关系进行分析在国内考古学界还是个崭新的课题，我们使用地理信息系统对保存较好、发表资料充分的南台子和白音长汗遗址进行了统计分析，试图量化描述两聚落房屋内遗物的全面空间分布情况，发现与兴隆洼社会生产组织有关的线索。

本文研究使用的地理信息系统软件为 *Cartalinx*，分析软件为 *Arcview*。操作程序大致是：1. 将遗址平面图扫描并转化成特定格式作为数字化的底图；2. 在 *Cartalinx* 界面中描绘每一座房址，将其数字化，*Cartalinx* 会自动生成一个表格，每个房址占一行；3. 在表格中设定各列的内容并填写，我们设定的内容有房址的面积、遗物总数、陶器总数、石制品总数、骨器和骨骼总数、各类陶器的总数、石制品种类、骨器或骨骼的种类等（表 4－7、表 4－8）；4. 将数字化的房址和对应的表格转化为适用于 *Arcview* 的格式；5. 在 *Arcview* 中生成各种表示遗物在房址中分布情况的示意图。我们选择按遗物数量将房址分为三个等级，遗物最多者为一级，用黑色表示；次多者为二级，用灰色表示；最少者为三级，用白色表示（图 4－10、图 4－11）。鉴于石器是当时最重要的生产工具，而且保留数量较多，我们只分析石制品在房屋中的分布情况。

表 4－7　南台子遗址房屋面积及出土遗物统计

	面积（平方米）	陶器数	石器数	骨器数	遗物总数
最大值	81.6	7	29	6	34
最小值	18.9	1	0	0	2
平均值	32	3	6.5	1	10.4
标准误差	10.5	1.54	6.8	1.3	7.64

表 4－8　南台子遗址南、北两组房屋出土遗物平均值对比

	面积（平方米）	陶器数	石器数	骨器数	遗物总数
北组	36.7	3.3	9.9	1	14.2
南组	29.5	2.7	3.8	0.9	7.4

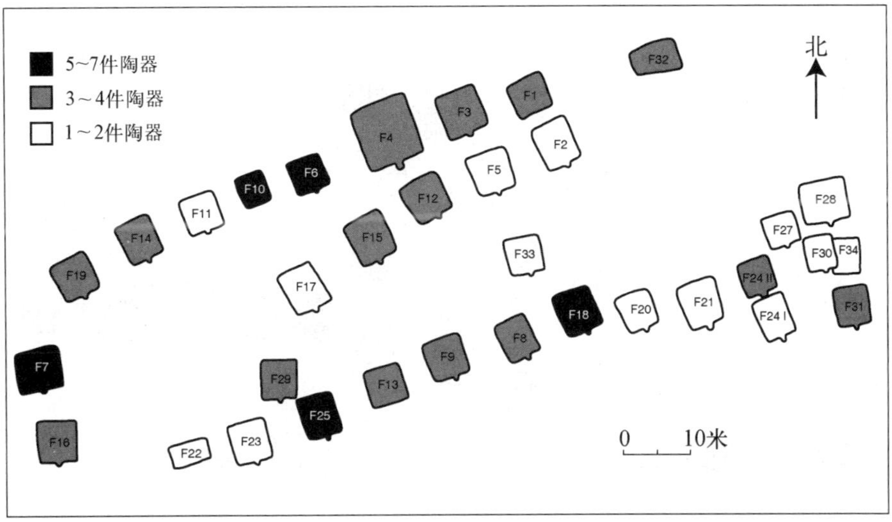

1

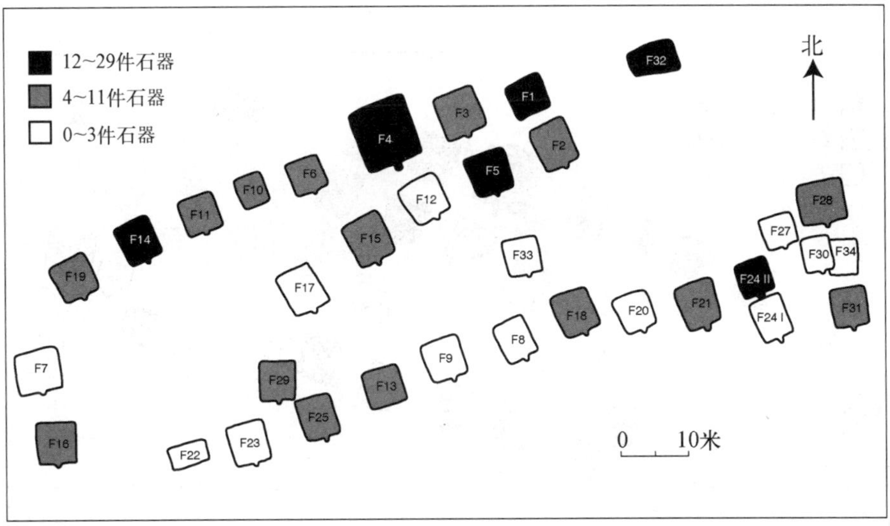

2

图4－10 南台子遗址房屋布局及陶器、石制品空间分布图

1. 南台子遗址陶器空间分布图
2. 南台子遗址石制品空间分布图

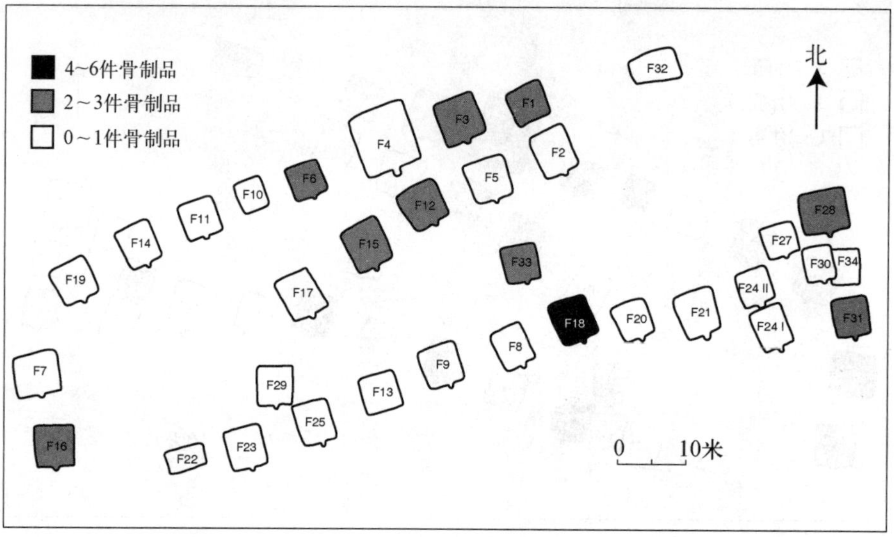

1

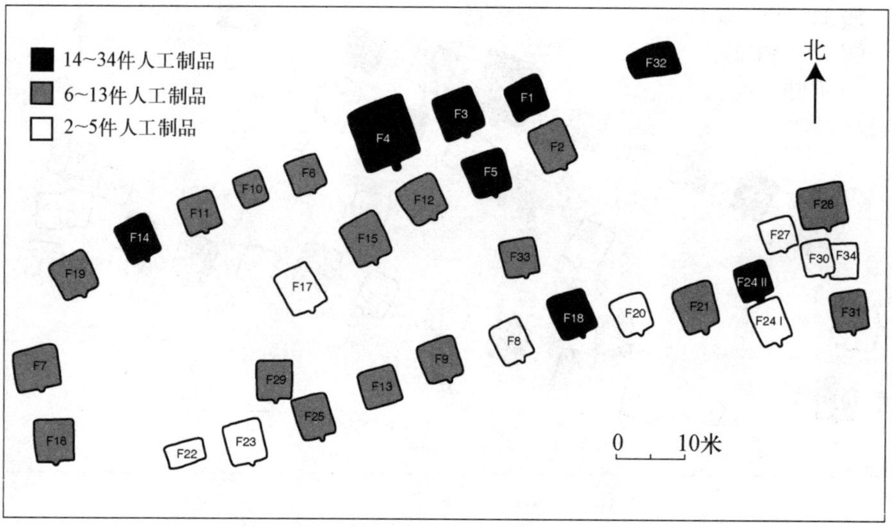

2

图 4－11　南台子遗址房屋布局及骨制品、人工制品分布图

1. 南台子遗址骨制品分布图
2. 南台子遗址人工制品分布图

从图 4－10 中可以清楚看出石制品分布的一些重要特征。第一，位于北边第一排中间的房屋 F4 属于石制品最多的房屋，该房屋在聚落中面积最大，位置最显赫。第二，F4 东侧的 5 座房址 F1、F2、F3、F5 和 F32 均为石制品数量较多的一级房屋。第三，聚落中只有 5 座房屋出土石器原料，而其中 4 座房屋正是紧邻 F4 的 F2、F3、F5 和 F6。据简报图四，F2 中的石料集中在房屋的东部，数量约 21 件。据简报表一，F5 中发现“较多石料及石器半成品、石块”。第四，聚落中有 5 座房屋出土了细石器，其中就有 F4 和它附近的 F1 和 F32。F32 是聚落中出土细石器最多的房址，数量达 21 件。第五，北部房屋中另一个出土石制品数量达到一级标准的是 F14，该房屋共出土细石器 12 件。值得特别注意的是，其南侧的灰坑 H23 中出土细石叶达 200 多片。第六，石制品最多的一级房屋共有 8 间，其中 6 间集中在北半部，南半部房屋中只有 1 间。第七，F4 所在聚落最北排有 9 座房屋，其中有 5 间一级房屋，4 间二级房屋，也就是说每间房屋都出土超过 4 件石制品，其中 5 间房屋出土超过 11 件石制品，这与南部 19 间房屋中 10 间出土石制品且少于 3 件形成了鲜明对比。

白音长汗遗址 A 区聚落内石制品在房屋中的分布明显不均匀（图 4－12）。第一，出土石制品最多的 4 座一级房屋有 3 座集中在东组，而且均聚集在北侧。第二，东组一级房屋 AF32 中，研磨工具集中分布在房屋西部偏北处，计有 3 件磨棒、1 件杵和 1 件研磨器。该房屋其他位置还出土 2 件磨棒。第三，东组一级房屋 AF25 中，砍斫工具集中出土在房

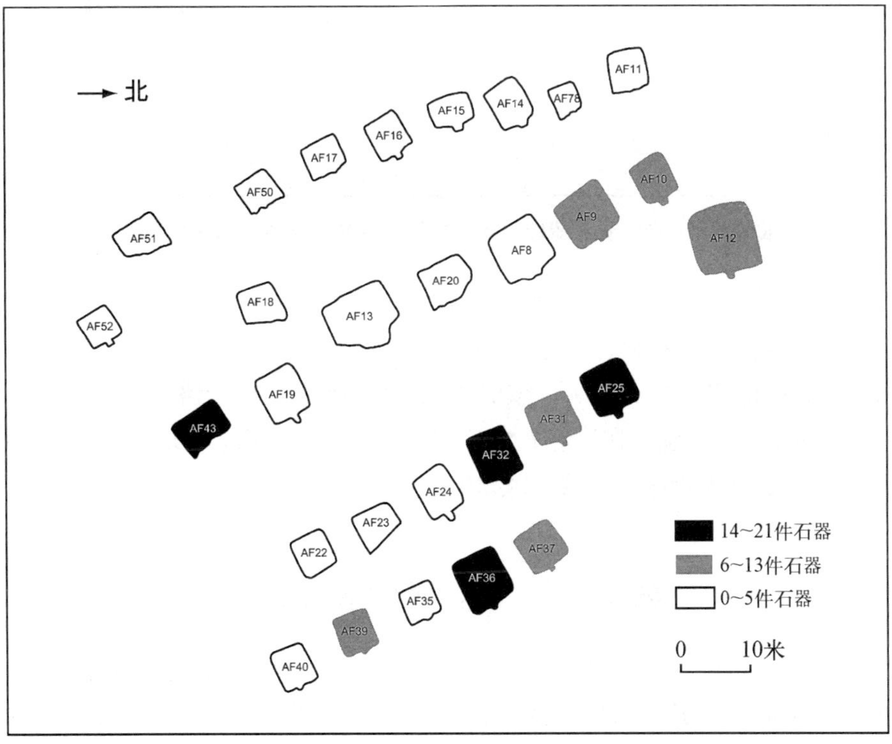

图 4－12　白音长汗遗址兴隆洼文化晚期 A 区聚落石制品分布图

屋偏西北处，计有 2 件斧、1 件凿、1 件斧形器、1 件锛和 1 件可能也具有砍斫功能的铲。该房屋其他位置还出土 2 件凿和 1 件斧。第四，东组二级房屋 AF37 中，刮削器较集中地分布在房屋的南角，计有 2 件刀、1 件石片和 1 件石刃。最后，西组的 9 座房屋均为出土石制品少于 5 件的三级房屋。

白音长汗 B 区聚落内石制品在房屋中的分布情况也是明显不均衡的（图 4－13）。首先，仅有的两座出土石制品最多的一级房屋为占据西组房屋正中位置的 BF74 和 BF73。其次，BF74 中磨盘、磨棒集中分布在房屋北侧，计有 3 件磨盘和 2 件磨棒。房屋西南边集中分布 2 件铲和 1 件铲坯。最后，BF73 居住面上的石制品包括 4 件刀和 6 件铲，其余为敲砸器和石块，未见其他房址中常见的磨盘、磨棒及斧等。

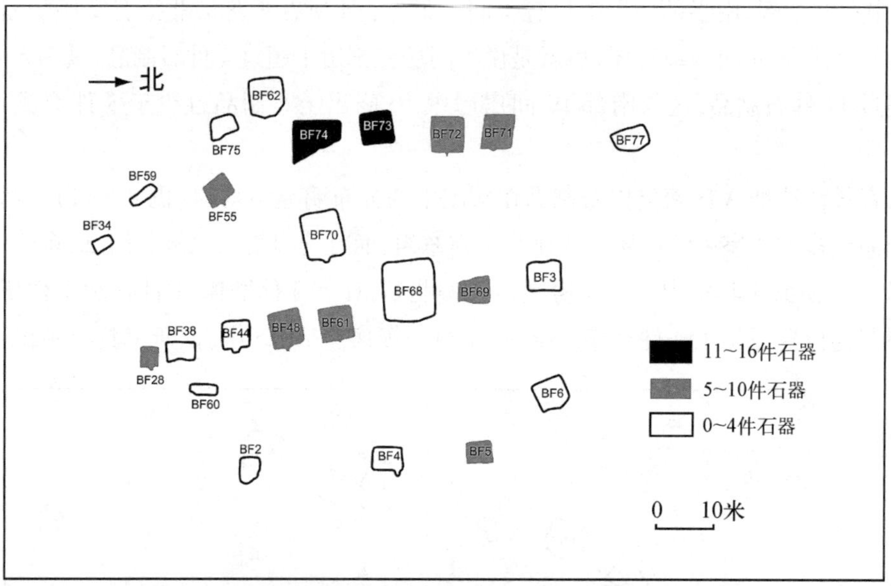

图 4－13　白音长汗遗址兴隆洼文化晚期 B 区聚落石制品分布图

我们对动物骨骼的分布情况也做了类似的分析，动物骨骼分布明显不均衡。在聚落 A 中，以偏在聚落北边的 AF11（16 块）和 AF12（36 块）最多，尤其是 AF12，面积大，位置独特，不属于任何一排，周围空地较大。该房址出土有马鹿各部位骨骼 30 块、狼骨 3 块和狍子骨 3 块，远多于其他房址。在聚落 B 中，以偏处东北角的 BF6（59 块）最丰富，包括马鹿各部位骨骼 37 块、斑鹿骨骼 6 块、野猪骨 10 块和野牛骨 6 块。

第五节　区域聚落形态

我们在蚌河上游的调查中共发现兴隆洼文化遗址 5 处，在老虎山河上游只发现了 1 处。由采集的遗物看，这些遗址主要属于兴隆洼文化晚期。各遗址均有成排的灰土圈，应是半地穴房址的遗迹。遗址数量稀少在意料之中。这些遗址表现出两个值得关注的特点。

首先，遗址的面积是有差别的。最大的遗址面积约2万平方米，最小的约3千平方米，说明在定居开始的阶段，遗址之间的差别就已经出现。

其次，蚌河流域的遗址呈现出聚集分布的形态。所有5个遗址都集中在蚌河左岸4公里长、1公里宽的范围内。虽然难以完全确定这5处遗址全部共存过，也许它们有早有晚，是人们在不同的时间里选择了同样的地带居住。但它们之中的2处或3处很可能是同时存在过的，构成了一个聚落组合。赤峰半支箭河流域（赤峰考古队 2002）的兴隆洼文化遗址就有类似的聚集现象。

第六节 资料分析

一、亲属组织

张光直在20世纪50年代对美洲新石器时代聚落的研究中即指出村落布局与亲属组织有很高的相关性，一个按规划建造的村落很可能对应一个有血缘关系的社群，每座房屋中居住的可能是核心家庭（nuclear family）或扩展家庭（extended family）（Chang 1958）。

“核心家庭”和“扩展家庭”两个概念是张光直对世界范围内民族学资料显示的聚落内部形态进行分析研究后提出的。前者指一夫一妻带有自己子女的家庭，后者指包含更多家庭成员的家庭。他还提出了判断这两种家庭组织的考古学参考标准，核心家庭的标准包括：房屋空间较小，用品和家具只够少数人使用，居住在大公屋中的一间。扩展家庭的标准包括：居住空间足够大，用品和家具够更多人使用，社区内的房屋在规模和物质富裕程度上差别较大，超过了核心家庭能够达到的程度。

一些学者认为，中国新石器时代的单间房屋中多有灶，日常陶器包括炊煮器、饮食器、容器和存储器，种类齐全，几乎都有生产工具，这样的房屋中最可能居住的是一个生产和消费相对独立的核心家庭（考古所 2001）。兴隆洼文化聚落的房屋中均有灶、各种生产和生活用具，表明这些房屋是独立的生产生活单位。日用品和工具的数量都不多，应该只够少数人使用。此外，上面的分析表明，这些房屋中多可区分出男性空间和女性空间，又说明房屋中男性和女性共同居住。兴隆沟遗址中，发现有成年男女和儿童在同一房址中埋葬的现象，其中F22的居住面上，发现有成年男女各一人和儿童两人。由一些房屋中灶周围的空白地带的面积看，一般可以躺4～6人。综上所述，推测兴隆洼文化每座房屋中很可能居住着一个核心家庭。但目前的资料也不能否认，某些大型房屋可能居住着更多人口，某些房屋可能具有特殊功能。

一些学者的民族考古学研究表明，亲属关系越近的家庭一般也住得越近（Gargett and Hayden 1991）。我国学者一般也认为同组聚集或同排而列的房屋可能代表关系密切的亲属集团（考古所 1963；巩启明、严文明 1981；严文明 1989；Lee 1993；李新伟、贾笑冰

1995）。因此，兴隆洼文化聚落中的每排房屋，应该代表由同排核心家庭组成的更大的亲属组织，大体相当于张光直提出的"扩展家庭"。南台子遗址中，北边第二排以聚落最大房址 F4 为中心对称排列，且与北一排距离很近，可以视为与北一排属于一组，因此，目前发掘揭露的 34 座房屋，应该由大概南北两个大扩展家庭组成。白音长汗的 A、B 两组聚落则可能各包括三个扩展家庭。而 A、B 两组聚落可能各代表一个由若干扩展家庭组成的亲属集团。上述各聚落整体则是更大的由若干扩展家庭组成的亲属集团。

因此，兴隆洼文化聚落的单体房屋、房屋排、房屋排组合及聚落整体大体对应着核心家庭、扩展家庭、初级亲属集团和社区级亲属集团四个级别。整个聚落是以亲属关系为纽带结合起来的亲属集体。一个房屋排中最大房屋居中的现象表明，扩展家庭中有处于领导地位的核心家庭；房屋排组合中核心大房屋的存在，则表明在该级亲属组织中，也存在着领导核心；整个聚落中心大房址的存在，则表明还可能存在领导整个聚落的核心。兴隆洼时期的基本社会结构，就应该是这种建立在亲属关系基础上的层级领导管理结构。我们很难根据考古资料推测各级管理的具体形式，比如是家长制还是集体决定制。但是，可以根据聚落中房屋在规模、位置和遗物数量及种类上的差别，对亲属集体组织的具体内容提出一些更深入的推测。

二、生产专业化

一些证据表明兴隆洼文化时期可能开始了初步的生产分工或专业化生产。

较早的生产专业化研究都是以早期国家和前国家的高级复杂社会如酋邦为背景的。很长时间内，专业化生产都被认为是在社会复杂化达到一定程度时才开始出现的。近年来，学者们的研究视野逐渐扩大到前复杂社会和简单复杂社会，并给专业化生产下了一个宽泛的、考古学上可操作的定义：专业化就是生产者和消费者之间的比例问题，某种物品的生产者比使用者少，就可以说出现了该物品的专业化生产（Costin 1991）。新的研究表明，其实人类基本没有经历过完全自给自足的阶段，一个原始成年人，很少既自己获得食物，又自己制造工具、缝制衣服。生产出超过自己需要的物品提供给他人并接受他人生产的物品的现象早已存在，也就是说，原始的以交换为目的的商品生产很早就有（Cobb 1996）。

学者们当然认识到前复杂社会和简单复杂社会中的专业化生产与前国家酋邦社会和早期国家阶段的专业化生产有很大区别，因此开始将专业化生产划分为不同发展阶段，将早期专业化生产命名为初级专业化（elementary specialization）生产，其特征是专业化生产与亲属集团密切相关，停留在较小的规模上，是业余从事的、大多服务于聚落内部的消费（Costin 1991；Deal 1998）。目前，对生产专业化研究的焦点转向专业化形式由简单到复杂、规模由小到大的过程。学术界已经深刻认识到，加强对早期手工业生产专业化的研究是理解复杂社会高级阶段的专业化生产的前提。

上文的资料分析显示，在南台子聚落中，石料和半成品的分布以 F4 为中心，有理由推测，石器生产似乎更多地发生在F4周围的几座房屋和F4所在的聚落最北边一排。鉴于F4在聚落中的中心地位，可以进一步推测，F4在石器生产中可能起到了组织管理的作用。一些需要更多加工时间和更高加工技术的石器，一些需要特殊的、本地稀缺的原料制作的石器（如细石叶），很可能是由居住在F4中的成员组织居住在其周围属于同一亲属集团的人员生产的。而F14则可能与聚落的细石器生产关系更密切。

兴隆洼遗址也有细石器专业化生产的证据。该遗址居室葬M118内出土了900多片细石叶，其中195片出土在墓主身边，715片出土在填土中。墓主身边还出土有小石块，可能与细石器的制造有关。M118是兴隆洼聚落中随葬品最丰富的墓葬，其所在的F180又是聚落中位置最显赫的房屋，M118墓主的身份应该非同一般。该墓中出土如此之多的细石叶并非偶然，合理的推测是，细石器的生产可能被聚落中的上层人物控制。

有学者在对中美洲史前时代的燧石工业的研究中发现，聚落中的上层人士可能会控制燧石的原料来源，囤积原料，在需要时，将原料分配给其亲属进行燧石器生产。在这种情况下，聚落内各房屋发现的燧石原料因为经过统一分配而来，在种类构成上会相近（Winter and Pires-Ferreira 1976）。南台子遗址的细石器原料未经鉴定，我们难以了解各房屋内出土细石器原料的种类构成。但由细石器的分布状况看，兴隆洼文化的细石器生产很可能符合上述受社会上层控制的生产模式。

白音长汗A、B两组聚落房屋内出土的石制品中没有多少可以确定为与石器生产有关的石料和半成品，难以从其分布状况推测石器生产的情况。A组聚落一级房屋AF32内研磨工具集中分布，AF25内砍斫工具集中分布，二级房屋AF37内刮削器较集中分布。B组聚落一级房屋BF74中磨盘、磨棒集中分布在房屋北侧，BF73居住面上刀、铲数量明显多于其他房屋。如果说不同种类的石器对应不同的生产活动的话，这种石器种类不均衡分布的情况似乎表明，一些生产活动可能更多地由某些房屋内的居住者进行：如果研磨工具主要与食物加工有关，AF32和BF74内居住人员可能更多地从事食物采集和加工工作，或者说食物加工工作更多地发生在这两座房屋中；如果斧、锛、凿等工具主要与木材加工有关，则相关生产活动可能更多地发生在AF25中；需要使用刮削器及刀、铲这些工具的鞣皮等工作可能更多发生在AF37和BF73中。AF32、AF25和AF37同在A组聚落东组的北端，而BF74和BF73则位居B组聚落西组的中心位置。可以推测，两组聚落中的生产活动很可能主要是由某些亲属集团组织进行的。

综上所述，借助地理信息系统对南台子聚落和白音长汗A、B两聚落的分析结果显示，在辽西地区，初级的专业化生产很可能在新石器时代中期就已经存在，并受到社会上层的控制。这种专业化更像有的学者描述的初级专业化，即专业化生产与亲属集团密切相关，停留在较小的规模上，是业余从事的，大多服务于聚落内部的消费。因为缺乏对相关制品的直接观察分析，目前的分析有相当的局限性，还需要更多细致而切实的研究。

不难推测，玉器和蚌器等特殊物品的生产因为在原料的获得和制作技术方面有更大的难度，其专业化生产的可能性比石器更大。但目前没有足够的材料对此问题开展详细的讨论。

三、仪式活动

兴隆洼文化中与仪式活动有关的用品包括人顶骨制成的有钻孔的圆形饰品、石制或蚌制人面形坠饰以及白音长汗出土的石雕像。此外,居室葬和在房屋地面摆放鹿和猪的头骨等行为也应与某种仪式活动相关。弗兰纳里在对中美洲古代村落的研究中指出,与仪式相关的遗迹和遗物的出土背景十分重要,这与仪式是个人级别、家户级别还是社群级别密切相关(Flannery 1976b)。

表4-9　兴隆洼文化遗址与仪式有关的遗存

遗　　存	出土情况	遗　址	分期
穿孔人头顶骨饰品	F14附近的灰坑H23中	南台子	中期
穿孔人头顶骨饰品2件	F22填土中	兴隆沟	中期
石人面饰品	F22居住面	兴隆沟	中期
蚌人面饰品	F22居住面	兴隆沟	中期
蚌人面饰品	F176内居室葬M117	兴隆洼	中期
石人雕像	AF19居住面	白音长汗	?
石蛙形器	AF19居住面	白音长汗	?
蚌人面饰品3件	AF14填土	白音长汗	晚期
石人面饰	AT27第2层	白音长汗	晚期
完整猪骨2具	F180* 内居室葬M118	兴隆洼	中期
兽头	F5居住面	兴隆沟	中期
兽头	F220居住面	兴隆洼	早期
居室葬M117	F176	兴隆洼	中期
居室葬M118	F180*	兴隆洼	中期
居室葬MF7	F7	查海	?
居室葬MF43	F43	查海	?

注：* 表示在房屋排中居中的房屋。

表4-9列举了兴隆洼文化遗址中有明确出土背景的、与仪式有关的遗存的情况。从表中可以发现两个特征。首先,除了南台子H23出土人头骨饰品外,所有遗存都在房屋内,其实H23也与F14有密切联系。其次,F220和F180在兴隆洼遗址中是房屋排的中心,F180还靠近整个聚落的中心位置,但其他房址并非位置居中的大型房屋。如白音长

汗遗址出土有石雕像的 AF19 只是偏在一侧的一般性房屋。根据这些情况，一个合理的推测是，仪式活动存在于多个层次，很多发生在核心家庭居室中。虽然可能存在以房屋排为代表的扩展家庭规模的仪式活动，但行使仪式的权力并未集中。

目前尚未发现明确的整个社区的仪式活动的遗存。白音长汗墓葬区的墓葬数量少，形制特殊，似属特殊墓葬，均有积石覆盖。墓区内还发现一积石遗迹。这里可能不单是埋葬特殊死者的地方，也许还是举行整个聚落级别的仪式活动的场所。但由目前的资料看，此类活动只是多层次仪式活动的一部分，似乎并不具有比房屋中或房屋排中举行的仪式更重要的意义。

有学者对当时仪式活动的内容作了推测。有学者认为白音长汗所出土的石雕像是在世界很多地区都存在的丰产巫术的遗物（陈星灿 1990）。有学者认为居室葬反映了对死者的敬意，是一种祖先崇拜（杨虎、刘国祥 1997）。考虑到亲属关系在当时社会组织中的重要性，祖先崇拜说似有道理。在居住面上摆放兽头和 M118 中随葬完整猪的现象颇为特殊，有学者认为这与祈求狩猎成功的仪式活动有关（考古所 1997b），这也颇符合兴隆洼文化居民以狩猎采集为最主要食物来源的经济形态。

四、社会经济不平等

上述考古资料清晰显示，在兴隆洼时期已经出现了各种意义上的不平等。

不平等的明确表现主要集中在两个方面。一是房屋位置和规模的差异。房屋排的中心房屋面积大，居住在其中的家庭和个人似乎在亲属系统中占有更高的地位。兴隆洼和南台子遗址均发现有整个聚落的中心房址，其位置显要、面积大，表明很可能存在以某种方式领导或凝聚整个聚落的家庭和个人，而且他们的权力的获得和维护似乎与亲属制度密切相连。二是墓葬表现出的差异。兴隆洼、兴隆沟和查海遗址的居室葬和白音长汗的积石墓都可能埋藏着死因特殊或社会身份特殊的人物。积石墓中的死者更可能是因为其特殊的社会地位才享受了特殊的葬仪。这些墓葬在随葬品数量和种类上也有明显差别。兴隆洼遗址 M118 和白音长汗遗址 M2、M4、M7、M11 等均有丰富的随葬品，其墓主应该具有更高的社会地位。

有证据表明，高等级房屋中的家庭和个人及高等级墓葬中的墓主可能通过四种“领导策略”获得权力和威望。

第一，对特殊生产的组织和管理。南台子遗址的资料显示，聚落中等级较高的家户的一个职能是组织专门化的生产。如上所述，南台子聚落和兴隆洼聚落都有组织石器生产和掌握细石器原料的证据。

第二，对仪式活动的组织。兴隆洼遗址 F180 和 F220 与仪式活动相关的遗存又表明仪式活动的组织可能是另一种高级家户的功能，高级家户内部往往就是仪式活动的场所。白音长汗墓地及附建的积石遗迹有可能也是仪式活动场所，并且参与者包括全体聚落人员。

第三,宴饮活动的组织。由白音长汗动物骨骼的特殊分布情况看,当时很可能存在宴饮活动。这些动物骨骼大多出土于房屋的填土中。造成一些房屋填土内动物骨骼特别丰富的原因可能有多种,但其中更可能的原因是这些房屋在使用时期,周围的动物骨骼废弃就较多,或者在临近废弃时发生过集中消费肉食、废弃兽骨的情况。因此,一个合理的推测是,这些房屋附近是宴饮活动的主要场所。AF12 位置特殊,相对独立,室内面积大,周围空间也大,其中的动物遗存包括马鹿的各个部分,很可能是距离房屋废弃最近的一次宴饮的遗留。而且由其位置看,宴饮活动不是针对某个房屋或房屋排,而是整个聚落 A 的活动。在聚落 B 中,动物遗存最多的房屋 BF6 也偏在一隅,但同时面积最大且位居该房屋排中心的 BF68,以及两侧的 BF61、BF69 动物遗存也比较丰富。BF68 前面是宽阔的空场,推测这里也是经常发生宴饮、消费动物食品的场所,其范围有可能包括聚落的东半部,也可能包括整个聚落。

第四,远距离交流的组织。如上所述,社会上层可能对细石器原料的获得有更多的优势,对玉器原料的获得可能也是如此。但因为缺乏必要的成分分析和产地研究,对此难以作细致讨论。白音长汗遗址发现东海舟蚶 6 枚,均出自 M2 中,此种贝类最近的产地是 400 公里外的渤海,明显是远距离交换获得。此外,河北易县北福地遗址以磁山文化为主,但其中出土有兴隆洼文化风格陶器,而且有以陶器制成的人面面具,与兴隆洼文化的石、蚌人面非常相似,两者之间应该存在远距离文化交流。我们难以判断这些交流的具体形式是直接的长距离旅行还是接力式的就近交换。但目前的材料显示,社会上层可能更易于开展交换,占有重要生产资料和可以显示身份的外来稀有物品,并交流与仪式有关的知识。

值得注意的是,当时处于社会不平等的初级阶段,不平等并没有严格制度化。南台子遗址 F14 及附属 H23 丰富的细石器和人顶骨饰品的发现,以及仪式用品并不集中出土在高等级房屋等现象表明,在原料获得和分配、生产组织以及仪式活动方面都还没有形成绝对的等级化和可以控制整个聚落的权威。也就是说,虽然控制重要的生产活动和仪式活动已经成为获得权力和威望的两条道路,但同一聚落内会有多个竞争者在这两条通往权力的道路上竞速,似乎还没有出现绝对领先者。

区域聚落形态方面并没有出现明确的聚落等级分化,只是有聚落聚集分布现象。因此,社会不平等的发展应该还停留在聚落内部。

第七节　小　　结

兴隆洼文化在辽西地区社会复杂化的独特道路上迈出了关键的第一步,除了以独具风格的陶器为辽西的独立文化序列奠定了坚实的基础外,也在经济模式、社会结构和复杂化表现方式等方面为辽西地区确立了发展基调。

虽然以狩猎和采集为基本食物来源的大型定居社会与农业才能支持定居的“常识”

矛盾，但现有的资料显示，农业和家畜饲养在兴隆洼文化时期即使已经出现，在食物获取中也不占最重要的地位。实际上，世界很多地区的考古资料都证明，定居、陶器和新的石制工具并不一定与农业的出现相关。丰富的动物遗存、不同种类的与屠宰相关的工具、收割工具的缺失，这些都表明狩猎采集可能是兴隆洼居民最主要的获取食物的手段。但是丰富的动植物资源为这种生活方式提供了保证（孔昭宸、杜乃秋 1981；孔昭宸、杜乃秋等 1991）

考古资料显示，在这种狩猎采集支持的定居聚落中，已经开始了社会复杂化的进程。聚落内房屋布局表明兴隆洼社会的基本结构是以亲属关系为基石的。聚落内房屋的分布包含四个层次：房屋、房屋排、房屋排组合和整个聚落，可能分别对应着核心家庭、扩展家庭、扩展家庭组和整个社区四级亲属组织。房屋排的中心有大型房屋，聚落中的最大房屋在聚落中心或制高点的现象明显不是为了布局美观，这些大型房屋的主人在以亲属关系为基础的社会中很可能是具有更高地位的社会上层。各种遗物在房屋中的分配情况进一步说明，这些社会上层可能在组织特殊物品的生产和仪式活动方面发挥着领导作用。这些活动的组织已经成为他们提高权力和声望的领导策略，其他两项重要的领导策略是宴饮和通过远距离交流获得稀有外来物品。但是，考古资料同时显示，这些初步形成的社会不平等还没有制度化，无论是特殊物品的生产还是仪式活动都未被少数社会上层独揽，在追逐权力的道路上还存在很多竞争者。

对仪式活动的重视是兴隆洼文化表现出来的重要特征。人面饰、石雕像、居住面上的兽头、居室葬、整猪随葬和积石冢等与仪式活动有关的遗存都表明，仪式活动在兴隆洼社会中占有非常重要的地位。墓葬中几乎不随葬陶器，主要随葬饰品和特殊物品的习俗，也反映出至少在葬仪中对世俗生活的忽视。因为仪式活动的重要性，又因为仪式活动还主要发生在居室中，我们以“家户内的仪式”为本章题目。这个有以偏概全之嫌的题目是为了强调在社会复杂化开始的阶段，兴隆洼文化就初步形成了影响辽西地区后来的社会复杂化进程的重要特征。

第五章 社群仪式：赵宝沟文化

同样在1982年的寒冬，在田野中艰苦调查的考古学家们除了兴隆洼文化遗存外，还在内蒙古敖汉旗的几个地点发现了另一种新文化遗存。苏秉琦敏锐地认识到这种新遗存对于建立辽西地区考古学文化时空框架的意义，极力促成了发掘工作的迅速展开（苏秉琦1986）。第一次发掘的地点是敖汉旗宝国吐乡兴隆洼村附近的小山遗址，正与兴隆洼遗址隔沟相望（考古所1987）。但后来在高家窝铺乡赵宝沟遗址的发掘规模更大，遗物也更丰富，这一新的文化遗存便被命名为赵宝沟文化（考古所1997a）。虽然目前对于赵宝沟文化在辽西考古学文化时空框架中的位置及其与红山文化的关系还存在争论（朱延平1990，1991），但更多的学者认为赵宝沟文化是处于兴隆洼文化和红山文化之间的一个发展阶段。这一新文化的发现和命名，为红山文化的本土起源提供了坚实的证据（刘晋祥1989b；杨虎1989，1994；刘国祥1997），填补了红山文化和兴隆洼文化间的时间空白。但我们在本章更想探究的是，这一新的文化是否也填补了相对"简单"的兴隆洼文化和高度发展的红山文化之间社会发展上的空白。

第一节 基本文化特征

目前发现的赵宝沟文化遗址超过100处，但经过发掘者不到10处，发表过发掘资料的遗址更少。本章的主要材料来自内蒙古敖汉旗赵宝沟、小山、南台地（敖汉旗1991a）、翁牛特旗小善德沟（刘晋祥1989a）、林西白音长汗（内蒙古2004）、水泉（内蒙古1997b），河北迁安安辛庄（河北省1990）、迁西西寨（河北省、唐山市1992）、滦平后台子（承德、滦平县1994），北京平谷上宅（北京市、平谷县1989b）和北埝头（北京市、平谷县1989a）等遗址（图5-1）。

不同规格的筒形罐仍然是最主要的陶器，钵和器座也依然流行。新出现的典型陶器有尊形器、圈足碗和椭圆形罐。陶器纹饰的变化很大。兴隆洼时期的"三段式"风格已经被抛弃，器表一般只有一种主体纹饰。之字纹非常盛行，风格更加精致而绵密。但最引人注目的显著变化是各种形态的压印几何图案的出现。基本的几何元素包括"F"形、"S"形、"W"形和菱形，勾连反复形成精美的图案。此外，在尊形器上还出现了刻划精细的动物纹样，包括有翼飞鹿、身体抽象化的野猪和鸟。一些钵的口沿上有一道红色彩带，显示出来自黄河流域的影响（图5-2）。

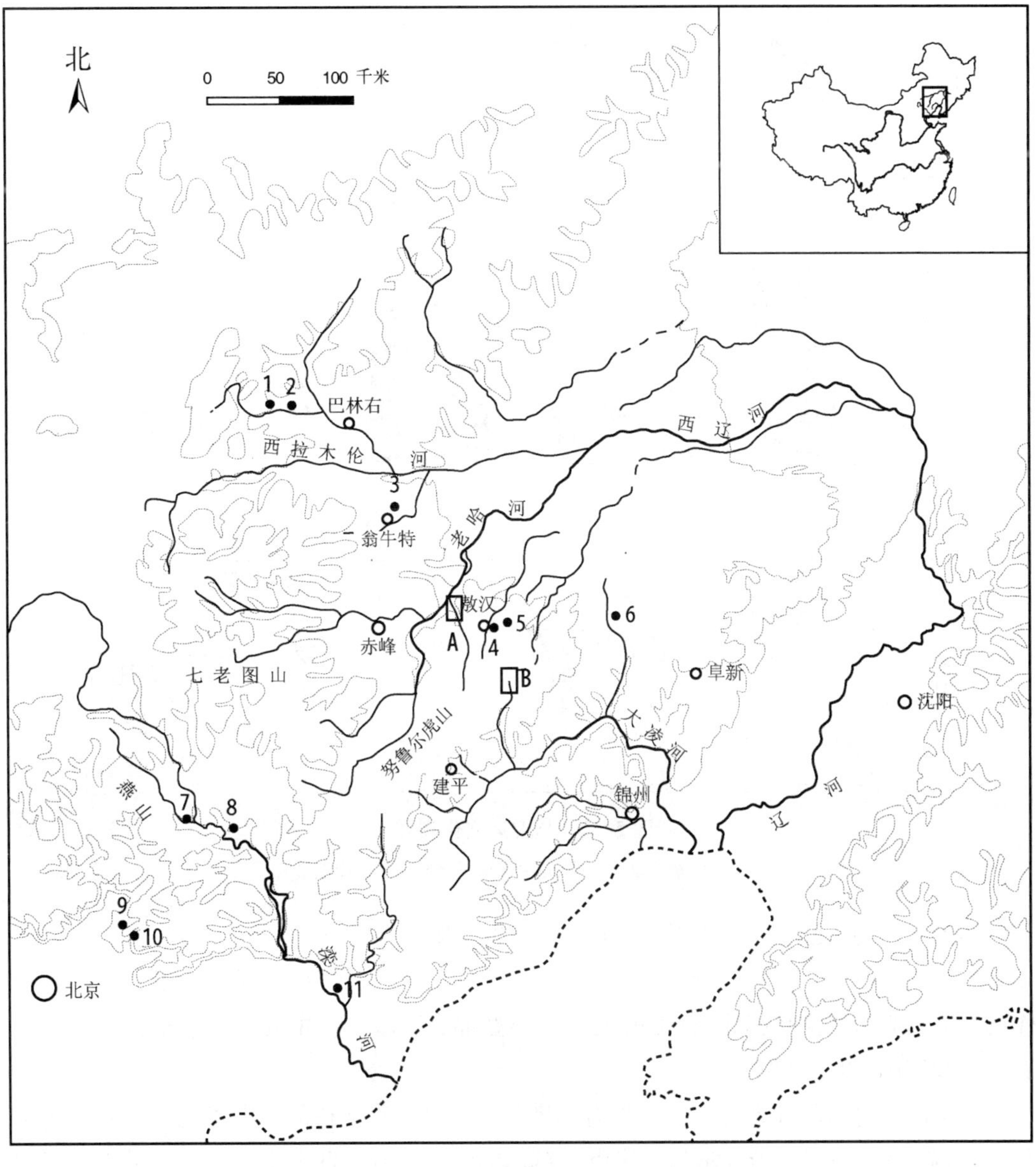

图 5－1　辽西地区主要赵宝沟文化遗址分布图

1. 白音长汉　2. 水泉　3. 小善德沟　4. 南台地　5. 赵宝沟　6. 小山　7. 后台子　8. 西寨　9. 上宅　10. 北埝头　11. 安辛庄　A. 蚌河下游流域　B. 老虎山河上游流域

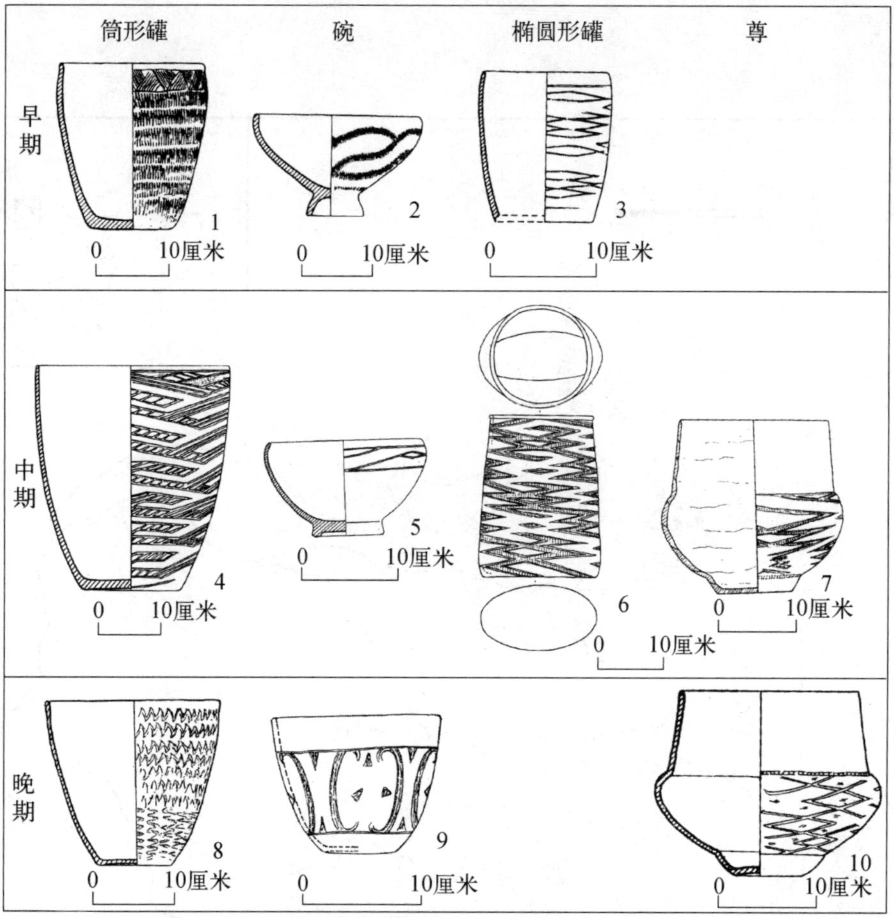

图 5－2　赵宝沟文化陶器

1～3. 西寨遗址　4～7. 赵宝沟遗址　8～10. 小山遗址

石器类型与兴隆洼文化基本相同（图 5－3），有锄形器、铲形器、刀、斧、锛、磨盘、磨石、磨棒、臼和杵等。很多石器都经过精细磨制。细石叶仍然流行，还发现了一些燧石制作的镞。与兴隆洼文化相比，骨器的数量和类型都有所减少。主要工具包括锥、针、骨梗石刃刀和制陶工具等（图 5－4）。

装饰品有骨坠和穿孔蚌饰。虽然有学者认为一些采集获得的玉器可能属于赵宝沟文化（敖汉旗 1991a；考古所 1987；天津市、宝坻县 1991），但发掘出土的玉器仅见于小善德沟遗址，为玉玦和玉坠（刘晋祥 1989a；刘晋祥、董新林 1996）。可能与仪式活动相关的物品包括有动物纹样的尊形器、形如孕妇的石雕像、泥制人面、刻有人面的磨光石斧、石动物雕塑、石龟、泥制鸮、泥制猪首和一些陶鸟首形器座等（图 5－5）。

半地穴房址的形状和结构与兴隆洼文化基本相同。赵宝沟遗址的个别房屋呈长方形，居住面分两阶。

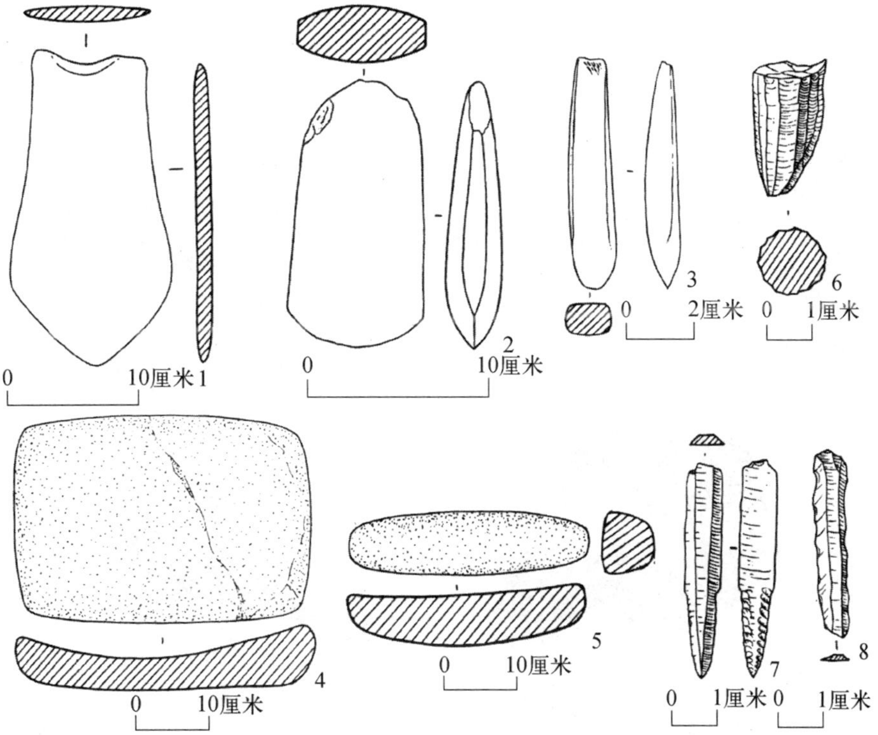

图 5－3　赵宝沟文化石制品

1. 石铲　2. 石斧　3. 石锛　4. 石磨盘　5. 石磨棒　6. 石核　7. 石镞　8. 石片（1~8 赵宝沟遗址）

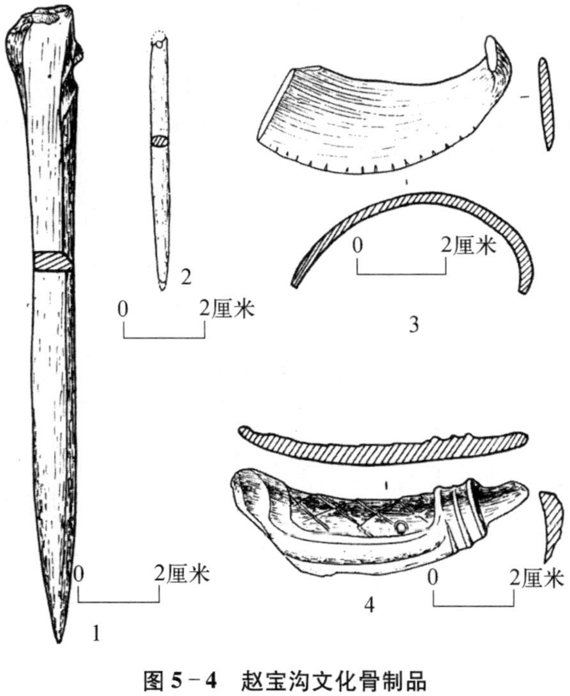

图 5－4　赵宝沟文化骨制品

1. 骨锥　2. 骨针　3. 陶器装饰工具　4. 装饰品（1~4 赵宝沟遗址）

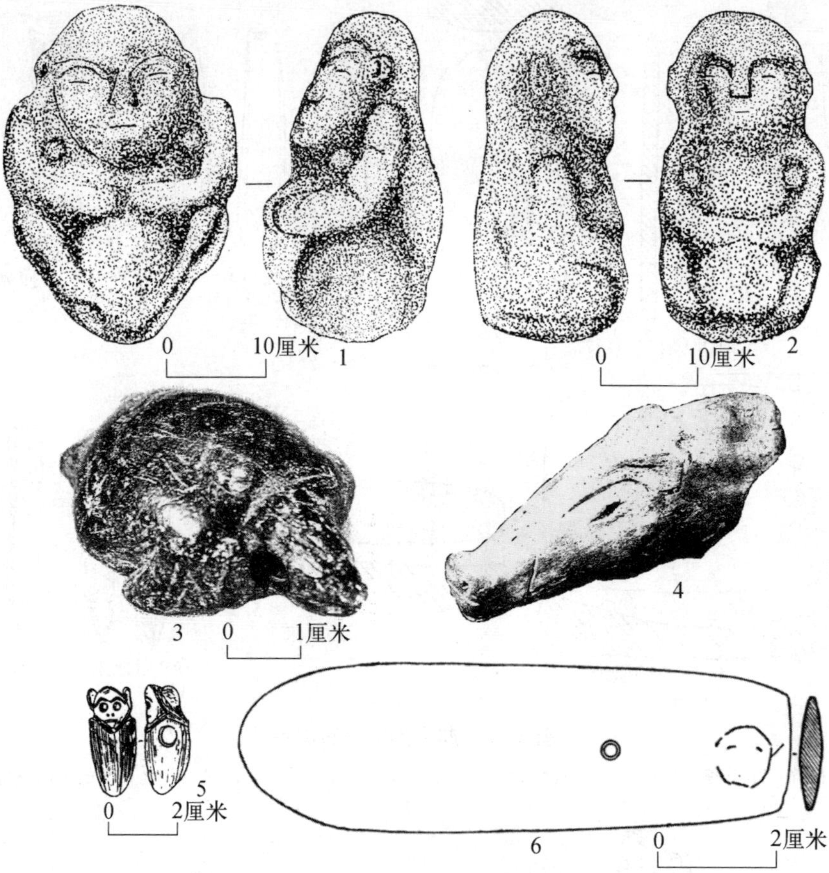

图 5－5　赵宝沟文化雕塑

1～2. 石雕人像　3. 石龟　4. 泥塑猪首　5. 泥鸮　6. 带人像石斧
（1～2. 后台子遗址　3～5. 上宅遗址　6. 小山遗址）

目前根据陶器类型学研究可以将赵宝沟文化分为早、中、晚三期（参见图 5－2、表 5－1）。根据现有的 7 个碳十四数据及与其他文化的对比，此文化的绝对年代为公元前 5200 年至公元前 4500 年（表 5－2），每一期大约 200 多年。

表 5－1　赵宝沟文化遗址分期

	西寨	上宅	白音长汗	后台子	安辛庄	水泉	赵宝沟	南台子	小山	小善德沟
早	=	=	=	=	=					
中						=	=			
晚								=	=	=

表 5－2　赵宝沟文化碳十四年代

遗　址	实验室编号	材　料	碳十四年代（半衰期：5730）	树轮校正年代（B.C.）
赵宝沟	ZK－2136	木炭	6220±85	5194～4847
赵宝沟	ZK－2135	木炭	6210±85	5192～4842
赵宝沟	ZK－2137	木炭	6155±95	5034～4782
小　山	ZK－2061	木炭	6150±85	4996～4784
小　山	ZK－2062	木炭	6060±85	4899～4717
小善德沟	ZK－2270	木炭	6045±90	4896～4676
小善德沟	ZK－2269	木炭	5915±125	4780～4470

第二节　经 济 基 础

赵宝沟文化居民的经济基础问题有颇多争论。大多数学者认为赵宝沟时期已经开始进行农业生产（董新林 1997；刘晋祥、董新林 1996；Shelach 2000），其依据主要是对工具的分析。赵宝沟文化的工具组合与兴隆洼文化几乎相同，但有两种工具可能已经与农业生产相关。第一种是石铲形器，通常被称作石耜。这些器物形态规范，刃部多有大面积磨光，与后来的红山文化的石耜非常形似。对其进行的微痕分析显示，它们可能主要用于松土（考古所 1997a：238～243）。第二种是嵌石刃器。根据微痕研究，与兴隆洼时期不同，赵宝沟时期的石刃上有收割栽培谷物的痕迹（王小庆 2008）。有两个旁证也支持农业出现说。一是赵宝沟文化的钵与黄河流域同类器非常相似，显示出与农业发达的黄河流域交流的加强。二是在辽宁新乐遗址与赵宝沟时代相当的遗存中发现有小米残留。新乐文化占据辽河下游，在陶器风格上与赵宝沟文化有很多相似之处，表明了两者间的密切交流。

赵宝沟遗址猪的第三臼齿比姜寨标本要大，更像野猪（表 5－3）。此外，如表 5－4 所示，赵宝沟的猪的死亡年龄多在 2～3 岁，所占比例比河姆渡、姜寨和朱开沟的都要高。但是，如图 5－6 所示，猪骨的可鉴定标本数与兴隆洼时期相比有了非常显著的提高，由占可鉴定哺乳动物标本的 2.26% 上升至 34.93%，仅次于马鹿。与西坡、姜寨等饲养家猪的遗址的比例相近。因此，当时有可能处于家猪饲养的初级阶段（考古所 1997a：182～185；Shelach 2000）。

赵宝沟遗址中出土了大量斑鹿骨骼，其中既有在角未萌生时猎取者，也有在角已经长成的阶段猎获者，这是赵宝沟居民长期定居的有力证据（考古所 1997a：200）。虽然当时已经出现了农业和家猪饲养，但由大量出土的兽骨及小山遗址出土的胡桃核看（考古所 1987），农业和饲养业都处在初级阶段，狩猎和采集仍然是重要的食物来源。

表 5-3 相关遗址猪第三臼齿比较

单位：毫米

	上 颌	下 颌
赵宝沟	42	43.4（41~45）（n=3）
姜 寨	35.22（32~32.94）（n=4）	36.24（31.4~41）（n=19）
朱开沟	31.1（28~38.3）（n=6）	32.8（29.4~39）（n=6）
阎家岗（野猪）		44.7（43.7~45.6）（n=2）

表 5-4 相关遗址猪的死亡年龄对比

	1~2 岁		2~3 岁		>3 岁	
	MIN	%	MIN	%	MIN	%
赵宝沟	1	12.5	5	62.5	2	25
河姆渡	40	54.8	26	35.6	7	9.58
姜 寨	44	62.85	14	20	12	17.14
朱开沟	37	66.07	14	25	5	8.9

（引自考古所 1997a：185，表 6）

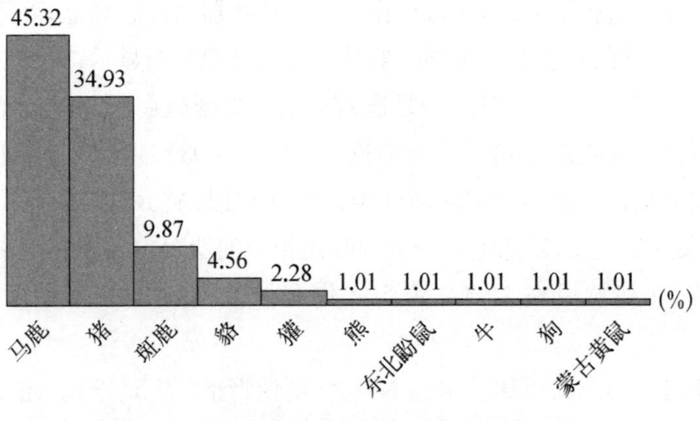

图 5-6 赵宝沟遗址哺乳动物可鉴定标本百分比

第三节 家 户 分 析

一、房屋废弃仪式

与兴隆洼时期不同，房屋废弃仪式对赵宝沟时期一些房屋内遗物的位置造成了很大的影响：物品在废弃时被有意重新摆放了（李新伟 1997）。

最好的例证是小山遗址 F1（图 5-7）。在该房屋中，所有陶器均放置在灶的南侧，灶

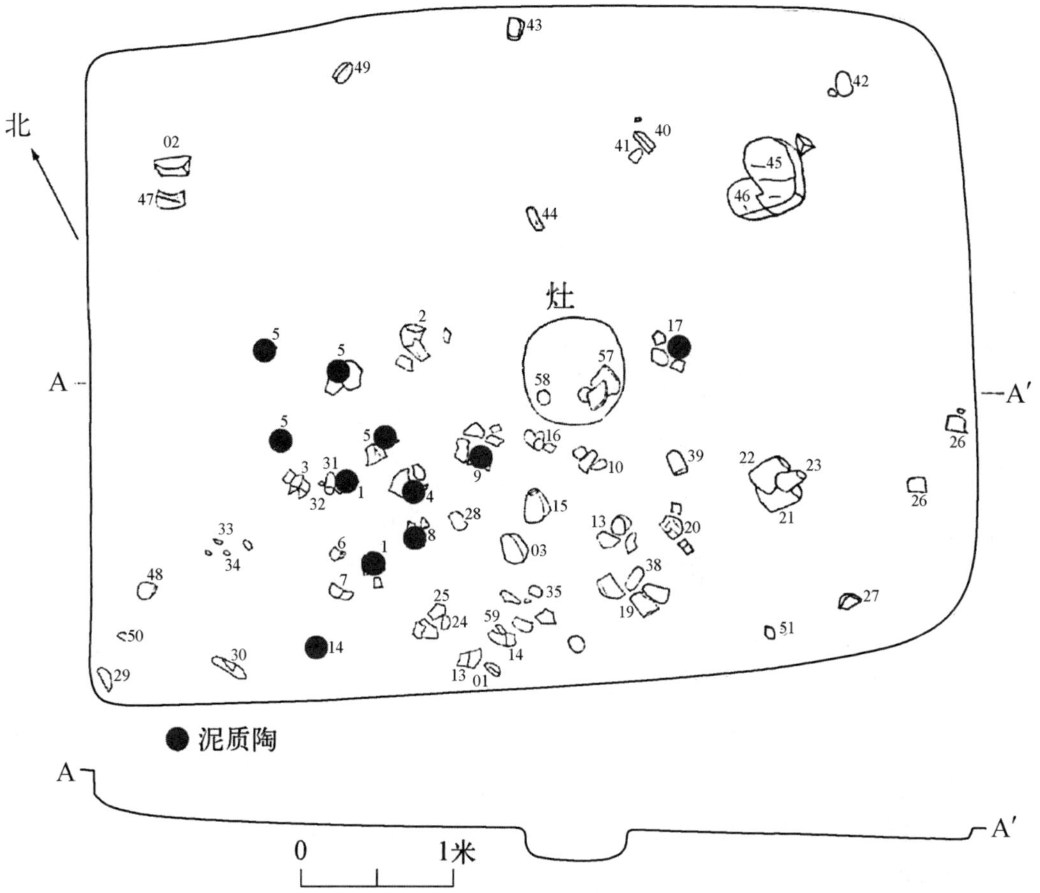

图 5－7　小山遗址 F1 平、剖面图

（考古所 1987：图 4）

1、4、11. 器盖（同件）　2、10、15、19～23、57～59. 筒形罐　3、8、14、16～18. 陶碗　5、9. 尊形器　6～7、12～13、25～28. 陶片　24. 砥石　29～30、35、38～41、44. 石磨棒　31、49. 有槽石器　33、55. 石片　34、47～48、51. 磨石　42、45～46. 磨盘　43. 石斧　50、56. 石核　53. 刮削器　01～03、32、37、52. 石块

北部只有 9 件石器。此外，几乎所有泥质陶器，包括 2 件有动物纹样的尊形器都摆放在灶南侧的西边。该遗址 F2 中（图 5－8），所有陶器都被放置在灶附近甚至灶中，而且，与 F1 中的情况相似，所有泥质陶，包括著名的有飞鹿、猪首和鸟纹的尊形器（参见图 5－13），也都被放置在灶的西边。

赵宝沟遗址的房屋中也有类似情况。房址 F7 中（图 5－9），5 件碗和 3 件小罐都摆放在灶的西侧。南墙下摆放着大约 20 件石器和石料。一块巨石正好放在灶的西沿。房址 F3 中未见陶器（图 5－10），居住面上保留了 5 件石斧：3 件在北角，1 件在西角，1 件在残坏的南墙的尽头。根据其他房址石斧的摆放情况看，F3 中的石斧应该是为某种目的特意摆放在角落的。

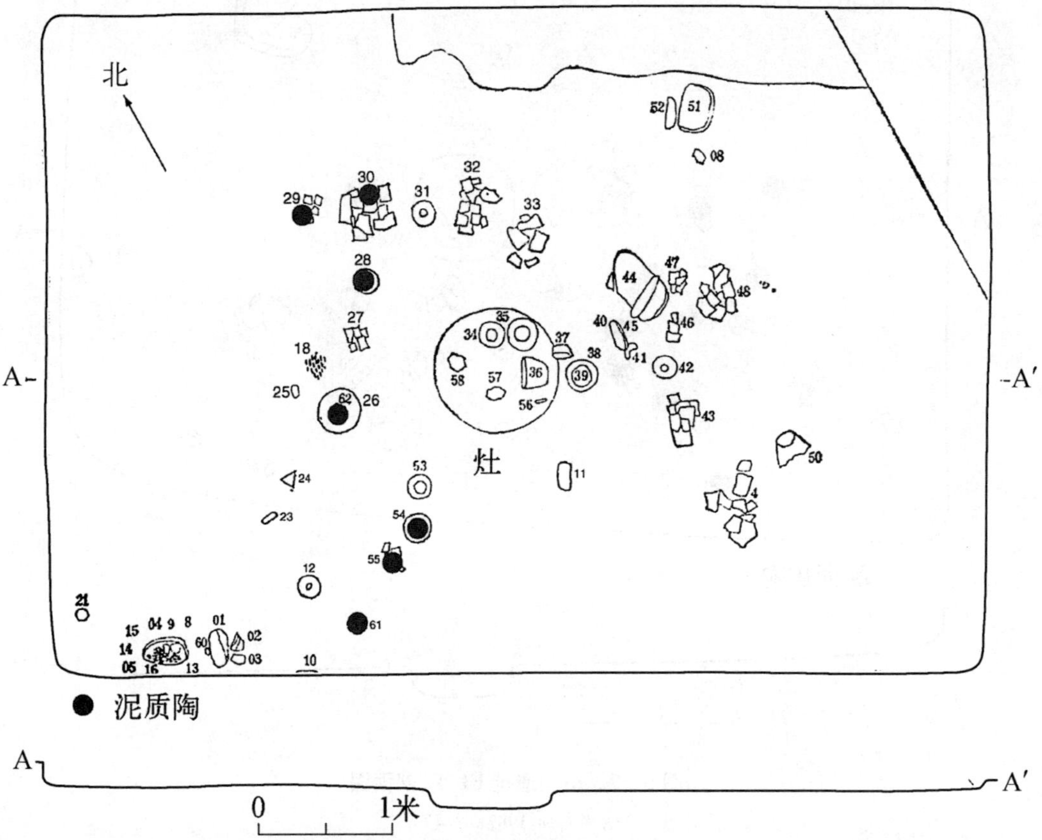

图 5－8　小山遗址 F2 平、剖面图

（考古所 1987：图 5）

4、27、32～36、38、39、47、48、50. 筒形罐　8、9、11、25、60. 石斧　10. 斧形器　13、16、18. 石片　14. 石核　15. 刮削器　21. 碟形器　23、45、52. 石磨棒　26、29、55～58. 陶片　28、31、37、41、43、53、61. 陶碗　30. 尊形器　40. 砥石　42. 圈足碗　44、51. 磨盘　46. 盆　54、62. 器盖　01～05、07、08、24. 石块　06. 石器

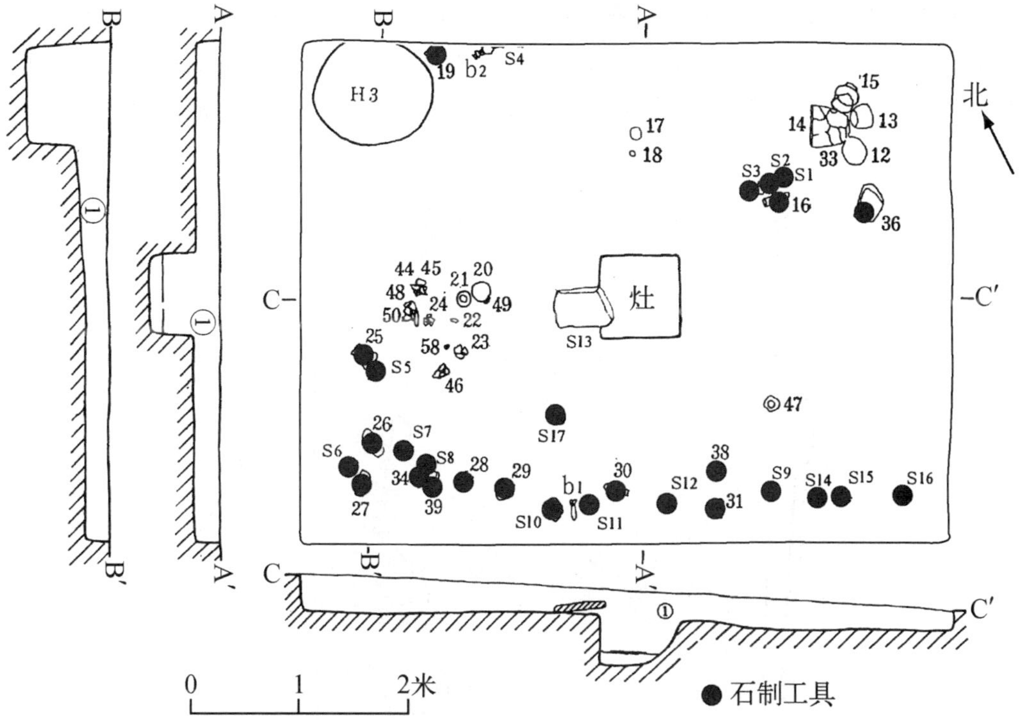

图 5-9　赵宝沟遗址 F7 平、剖面图(考古所 1997：图 27)

12~14、20. 筒形罐　15、24. 尊形器　16. 石磨棒　17~18、21、23、44、48~49. 陶钵　19、31. 斧形器　22、58、59. 蚌　25、28~29. 石铲　26~27、38. 石斧　30. 石铲半成品　33. 陶装饰工具　34. 石丸　36. 磨盘　39. 石刀半成品　45~46、50. 陶片　47. 圈足碗　s1~s2. 石器　b1~b2. 动物骨骼

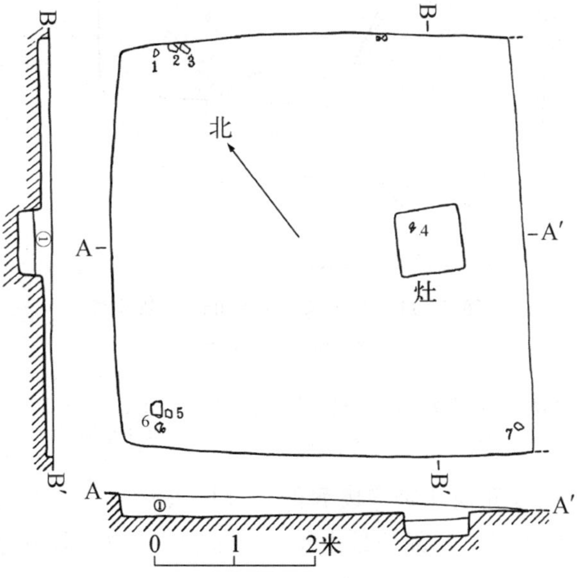

图 5-10　赵宝沟遗址 F3 平、剖面图(考古所 1997：图 15)

1~3、5、7. 石斧　4. 骨　6. 石块

赵宝沟遗址 F106 中有故意打碎陶器的现象（图 5-11）。该房址中的所有陶器均破碎得很厉害，布满居住面。这不像是废弃后的自然破碎，因为同遗址的其他房屋中有很多几乎完整的器物。这些陶器很可能是在废弃房址时被有意打碎的（李新伟 1997）。

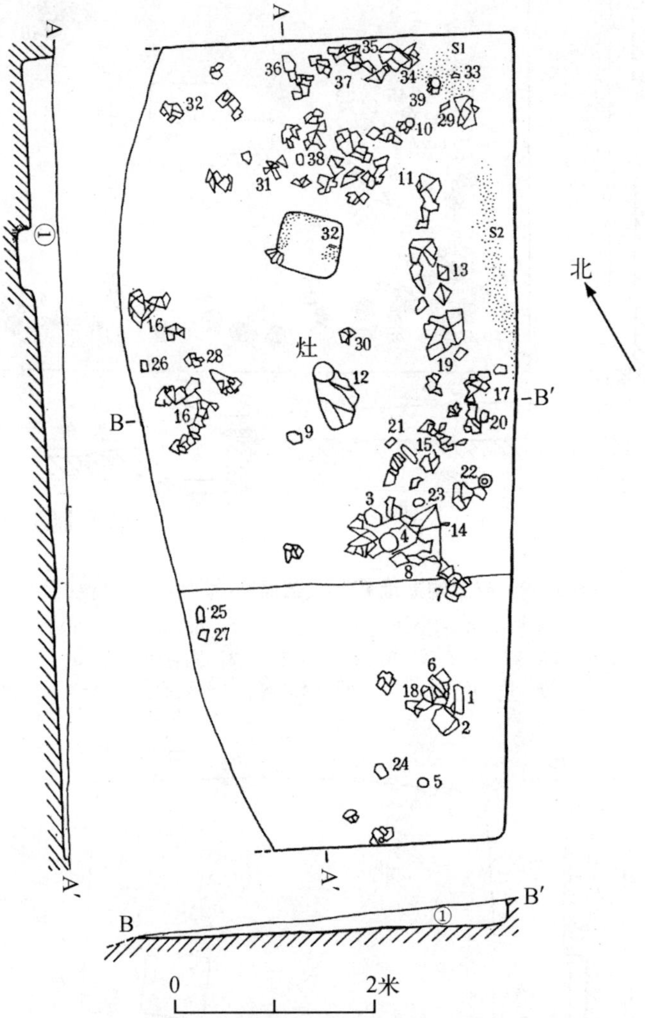

图 5-11　赵宝沟遗址 F106 平、剖画图

（考古所 1997：图 85）

1~2. 磨盘　3~4、6、8、11~13、16~19、22、34、36. 筒形罐　5、10. 碟形具　7、35. 圈足碗　9、25. 铲形器　14. 箭头　15. 石磨棒　20~21、24、26~27、29~30. 砥石　28. 蚌　31. 石刀　32~33. 刮削器　s1~s2. 红烧土地面

另一种可能存在的废弃仪式是向废弃的房址里丢弃物品。赵宝沟遗址的最大房屋 F9 的填土内，遗物特别丰富。这部分是由于该房址保存较好，但也存在这些遗物是被有意扔在 F9 的废墟上的可能性。这些遗物中包括 5 件完整的碗和 1 件完整的椭圆形罐，还包括大量的动物骨骼，很可能是废弃时举行的宴饮活动的遗留。

需要指出的是，虽然废弃仪式影响了部分房屋中的遗物位置，但我们仍然有可能通过考古发掘出土的屋内遗物分布情况对屋内的功能分区进行推测。

二、房屋内的活动区

如表5－5所示，赵宝沟文化房屋中的活动区和性别区情况与兴隆洼文化非常相似。

表5－5　赵宝沟文化房屋活动区

房号	遗址	灶周围（生活区）	食物加工区	石器加工区	储藏区	性别分区		备注
						男性	女性	
F6	Z*	有4个室内柱标示出生活区			东墙中部有一坑			居住面上无遗物
F7	Z	西侧有碗和小罐，其他方向空白	东部，有罐、尊形器、磨盘、磨棒	南墙沿线，有大约20件石器和石料	北角有一坑	南墙沿线，有石斧、石铲	东部食品加工区	东角附近有制陶工具，女性可能也参与陶器的制作；灶西侧的陶器可能在废弃时重新摆放过
F9	Z	有4个室内柱标示出生活区			东墙中部有一坑			室内遗物摆放位置不明，发现有11件陶器施纹工具
F103	Z	灶四角各有一个碗，其他部分空白	西北部，有罐、碗和石器			西南部，有石斧	西北部	
F104	Z	灶周围有火烤过的居住面	西部，有罐、碗、磨盘、磨棒	东南部，有石料		东南部，有石斧、石铲	西北部	食物加工区的遗物可能在废弃时重新摆放过
F105	Z	灶南侧和西侧有碗和罐			东角附近有一坑	东南部，有石斧	西北部	灶边的罐被有意打碎
F2	X*	灶边和灶内有各类遗物	东部，有磨盘和磨棒	西部，有2482件细石叶和一些石核		西部，有石斧	东部	灶内的遗物可能是废弃时有意摆放的

注："Z"代表赵宝沟遗址，"X"代表小河沿遗址。

生活区是以灶为核心的。如上所述，个别房屋中灶附近放满遗物，虽然可能是废弃时有意重新摆放的结果，但仍然说明了灶周围区域的重要性。在一些房屋中，也有柱子和特殊加工的居住面标示着以灶为核心的生活区的范围。在一些长方形的房屋中，灶并不在中心，但明显仍然是核心生活区所在。

生活区和墙壁之间是进行各种室内工作的区域。虽然有些房屋内的遗物被重新摆放过，在一些房屋中还是可以辨认出食物加工区，显然食物加工是大部分家户的主要室内工作之一。一些房屋中发现有大量石料，表明石器加工也仍然是重要的室内工作。小山遗址 F2 中，发现有 3 058 片细石叶，显示了惊人的室内细石器加工规模。

储藏区的标志仍然是靠近墙壁的可能用于储藏的坑。一些此类坑中发现有石工具和兽骨，但因为缺乏必要的样品检验和分析，我们难以知晓在房屋使用时期这些坑里面储藏的是什么物品。一个值得注意的现象是，此类坑一般发现在高等级房屋内。

在赵宝沟时期的房址中，仪式活动区不明确。这是与兴隆洼时期相比的一个重大变化。灶在赵宝沟时期房屋中可能还具有特殊的内涵，但在灶周围并没有发现与仪式活动有关的遗物和遗迹。居室葬的习俗已经完全消失，房屋地面上摆放兽头和石像的现象也未发现。一个合理的推测是，在赵宝沟时期，家户内的仪式活动已经不再像兴隆洼时期那样流行和重要。

如果以兴隆洼时期的性别相关物为标准的话，性别分区在赵宝沟房屋内依然明显。大多数房屋内都有男性和女性空间，与兴隆洼时期一样，食物加工区可能为女性空间，男性相关物主要与石料和半成品共出，表明石器加工区可能是男性空间。

总之，赵宝沟时期的家户和兴隆洼时期一样，也是相对独立的生产和消费单位。一个重要的变化是未见明确的家户内仪式活动遗迹和遗物。一些特殊的房屋中发现与仪式相关的遗物，但综合各方面因素看，这些遗物可能是我们下面要谈到的社区级仪式活动中使用的。

第四节　社 区 分 析

一、房屋布局

赵宝沟文化聚落内的房屋布局与兴隆洼文化有相似处。

第一，房屋仍然成排分布。赵宝沟遗址的房屋分为两大部分：第一区和第二区（图 5-12）。陶器类型学排比表明，二区要早于一区。在第一区中，共发现 82 个灰土圈，大体对应 82 座半地穴房址，从东北向西南成排分布，共 7 排。但有些灰土圈散布在排与排之间。第二区的 6 间房址成两排分布（考古所 1997a）。南台地遗址共发现 40 多个灰土圈，也成排分布（敖汉旗 1991a）。白音长汗遗址残存的 9 间赵宝沟时期房屋分 3 排，最西一排只保存了 1 间，中间一排保留了 5 间，最东排保留了 3 间。

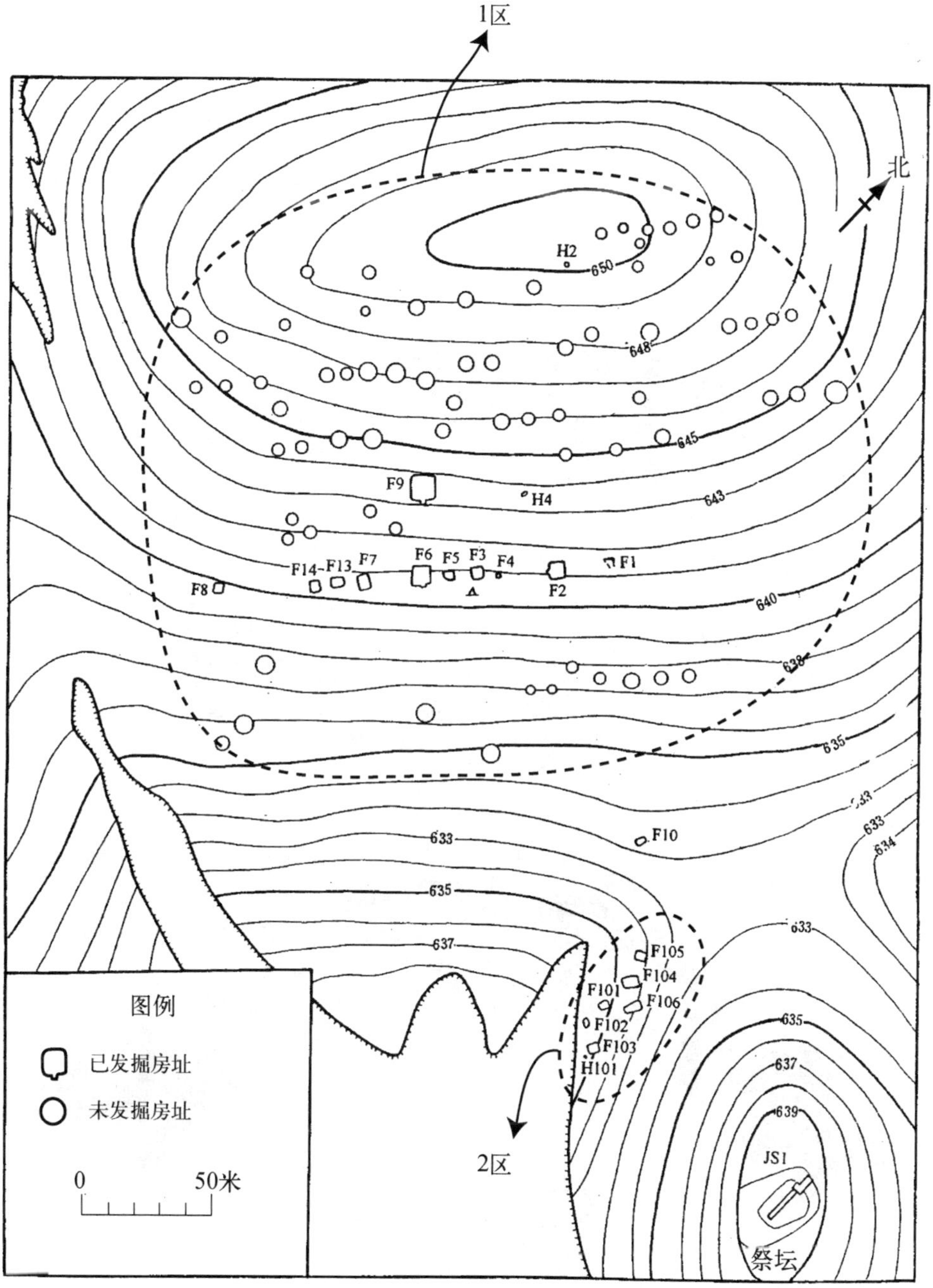

图 5-12　赵宝沟遗址分布图

（考古所 1997：图 3）

第二，房屋的面积有明显差别，而且至少在赵宝沟遗址，大型房屋在房屋排的中心位置。

第三，与兴隆洼文化白音长汗和查海遗址相似的整个聚落分为两大部分的情况依然存在。赵宝沟遗址的中部有一空白地带，将整个聚落分成了两个部分，西北部分较大，包括5排房屋，东南部分较小，包括2排房屋。

第四，聚落中有地位最显赫的房屋，位置特殊、规模大、遗物丰富。在赵宝沟遗址，F9在已经发掘的房屋中面积最大，正好位于聚落两大部分中间的空白地带的中心。在南台地遗址，最重要的房址位于遗址所在坡地的最高处。在该房址中，采集到14件尊形器，其中4件有飞鹿纹（图5－13，1），还有4件尊形器的盖，其中一件有鹿纹，一件有鸟纹。

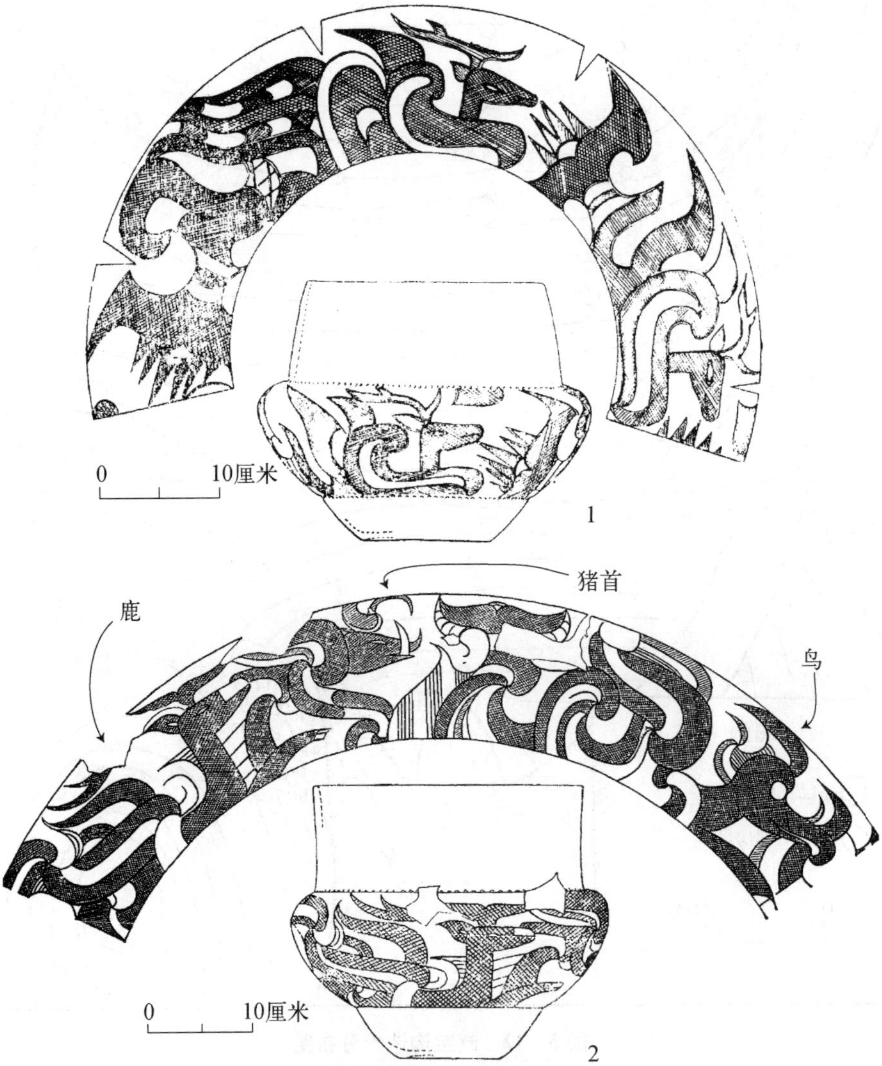

图5－13　赵宝沟文化尊形器纹饰展开图

1. 南台地遗址F1：2（敖汉旗1991：图4，1）
2. 小山遗址F2（2）：30（考古所1987：图12、图14）

但同时，与兴隆洼文化时期相比，赵宝沟文化聚落也发生了重要变化。

第一，赵宝沟遗址同一排的房屋间距不等，一些房屋距离更近，似乎形成了一个房屋组合。朱延平认为，第一区发掘的一排 10 座房址可以分为 4 组：第一组为 F2（约 50 平方米）和 F1（小于 40 平方米），两个房址之间可能本应有另一座房址，因水土流失已经被完全破坏了；第二组规模最大，包括 F6（68 平方米）、F5（43 平方米）、F3（38 平方米）和 F4（小于 F3）；第三组包括 F7（28 平方米）、F13（23.5 平方米）和 F14（20 平方米）。F8（17 平方米）属于另一组，它和 F14 间原来应该还有房屋，也已经被完全破坏了。值得注意的是，每组中的最大房屋都在该组的一端，整个房屋排的最大房屋 F6 位居整个排的中心（朱延平 1997）。

第二，聚落中地位最高的房屋从房屋排中独立出来。赵宝沟遗址最大的房屋 F9（90 平方米）独自占据了聚落两大部分之间的空白地带的中心。朱延平认为，原来有一些房屋与 F9 同排，但均已被完全破坏。F9 保存最好的部分半地穴墙壁残高为 1.3 米，这表明其所在位置的水土流失情况并不严重到足以毁坏所有其他同排房屋，而仅仅留下 F9。因此，F9 所在的空白区域很可能原来就是有意保留出来的公共广场。

第三，房屋间在结构上出现了差别。一些房屋不仅面积大，结构也更复杂。朱延平指出过，赵宝沟遗址上述已经发掘的房屋排中，F2、F6 和 F7 这三座各房屋组中的最大房屋和 F9 这座整个聚落中最大的房屋与一般房屋相比结构更复杂。F2、F6 和 F9 结构相似，居住面均分为两阶，均有更大的柱洞和储藏坑。F2 和 F6 的柱洞直径为 28～48 厘米，F9 中的四根大室内中心柱的直径为 75～80 厘米。此外，F2 和 F6 内的储藏坑前有两处凹陷，功能不明。F7 的居住面不分阶，但靠近北角处有一储藏坑。此外，这几座房屋的保存情况都较好，半地穴墙体的残存高度高于其他房址（图 5－14）。这些房址位置接近，水土流失程度也应该相近。不同的残高可能说明房屋原来的深度就不同。也就是说，这些房址可能原来就较深而且建筑得更牢固。

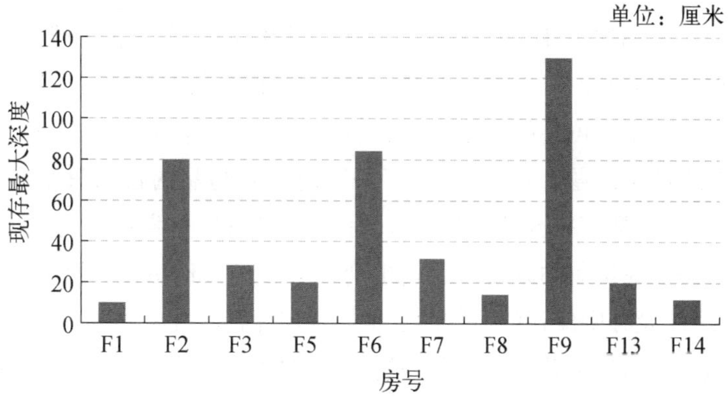

图 5－14　赵宝沟遗址第一区已发掘房屋地穴最大深度

第四，赵宝沟遗址东边一座小山的顶部地势平坦，上面发现有一个赵宝沟时期的祭坛。此祭坛由石块堆砌而成，呈圆角方形，南北长 18.5、东西宽 17.5、高 1.3 米（图 5－15）。

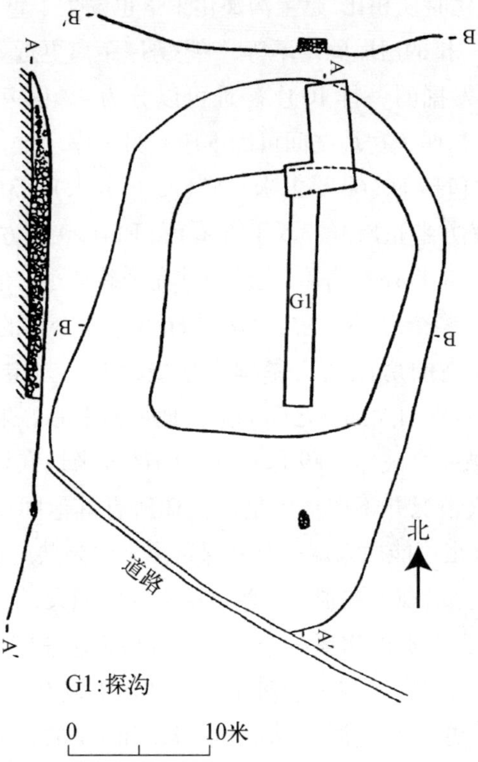

图 5－15　赵宝沟遗址祭坛平、剖图(考古所 1997：图 102)

学者们大多相信这是举行整个聚落仪式活动的场所(考古所 1997a：127～128;朱延平 2000)。

二、遗物空间分析

赵宝沟第一区发掘的 10 座房屋是我们进行遗物空间分布分析的唯一可靠资料。但因为当时可能存在向废弃的房屋内丢弃物品的习俗,仅分析房屋居住面上的遗物可能会影响我们的结论。一个更可靠的方法是既分析居住面上的遗物,也分析房屋填土内的遗物。但这样会产生两个问题。首先,向废弃房屋内丢弃物品的行为只是在 F9 中比较明显,难以确定其他房屋都存在这种废弃行为;而且,即使答案是肯定的,也难以断定各种物品仅被丢弃在原来所在房屋的废墟中还是也会被丢弃到其他房屋,特别是高等级房屋的废墟中。其次,房屋废墟中保存的遗物的数量与房屋保存状况密切相关——保存较好、深度大的房屋堆积中遗物自然较多。因此,我们下面的统计结果不能直接被认为是反映了房屋使用时期的物品分布情况。这些结果只能为我们推测房屋使用时期的情况和废弃时发生的行为提供一些依据。

如图 5－16 中所示,居住面上保留的陶器和石器数量与上面我们提出的房屋分级并不一致。在高等级房屋中,只有 F7 和 F9 居住面上的遗物较多。整体而言,其他房址居住

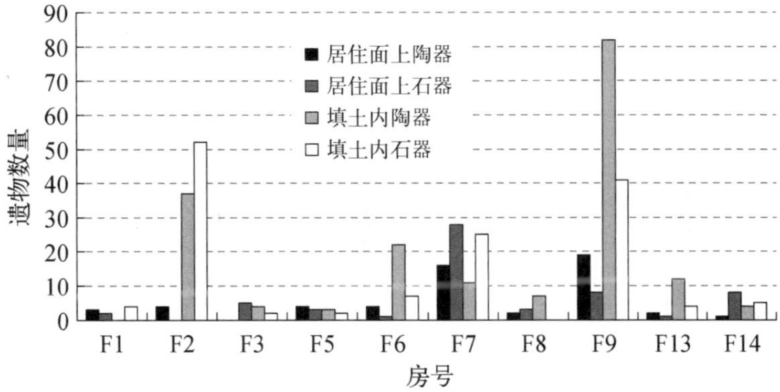

图 5-16　赵宝沟遗址第一区发掘房屋中的陶器和石器统计

面上的遗物均不足 10 件。但值得注意的是，填土中遗物的数量与房屋分级结果相当契合：所有四座高等级房屋，即 F2、F6、F7 和 F9 的填土中，遗物数量明显多于其他房址，其中 F9 更加突出。

只有 F2（1 块）、F7（4 块）和 F9（16 块）的居住面上发现有少量动物骨骼，其他的 655 块动物骨骼均发现于房屋填土中。图 5-17 的统计显示出与图 5-16 相近的结果，高等级房屋的填土中动物骨骼数量更多，而 F9 的填土内数量远高于其他房屋。

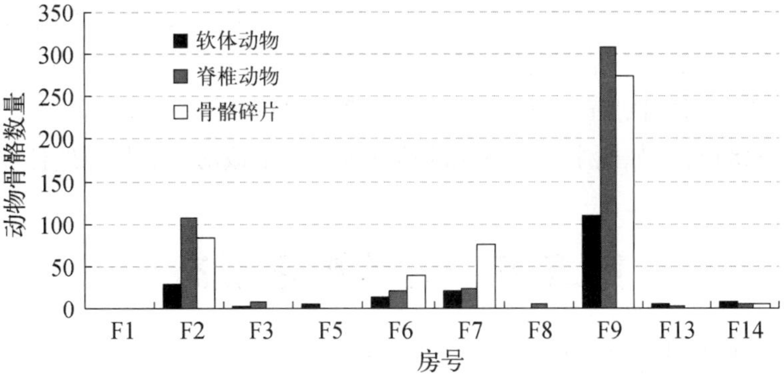

图 5-17　赵宝沟遗址第一区发掘房屋中的动物骨骼

只有 F9 的居住面上发现有 3 片细石叶，其他细石器均发现在房屋填土中。如图 5-18 所示，几乎所有细石器都出土在高级房屋的填土中（除了 F14 的填土中的 4 片）。但需要注意的是，房屋组的中心房址 F2 而非整个聚落的中心房址 F9 出土量最大。该排房屋的最大房址 F6 内只发现了 1 片细石叶。

此外，发掘中共出土 15 件骨制和贝壳制陶器施纹工具，其中 2 件出于 F2 的填土，1 件出于 F7 的居住面，其余 12 件均出自 F9 的填土。共发现 3 件制陶模具，1 件出自 F7 填土，2 件出自 F9 填土。

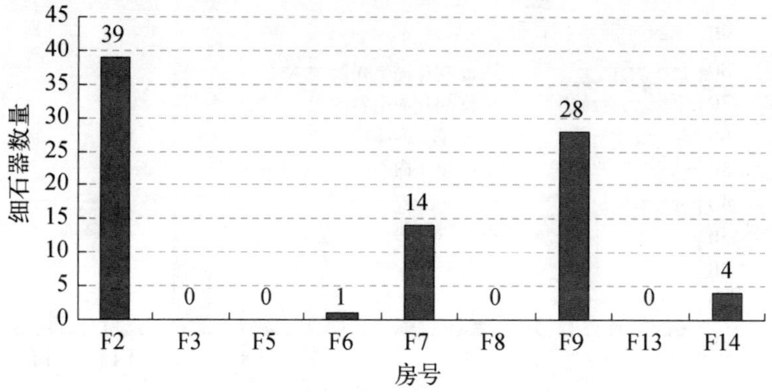

图 5－18　赵宝沟遗址第一区发掘房屋中的细石器

南台地和小山遗址的资料为遗物的不均衡分布、更集中于高等级房屋的现象提供了更多的证据。

南台地的陶器主要采集自该遗址位置最高的一个灰土圈，原来应该为聚落的核心房屋。这些陶器包括 14 件尊形器，其中 5 件有飞鹿纹，还有 4 件尊形器盖，1 件有鹿纹，1 件有鸟纹。如此集中地放置重要器物，表明该房屋不仅空间位置显要，社会地位也非同一般。

受到南台地重要发现的鼓励，1984 年，中国社会科学院考古研究所内蒙古工作队对小山遗址最高处的两座房址进行了发掘，收获颇丰。在 F2（参见图 5－8）地面上发现了著名的“小山尊形器”，装饰有精美的鹿、猪、鸟纹（参见图 5－13，2）。在西南墙边，发现 1 件精致的磨光石斧，一端刻划有人面。此外，发现两组细石叶：一组在灶西侧，共 875 件；一组在西角，共 2 183 件。如此丰富而特殊的遗存也凸显了该房址的特殊地位。

第五节　区域聚落形态

我们的系统调查在蚌河下游共发现赵宝沟遗址 6 处，在老虎山河上游发现 1 处（图 5－19）。这些遗址均属于赵宝沟中期。在蚌河流域的 6211 号、X10 号和 6388 号遗址上都可以看到成排的灰土圈。但在其他遗址只是发现了地表遗物。区域聚落调查的资料表现出三个突出特征。

第一，经过兴隆洼文化以来近千年的发展，聚落数量只有很小的增长，但总面积增长要明显些，从 3.7 万平方米增加到了 6.55 万平方米。

第二，兴隆洼文化时期聚落聚集分布的模式依然保持。蚌河下游的 6 处遗址聚集成两组，相距约 10 公里。北组包括 X10 号、6377 号、6388 号和 6393 号遗址，南组包括 6211 号和 X15 号两个遗址。值得注意的是，北组遗址的位置几乎与兴隆洼时期遗址重合，但南组开辟了新的处女地。

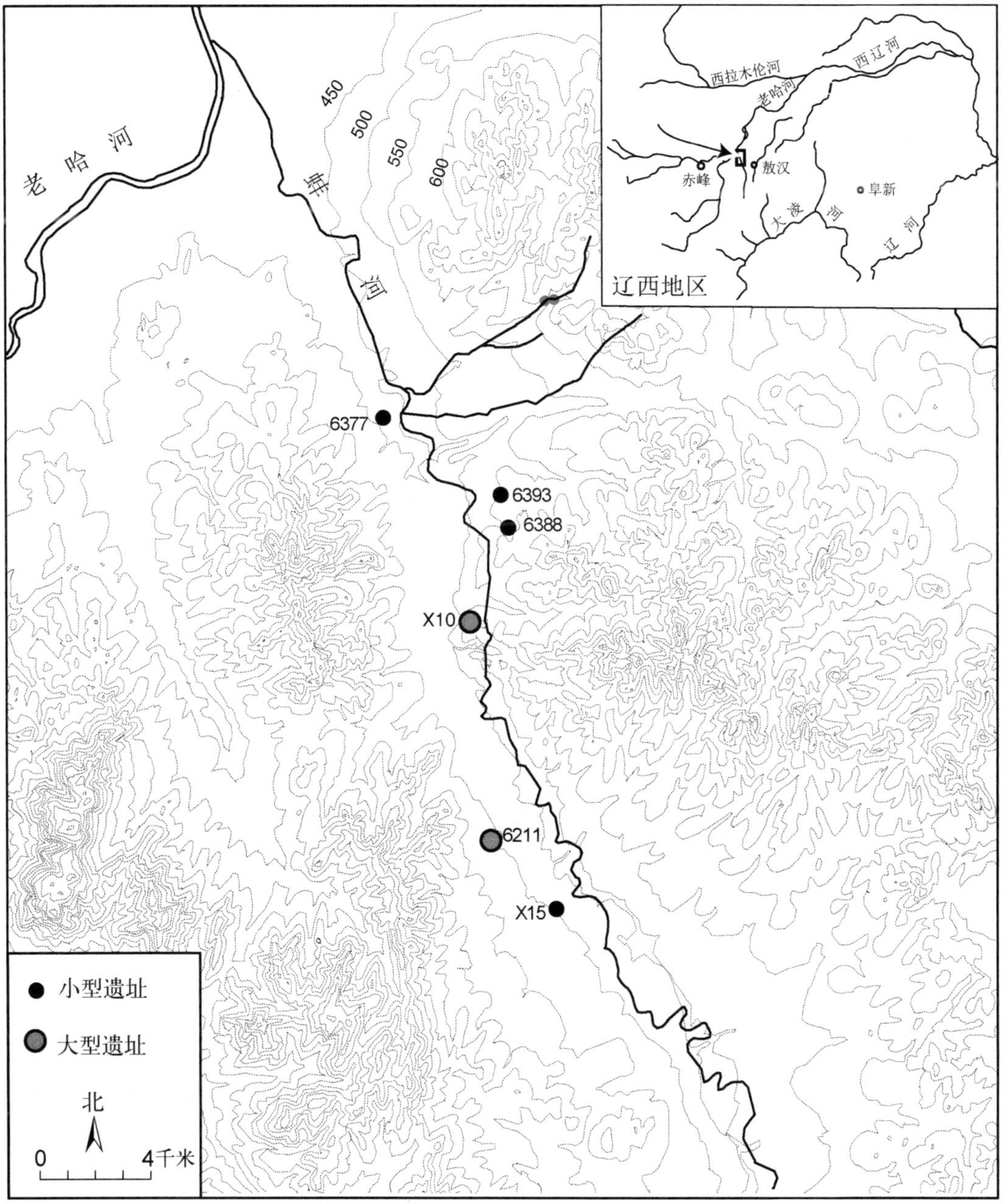

图5　19　蚌河下游流域赵宝沟文化遗址分布图

第三，与兴隆洼时期相似，蚌河下游的 6 处遗址面积有明显差异，可以分为两级（图 5－20）。北组的 X10 和南组的 6211 都约 3 万平方米，其他遗址的面积在 1 000～2 500 平方米之间。

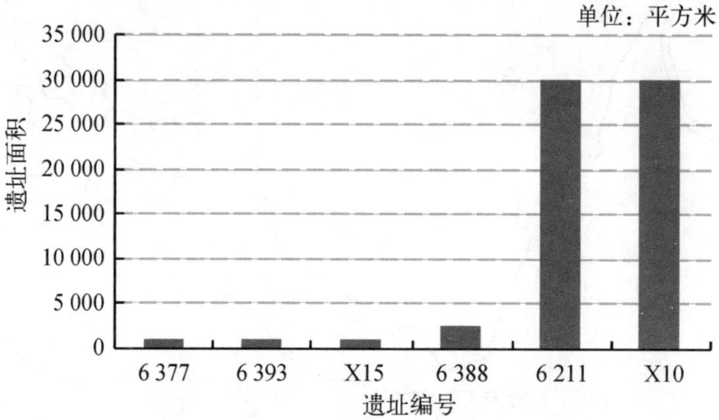

图 5－20　蚌河下游赵宝沟文化遗址面积统计

第六节　资 料 分 析

一、亲属组织

赵宝沟遗址的房屋布局中可以辨认出五级组织：单体房屋、房屋组、房屋排、房屋排组合及整个聚落，可能分别对应着五级亲属组织，这与兴隆洼文化时期的聚落结构大体相似。因为赵宝沟房屋中的功能分区和性别分区也基本与兴隆洼文化时期相似，单体房屋内居住的应该也是核心家庭。

房屋组的出现是新的现象。其实脱离房屋排的房屋和若干房屋聚集成组的现象在兴隆洼晚期聚落里就已经出现，在赵宝沟时期可能更常态化了。现有的资料很难说明这种房屋组出现的原因是什么。房屋组这一级亲属和社会单位的出现似乎并没有破坏房屋排这一级组织——这些聚集成组的房屋仍然在一个大房屋排中，而且房屋排内仍然有居中的大型房屋。但如上所述，F6 除了面积大以外，在各种遗物的出土数量上并不突出，还逊色于 F2 和 F7 两座房屋组中的核心房屋。这也许可以表明房屋排一级组织虽然存在，但控制力已经减弱。

赵宝沟时期聚落布局最重要的变化是聚落核心房屋地位的突出。F9 占据聚落中间广场的核心位置，面积大，遗物丰富，表明整个聚落代表的亲族组织一体性和统一性的加强。图 5－21 表现了赵宝沟聚落的亲属和社会组织模型。

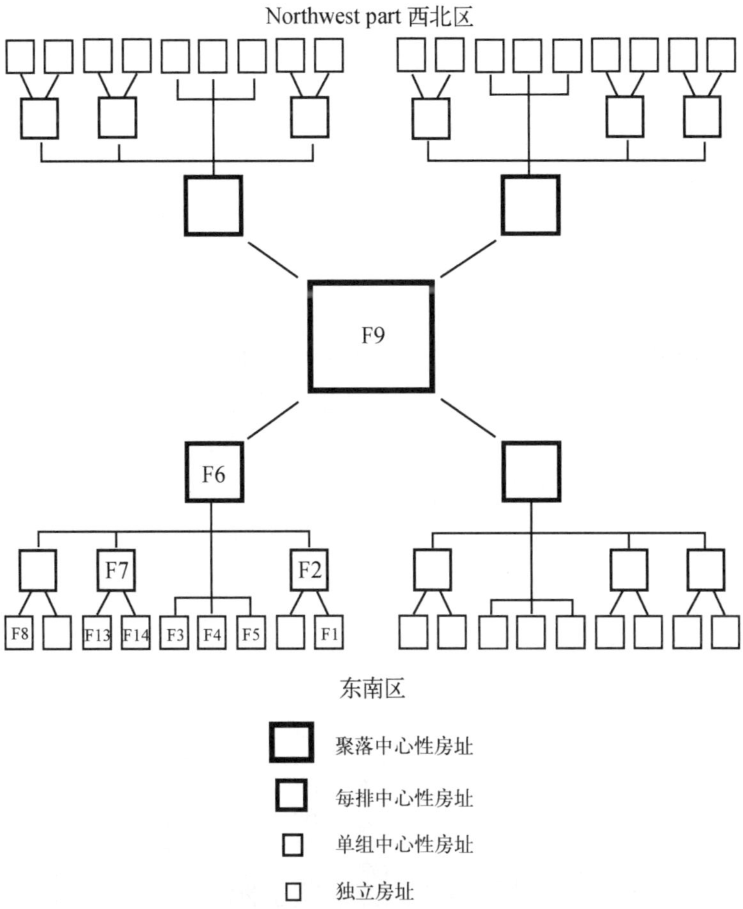

图 5－21　赵宝沟遗址房址等级

二、生产专业化

对房屋内活动区和遗物分布情况的分析表明，赵宝沟时期可能存在着与兴隆洼时期类似的石器和陶器生产专业化。虽然赵宝沟遗址的遗物分布情况可能受到了废弃仪式的影响，但高等级房屋内细石器高度集中的现象还是表明，这些房屋内的家户在细石器的原料获得和生产方面具有更大的控制权。小山遗址 F2 内出土的 3 058 件细石器是这种控制权的有力佐证。与兴隆洼时期相似，赵宝沟聚落高等级家户可能会囤积细石器原料，分配给亲属、同盟者和跟随者，甚至可能对细石器的具体生产也有某种程度的控制。但因为缺乏对燧石产地的研究，我们难以获得这种控制与再分配的细节。值得注意的是，在赵宝沟聚落，出土细石器最多的房址是 F7 而不是 F9 这一最大的核心房址。这似乎表明，与兴隆洼时期一样，对细石器生产的控制并不完全与亲属和社会等级合拍，也就是说，并非社会等级越高，对细石器生产的控制力越大。但小山遗址 F2 中细石器超乎寻常地集中，则又表明在赵宝沟文化晚期，社会等级高的家户可能更容易获得生产资料，从而对某些用品的生产达到高度控制。

吉迪曾经提出与兴隆洼文化相比，赵宝沟文化的陶器在成形技术，特别是纹饰上都更加复杂。虽然陶器生产可能并没有达到完全专业化的程度，但一些精致陶器的生产，特别是精美纹样的压划应该是技术熟练的专业工匠才能完成的。赵宝沟遗址与陶器制作和纹饰压划相关工具的分布情况颇为支持这一推测。该遗址出土有制作椭圆形陶器的模具和压划之字纹和其他纹饰的蚌器、骨器。这些器物均出自 F2、F7 和 F9 三座高等级房屋。尤其是在 F9 中，出土了 11 件施纹工具，表明赵宝沟陶器上的精美纹饰可能只有与聚落最高等级房址关系密切的高级工匠才能够完成。

对赵宝沟遗址第一区已发掘房址内出土陶器的纹饰种类的统计也显示（图 5－22），高等级房屋中的纹饰种类要比一般房屋丰富，而最大房址 F9 内的陶器纹饰种类更是远远多于其他房址。这可能部分由于 F9 的堆积内包括来自不同房址的陶器，但考虑到纹饰种类的繁多与施纹工具数量多正好吻合，这可能也反映了 F9 在陶器生产中的独特控制地位。

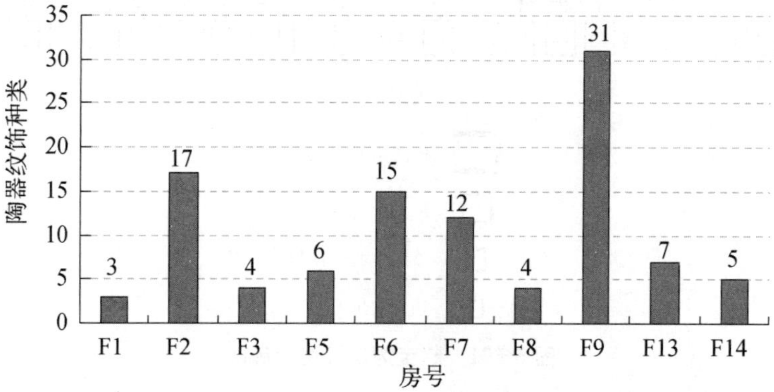

图 5－22 赵宝沟遗址第一区已发掘房屋内出土陶器纹饰种类

在费曼等人提出的关于复杂社会陶器生产的模式中，竞争会促使制陶工匠们制作更精致、更多样化的陶器，那些与社会上层有密切联系的“附属”工匠会专注于生产更耗时费力并有特殊用途的精品（Feinman and Neitzel 1984；Hagstrum 1985）。这一模式可以部分解释赵宝沟时期精致陶器的流行（Shelach 2000）。当然，该时期的陶器生产与兴隆洼文化时期类似，还处在所谓“初级专业化”（Costin 1991）或“基本专业化”阶段（Balfet 1965；Deal 1998）。

三、仪式活动

表 5－6 列举了赵宝沟文化与仪式活动相关物品的出土情况。从中不难看出兴隆洼文化传统的延续。

表5-6　赵宝沟文化与仪式活动相关的遗物

名　称	数　量	遗　址	分　期
石人像	6	后台子	早期
鸟首状陶器	10	北埝头(5)	早期
		上宅（1）	早期
		孟各庄(4)	早期
石鸟	2	上宅	早期
石龟	1	上宅	早期
泥猪首	1	上宅	早期
泥人面	2	赵宝沟 F103	中期
带动物纹样陶器	9	赵宝沟 F6（1）	中期
		小山 F2（1）	晚期
		南台子“最高灰土圈”(7)	晚期
刻划人面石斧	1	小山 F2	晚期

后台子遗址出土的小石人像和赵宝沟遗址出土的人面与兴隆洼文化基本相同。泥猪首及尊形器上的猪纹和鹿纹，也继承了兴隆洼时期对猪和鹿的崇拜。但在兴隆洼时期，猪和鹿的崇拜是以猪头骨、整猪随葬和鹿头骨这些“实物”来表达的，而在赵宝沟时期，则出现了符号化的表达方式，出现了抽象化和“神秘化”的猪及鹿的躯体。

这些奇特的动物纹样表现的并不是现实中的动物形象，而是赵宝沟人心目中神化的动物。所有的鹿都背生双翅，尾部繁复；小山尊形器上的猪也背生双翅，身体简化成勾状。目前发现的动物纹样均在尊形器上，共有9件，其中7件只有飞鹿纹，南台地的一件残尊形器上只有鸟纹，小山尊形器上则鹿、猪、鸟纹合一（参见图5-13）。似乎鹿是最流行的神化动物。

龟是赵宝沟仪式系统的重要新内容。在淮河流域，龟崇拜在裴李岗文化时期即已出现，属裴李岗文化的贾湖遗址墓葬中就随葬内有小石子的龟甲（河南省1999），在与赵宝沟文化相当的大汶口文化早期，龟崇拜仍然流行（高广仁、邵望平1986）。上宅遗址地处赵宝沟文化的南缘，与龟相关的仪式活动可能受到了南方的影响。

鸟在中国东部的史前仪式系统中扮演着非常重要的角色（Wu 1985）。根据尚未发表的兴隆洼遗址的资料，兴隆洼文化时期实际已经出现了鸟形陶支脚和鸟的刻划纹样。但赵宝沟时期，有关鸟的崇拜似乎得到了加强。

关于小山尊形器上鹿、猪和鸟纹样的含义是仍然在热烈讨论中的问题。有些学者认为这与祈求狩猎成功的巫术有关（刘国祥1998）。冯时则从原始宇宙观的角度提出了颇有说服力的解释（冯时2001：106~109）。他认为，鹿和鸟实际就是玄武和朱雀两大星座的形象，分别占据着北方和南方，而猪则代表北斗七星。但这种见解还不能解释为什么很多情况下鹿纹是单独出现的。可以肯定的是，鹿、猪和鸟的结合纹样的出现，表明了仪式系统和相关宗教观念的复杂化。

在北美地区，很多部落的印第安人在龟壳中放置石子，在舞蹈时绑在腿上和胳膊上，以之为沙锤一样的乐器（Swanton 1979：523、626～628）。刘莉（Liu 1994：107～112）和陈星灿（陈星灿、刘莉等 2003）认为中国史前时代的龟壳有类似功能。但上宅出土的石龟明显不能当作乐器使用，应该具有其他特殊含义。

总之，虽然我们尚不能完全解释赵宝沟与仪式活动相关的各种遗物的确切内涵和功能，但一个明显的事实是，与兴隆洼文化时期相比，仪式系统的内容已经更加丰富和复杂，包含了更多的神秘知识、特殊技术和特殊用具。而复杂程度的提高，可能会导致能够掌控仪式活动难度的提高和有能力掌控仪式活动的家户减少。也就是说，仪式活动的组织和实施可能更集中地被高级家户所掌控。南台地和小山遗址均表现出了高等级房屋对仪式用品的超乎寻常的独占。在赵宝沟遗址已经发掘的 20 座房址中，仅发现了 1 件鹿纹尊形器。南台地遗址灰土圈却出土了 7 件有动物纹样的尊形器，这明显不是一般房屋的“常规”陈设，而是反映了特殊房址对此类特殊器物的独占。小山遗址 F2 内小山尊形器和有刻划人面的石斧共出，同样反映了这种独占。这些现象均表明，高等级房屋内的家户获得了更具“排他性”的控制仪式活动的权力。

赵宝沟遗址出土仪式用品很少。第一区中唯一的 1 件仪式相关用品出自 F6 这座房屋排的中心房址，整个聚落的核心房址 F9 中没有发现仪式用品。但聚落边的祭坛应该是举行全体聚落规模的仪式活动的场所。考虑到 F9 的特殊地位，居住在其中的家户很可能是聚落规模仪式活动的组织者。F9 中缺乏仪式用品，可能是因为这些用品在废弃时被带走了，没有像在南台地和小山那样被有意放置在居住面上。南台子和小山遗址均未见祭坛，但由位置特殊的房址集中出土仪式用品的情况看，这两个聚落可能也有由聚落级首领主持的整个聚落规模的仪式活动。

四、宴饮活动

赵宝沟遗址 F9 填土中异常丰富的遗物可能是房屋废弃时宴饮活动的遗留。

海顿将宴饮定义为“使用食物类剩余产品创造契约性的互惠债务、确认重要事宜和建立有力的联盟”（Hayden 2001：258）。宴饮被公认为是复杂社会中最重要的获得政治和经济利益的领导策略之一（Oliver 1955：360～361；Sahlins 1962：293～294；Fried 1967：131）。

刘莉对康家遗址宴饮活动的研究是将宴饮理论运用于中国考古资料分析的最早尝试之一（刘莉 2007）。也有学者对大汶口文化葬礼过程中的宴饮（Fung 2000）和湖北天门石家河遗址的公共宴饮（Lee and Zhu 2002）进行了极富启发性的研究。这些研究表明，宴饮活动在中国史前时代是在各文化区均颇为流行的领导策略。

赵宝沟遗址 F9 填土中的动物骨骼特别丰富，是宴饮活动的有力证据（参见图 5－17）。此外，F9 中出土的动物种类也多于其他房址（图 5－23），其中包括 5 个个体的猪的各个部位的骨骼，一个为 1～2 岁，其他四个为 2～3 岁。这些猪很可能就是在 F9 附近举行的宴饮活动中被屠宰和消费的（考古所 1997a：71～76、182～183）。

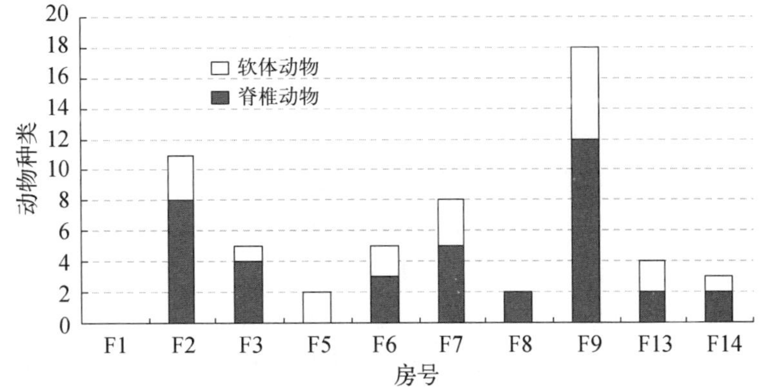

图 5－23　赵宝沟遗址第一区发掘房址出土动物种类

五、交流网络

有证据表明，赵宝沟时期辽西与其他地区之间仍然存在着远距离交流。

燧石与兴隆洼时期一样，仍然是重要的资源，但因缺乏相关检测分析，难以获得石料产地和交流的信息。在赵宝沟遗址出土的 5 件四角蛤蜊（Mactra veneriformis Reeve），其中 4 件出在 F9 填土中，1 件出自 F7 居住面上。此种蛤蜊为海产，应该是通过远距离交换获得。此外，龟崇拜的出现和鸟崇拜的发展可能也与神秘知识的远距离交换有关。

大部分外来物品和与神秘知识相关的物品均与高等级房屋有更密切的关系。例如，外来的蛤蜊发现于 F9 和 F7 两座重要房屋中，小山遗址 F2 细石叶异常集中。这表明社会上层有更多的参与交流网的能力和机会，从中获得的收益也更大。

第七节　小　　结

虽然有证据表明赵宝沟时期已经开始种植小米和饲养家猪，但大量的动物骨骼表明，与兴隆洼时期一样，狩猎采集在当时仍然是重要的食物来源。在陶器类型上，赵宝沟文化也保持着兴隆洼文化开创的筒形罐传统，虽然纹饰发生了很大的变化，但大多可以在兴隆洼文化中找到本源。但是，也有证据表明，赵宝沟文化在社会结构方面发生了一些重要变化。

在聚落内部形态方面，最重要的变化是房屋聚组现象的出现和聚落核心房址地位的加强。房屋成排的布局表现出亲属关系仍然是社会组织结构的基础，但具有雄心和执行力的一些“扩张者”可能已经利用各种领导策略获得了更大的威望和更有力的对整个聚落的控制权。

小山 F2 细石器的集中出土、赵宝沟 F9 陶器施纹工具的集中出土表明这些领导策略之一是对重要物品生产主导权的强化。制陶也可能仍然处于“初级专业化生产”水平，但社会上层似乎对细石器工业取得了更强的控制权。

赵宝沟遗址边的祭坛标志着公共仪式性建筑的正式出现，这是一项重要的发展，标志着聚落整体的仪式活动在社会生活中开始发挥更大的作用。小山和南台子遗址高等级房屋对仪式用品的集中占有表明，聚落规模的遗址活动很可能是由这些居住在聚落最显要位置的家户主持进行的。而组织实施这些公共仪式活动本身，也是这些社会上层积聚威望、展示意识形态方面的权力、获取利益的最佳领导策略之一。

宴饮和进行远距离交流是考古资料可以观察到的另外两种领导策略。F9 内的动物遗存不仅数量远远超过其他房屋，在动物种类上也远比其他房屋丰富，还包括远距离交换得来的海产品。这一聚落核心大房址明显对整个聚落规模的宴饮有更大的组织实施能力，对交流网有更排他的控制权。

所有上述考古资料均显示，赵宝沟文化时期已经出现了能够通过更有效地运作各种领导策略对整个聚落进行更有力的组织和控制的社会上层。但区域聚落资料显示，聚落之间还没有明确的等级差别。这些社会上层的权力还仅限于自己的聚落内。

我们以“社群仪式”为本章的题目是想强调赵宝沟时期最重要的进展之一是公共仪式建筑的出现和社群仪式重要性的提高。艾尔认为，在狩猎采集社会中是很难获得真正的经济权力的（Earle 1997：72），对仪式活动的控制是最有效的获得威望的领导策略。在狩猎采集经济仍然是重要食物来源的赵宝沟社会中，情况似乎也是如此。考古资料充分揭示出了整个社会重视仪式活动的倾向。在后面对红山文化的讨论中，我们会看到这一传统的充分发展，并最终形成了辽西地区社会复杂化的最重要特征。因此，我们现在可以回答本章开篇时提出的问题：赵宝沟文化确实在“简单”的兴隆洼文化和“复杂”的红山文化之间搭建起了重要的桥梁。

第六章　圣地仪式(一)：红山文化社会复杂化的发展

自1935年红山遗址被发掘后(Hamada and Mizuno 1938)的四十多年中，红山文化一直是辽西地区唯一被命名的考古学文化，并被认为是以黄河流域为中心的强大的仰韶文化向四裔扩张的副产品。在20世纪70年代和80年代的一系列重要发现之后，辽西地区独立的文化发展序列被建立起来，红山文化达到的社会发展程度也震动了学界，长期被忽视的红山文化成了中国史前史研究，特别是中华文明探源研究中最受瞩目的明星之一。考古学家们吃惊地认识到，以前被认为地处"偏远"的辽西地区在红山时期达到的社会发展程度甚至超过了中原地区。但因为各种原因，关于红山文化的"文明因素"、红山文化是否可以被贴上"文明"或"国家"的讨论如火如荼，对红山文化社会经济比较全面的研究却很缺乏。此外，相关讨论中特别强调红山文化为中华文明"贡献"了什么文明因素，而忽视了把红山社会的兴盛和突然衰落当作相对独立的独特发展过程加以深入思考。在下面两章里，我们将努力描述红山文化社会复杂化的发展，并分析其独特的发展道路，当然仍会在整个"中国交互作用圈"的视角下观察红山文化所扮演的角色。

第一节　基本文化特征

红山文化时期遗址数量剧增。在内蒙古敖汉旗，红山文化遗址多达500余处，而之前的兴隆洼文化和赵宝沟文化的遗址加起来也不过100处(邵国田 1995)。整个赤峰和通辽地区的红山遗址达到了830处(李少兵、索秀芬 2010)。但是除了牛河梁仪式性遗址群的发掘陆续发表若干简报外，红山文化聚落的发掘资料发表者甚少。目前发表资料比较多的遗址包括内蒙古敖汉旗兴隆洼(考古所 1985a)、三道湾(辽宁省、昭乌达盟等 1977)、四棱山(辽宁省、昭乌达盟等 1977)、西台(杨虎 1989)、南杨家营子(考古所 1984)、克什克腾旗南台子(内蒙古 1994b,1997a)、林西白音长汗(内蒙古 2004)、赤峰蜘蛛山(考古所 1979)、西水泉(考古所 1982)、魏家窝铺(段天璟等 2011)、巴林右旗那斯台(巴林右旗 1987)、转山子(内蒙古 2000)和巴林左旗二道梁(内蒙古 1994a)。仪式性遗址发表资料比较丰富的有辽宁喀左东山嘴(郭大顺、张克举 1984)、阜新胡头沟(方殿春、刘葆华 1984)、凌源城子山(李恭笃 1986；中日 1997)和建平牛河梁各地点(辽宁省 2012)(图6-1)。

与赵宝沟文化相比，红山文化的陶器类型发生了很多重要变化。传统的筒形罐仍然是主导器物，但同时突然出现了一些新器形。其中大型器盖、斜口器和无底筒形器可能是

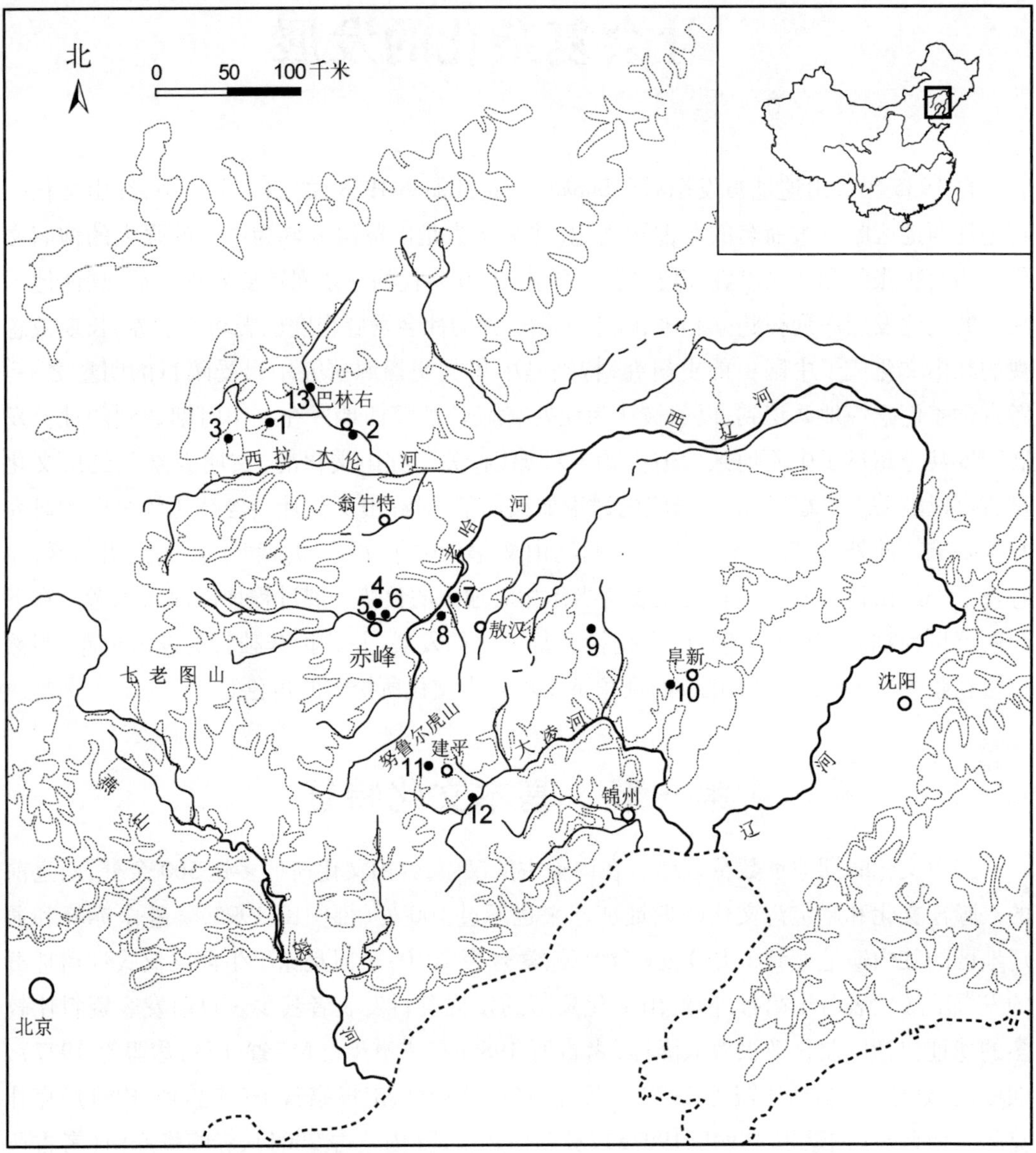

图 6-1　辽西地区主要红山文化遗址分布图

1. 白音长汗遗址　2. 那斯台遗址　3. 南台子遗址　4. 西水泉遗址　5. 蜘蛛山遗址　6. 红山后遗址　7. 三道湾遗址　8. 四棱山遗址　9. 兴隆洼遗址　10. 胡头沟遗址　11. 牛河梁遗址　12. 东山嘴遗址　13. 二道梁遗址

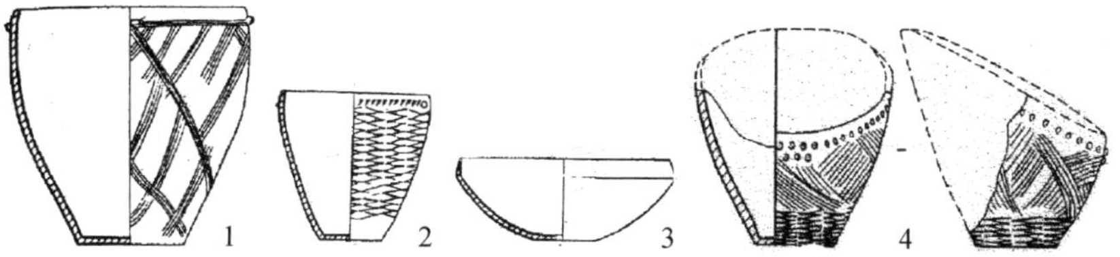

早期阶段：1~2. 筒形罐 3. 钵 4. 斜口器（1~3. 南台子遗址 4. 白音长汉遗址）

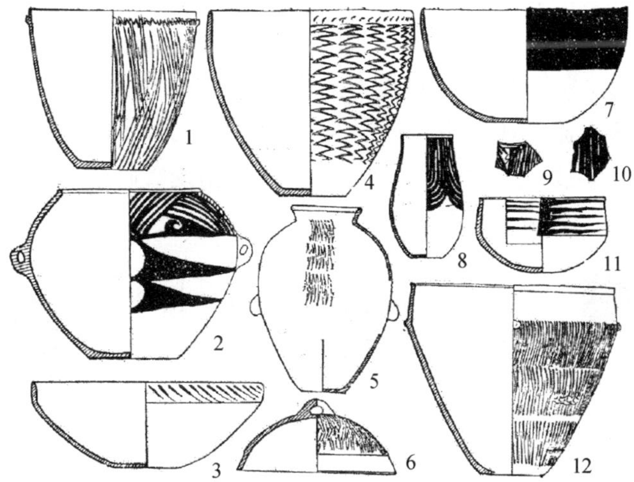

中期阶段：1~2、4. 筒形罐 3、7、11~12. 钵 9~10. 彩陶陶片(1、4、6~7、12. 西水泉遗址 3. 三道湾遗址 5. 红山后遗址 9~10. 那斯台遗址 11. 西台遗址)

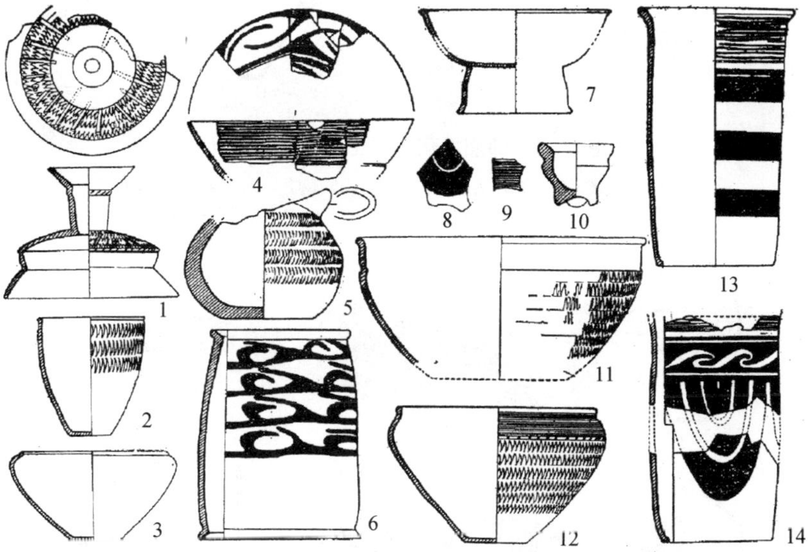

晚期阶段：1. 器盖 2. 筒形罐 3. 钵 4、11. 盆 5. 壶 6、13~14. 无底筒形器7. 圈足盘 8~9. 彩陶陶片 10. 三足杯 12钵（1~3，12.牛河梁遗址 4、7、11. 东山嘴遗址 5~6、10. 城子山遗址 8~9. 那斯台遗址 13~14. 胡头沟遗址）

图 6－2　红山文化陶器

（中期、晚期阶段：杨虎 1989：图 2、图 3）

红山人根据新的需要创制的，但还有一些器物的出现明显受到了外来的影响。三足钵形鼎、双耳鼓腹罐、红顶钵、圜底釜和豆等具有以豫北和冀南为中心的后冈一期文化的特征，敛口瓮则具有庙底沟文化特征（图 6－2、图 6－3）。陶器纹饰上的变化也很显著。辽西传统标志性的之字纹仍然是主体纹饰，但以弧线之字纹为主，整体布局稀疏。赵宝沟文化最具特征的几何纹几乎消失，出现了纹样种类丰富的彩陶。彩陶图案的基本元素是平行短线、弧线、菱形、三角形、弧线三角形和所谓“鱼鳞纹”，各种元素相互组合，可以形成复杂的图案。朱延平曾指出，红山文化的一些彩陶图案源于赵宝沟文化时期的几何纹和“之”字纹（朱延平 1991）（图 6－4）。但还有一些图案明显受到了庙底沟彩陶的强烈影响。一些陶器呈现出明显的混合文化风貌，如后冈一期风格的双耳鼓腹罐上装饰辽西传统的之字纹。整体而言，红山陶器体现出既吸收外来因素，又保持并开创独特风格的趋势。

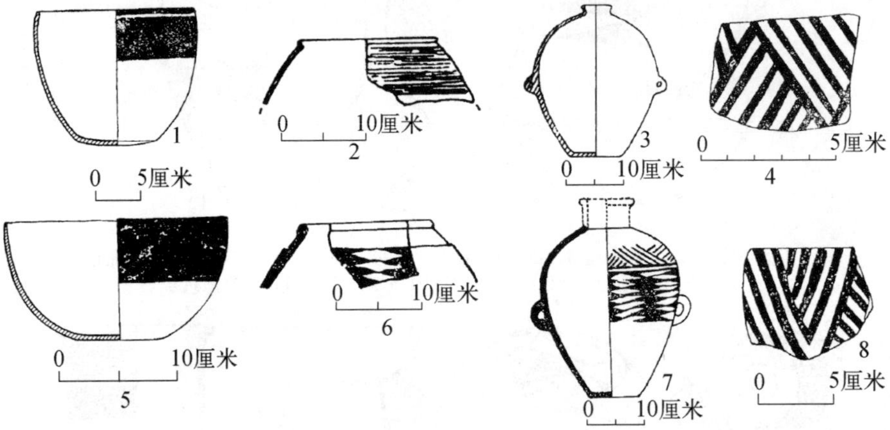

图 6－3　仰韶文化与红山文化陶器对比

1、5. 钵　2、6. 瓮　3、7. 小口瓶　4、8. 彩陶陶片（1～2、4. 后冈遗址　3. 四十里坡遗址　5、8. 西水泉遗址　6～7. 那斯台遗址）

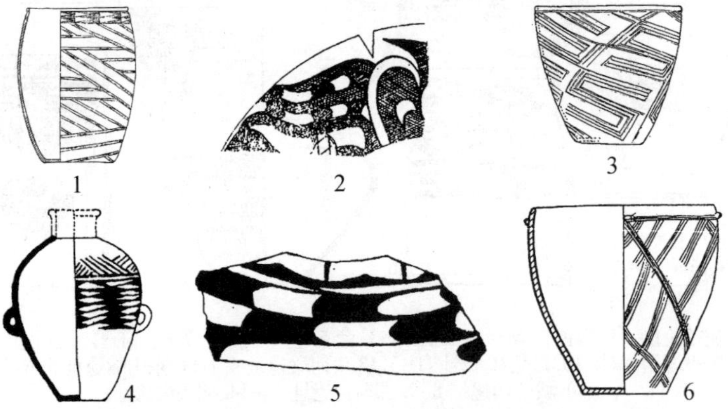

图 6－4　红山文化与赵宝沟文化陶器纹饰关系对比

1～2. 南台子遗址　3. 小山遗址　4～5. 那斯台遗址　6. 白音长汉遗址

石器类型也发生了类似的变化。赵宝沟时期的大多数石器,如被称作“耜”的铲形器、斧、锛、磨盘、磨石、磨棒、臼和杵等仍然流行。但有两点主要改变：1. 红山文化的耜的种类更多;2. 出现了半月形刀,很多遗址均有发现,而且数量颇多。此类石刀和形状类似的陶刀在黄河流域非常流行,一般被认为是收割工具(图 6－5)。

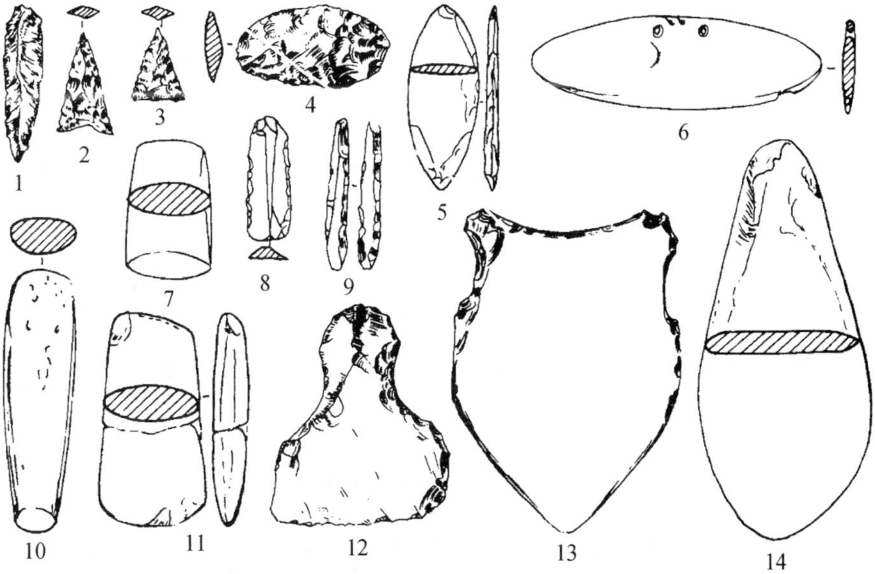

图 6－5　红山文化石器(Guo 1995a：图 1、图 2)

1. 石锥　2~3. 石镞　4. 刮削器　5~6. 石刀　7、11. 石斧　8~9. 石叶　10. 石凿　12~14. 石铲　(1~4、7~10. 西水泉遗址　5、11、14. 红山后遗址　6、12. 海金山遗址　13. 五十家子遗址)

红山文化以玉器闻名于世。根据刘国祥的统计,至 2000 年,在红山文化近 30 个遗址发掘和采集到的红山文化玉器共 251 件,博物馆和私人手中可靠的藏品有 108 件。表 6－1 是主要玉器类型的数量统计,未计入的包括斧、锛、锥形器、玦、小管、珠等(图 6－6)。泥塑和石质人像颇为流行。小型的人塑像在兴隆沟、四家子和东山嘴等遗址均有发现,但与真人等大甚至超过真人的塑像只见于牛河梁的“女神庙”,该“女神庙”中还发现有动物泥塑残块(图 6－7)。

表 6－1　红山文化的主要玉器类型

猪龙	勾云形器	马蹄形器	鸮	镯	璧	勾形器	连璧	龟
49	38	36	27	26	23	11	10	3

注：根据刘国祥 2016 统计。

正式发布的红山文化房址资料较少。房址仍然是半地穴式,规模较小,白音长汗遗址最大房址 AF26 约 50 平方米,其余房址为 17~36 平方米不等。魏家窝铺房址均为 10~

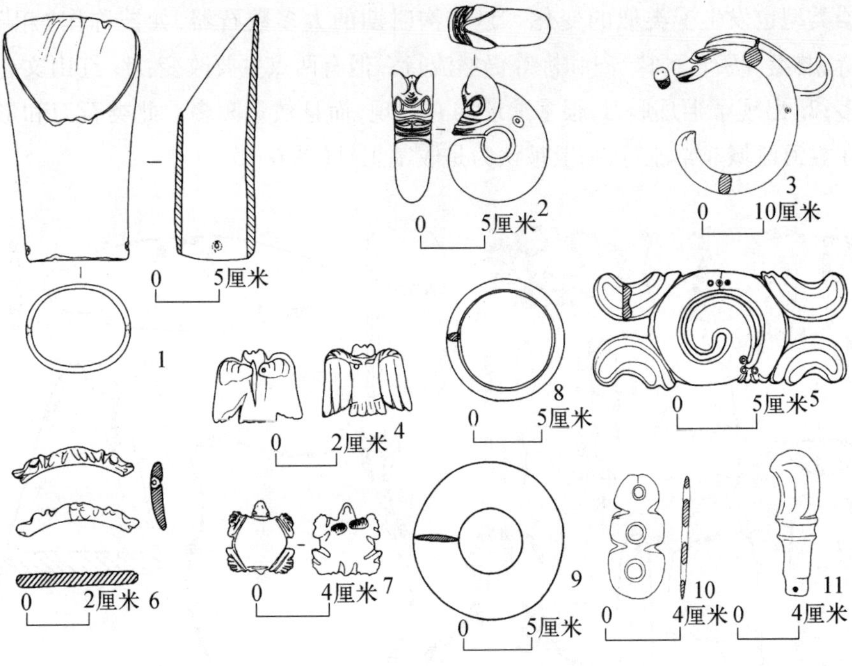

图 6－6　红山文化玉器

1. 玉箍形器　2~3. 玉猪龙　4. 绿松石鸟　5. 玉勾云形佩　6. 玉璜　7. 玉龟　8. 玉镯　9. 玉璧　10. 连环玉璧　11. 玉勾形饰（1~2、5、9. 牛河梁遗址　3. 三星他拉遗址　4、6. 东山嘴遗址　7~8、10. 胡头沟遗址　11. 辽宁博物馆）

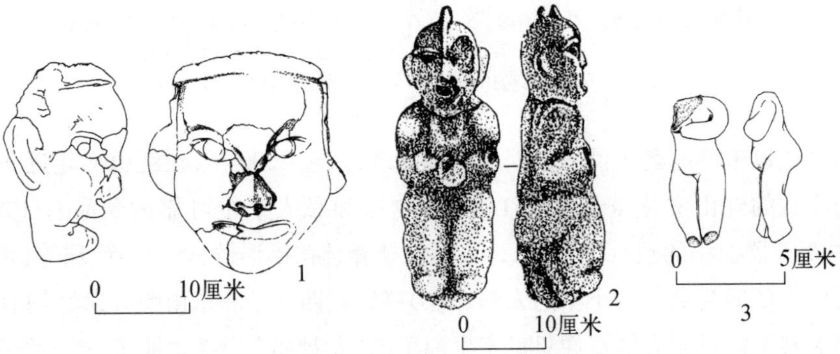

图 6－7　红山文化女神像及雕像

1. 牛河梁遗址　2. 那斯台遗址　3. 东山嘴遗址

50 平方米左右。但也仍然有西水泉 F17 那样的超过 100 平方米的房屋。一个重要变化是灶多为瓢形，与兴隆洼时期的圆形和赵宝沟时期的方形均有差别（图 6－8）。

多位学者对红山文化进行过分期研究（杨虎 1989；张星德 1991；Guo 1995a）。我们认为，根据目前的有限资料，可以将红山文化分为早、中、晚三期（表 6－2）。早期的器形与赵宝沟文化基本相同，筒形罐有稀疏的弧线之字纹和简略的几何纹，尚未见彩陶。中期出现了小口罐等新器形，彩陶开始流行。晚期彩陶纹样更加繁复，出现了勾连在一起的弧线三角纹。

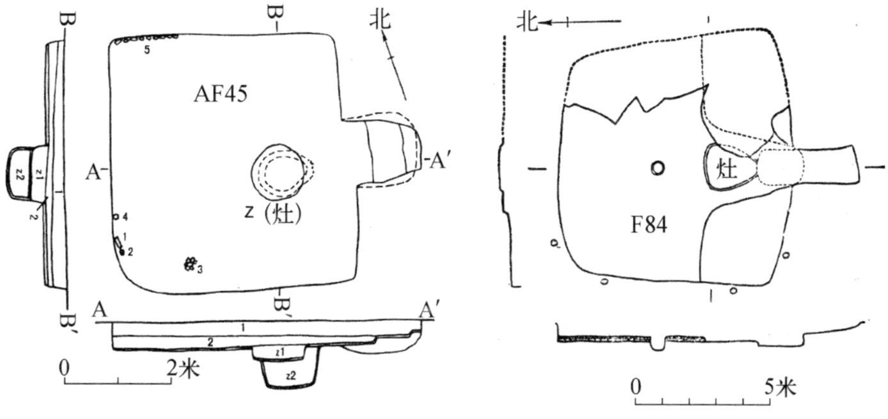

1　　2

图 6－8　红山文化与仰韶文化典型房址平、剖面图

1. 白音长汉 AF45(内蒙古、吉林大学 2002:图 22)
2. 姜寨 F84(半坡博物馆 1989:图 113)

表 6－2　红山文化主要遗址的分期

	兴隆洼	白音长汗	南台子	蜘蛛山	西水泉	那斯台	三道湾	四棱山	东山嘴	城子山	胡头沟	牛河梁
早	=	=	=									
中				=	=	=	=					=
晚								=	=	=	=	=

目前发表的红山文化碳十四数据有 8 个(表 6－3),年代在公元前 4700 年至公元前 2900 年之间。参考其前后的赵宝沟文化和小河沿文化的年代,也参考与红山文化有密切联系的其他地区考古学文化的年代,我们认为红山文化的绝对年代为公元前 4500 年至公元前 3200 年。

表 6－3　红山文化碳十四数据

遗　址	实验室编号	材料	碳十四年代(半衰期:5730)	树轮校正年代(B.C.)
兴隆洼	ZK－1394	木炭	5865±90	4714～4463
兴隆洼	ZK－2064	木炭	5735±85	4501～4348
牛河梁	ZK－1355	木炭	4995±110	3779～3517
牛河梁	ZK－1352	木炭	4975±85	3771～3519
牛河梁	ZK－1351	木炭	4970±80	3700～3521
牛河梁	ZK－1354	木炭	4605±125	3360～2920
东山嘴	BK－82079	木炭	4895±70	3640～3382
五道湾	ZK－1180	木炭	4455±85	3039～2894

第二节 经济基础

对红山文化时期经济基础的认识相当一致，学者们多认为当时已经有了发达的农业生产（安志敏 1988；杨虎 1989；Yan 1992），主要证据有以下几条。

第一，红山文化聚落数量和面积都有极其显著的增长。很难想象如果没有发达的农业，怎会出现如此大幅度的人口增长。

第二，在一些遗址发现了农作物遗存。蜘蛛山遗址在1944年的早期发掘中就发现过炭化小米（任式楠 1986）。此后，在赤峰四分地遗址也有类似发现（An 1989）。在兴隆沟遗址发掘中，提取了大量土样进行水选，是第一次对红山文化聚落植物遗存的系统采样和分析，发现大量炭化粟。

第三，半月形石刀的出现（参见图 6－5，6）。此类刀在黄河流域和长江流域都曾流行，普遍被认为是收割谷物的工具（佟柱臣 1982；林华东 1998）。辽西地区此类工具的出现，说明谷物收割也已经成为红山居民的重要工作。

第四，与黄河流域等农业发达地区联系的加强。如上所述，红山文化的一些新见陶器明显与后冈一期和庙底沟文化有密切联系，其玉器也反映出与黄河下游的大汶口文化和长江流域的凌家滩遗存的深入交流，而黄河和长江流域都有大量农业发展的证据。

第五，有证据表明，红山文化形成了以宇宙观为基础的新的意识形态，这也应该与农业生产成为经济基础，农作物的收成影响着社会的安危有关，确保农业丰产已经成为各种仪式活动的一个重要内容（详见下章）。

总之，虽然大量红山文化新近发掘采集的土样的检测结果还未发表，现有的考古资料已经可以比较有力地说明农业生产成为红山社会最重要的经济基础。前两章中已经谈到，兴隆洼文化时期即已出现粟和黍的种植，赵宝沟文化也应该存在谷物种植。但谷物种植被大面积推广并成为经济基础，即农业的真正出现应该是在红山时期。

这引发出两个问题，即为什么农业会在红山时期出现？农业在辽西地区是如何出现的？

在过去的几十年中，农业的出现问题引发了热烈的讨论。有学者按照英文字母的顺序列举出了各研究者提出的37种关于农业起源的原因（Gebauer and Price 1992）。吕烈丹将其分为四类（Lu 1999：3~4）：1. 生态环境论，关注气候变化及其引发的动植物资源变化（Byrne 1987；Wright 1993）；2. 人口增长论，认为人口增长达到资源不足时，或人口增长遇到资源退化时，就会激发农业的出现，以提供充足的食物（Binford 1968；Flannery 1973；Cohen 1977）；3. 自然进化论，认为农作物的出现是人们无意识地选择采集合适的植物造成的结果（Rindos 1984）；4. 社会内因说，认为农业的产生是社会不平等发展的产物（Bender 1978，1990；Hayden 1990，1992；Gebauer and Price 1992；Price 1995）。虽然这些观点大多是为了解释农作物种植的“最初出现”，但也可以作为我们关于农业真正出现的讨论的理论框架。

上一章谈到，与兴隆洼时期相比，赵宝沟时期的聚落数量略有增长，聚落总面积虽然有较大增长，但整体分布仍然较稀疏，应该难以造成人口压力。人口压力论并不适用。自然进化论主要可以用于解释农作物被认识和初步栽培的过程，并不适于解释大范围谷物种植即农业的出现。

正如吕烈丹曾经指出的(Lu 1999：9~10)，中国学者一般采用生态环境论解释农业在中国的起源问题(Yan 1992；Cohen 2002)。环境变迁可能是辽西农业出现的部分原因。对好卢库和小牛场古湖床沉积土样的分析显示，在公元前4800年(树轮校正年代)左右，也就是赵宝沟文化晚期，气候开始变得温暖干燥，阔叶林退化，代之而起的是针叶林和草原植被(Liu and Xu et al. 2002)。对东亚季风的研究也表明，在公元前5000年左右，季风前沿开始从北向南后撤。但当时辽西地区的温度和降水都仍然适宜粟等农作物的生长(An and Porter et al. 2000；Liu and Xu et al. 2002)。因为缺乏相关研究，我们难以确定气候的变化和植被的更替对辽西居民通过狩猎采集获得的动植物资源会造成多大程度的影响，但影响无疑是存在的，而且可能会成为赵宝沟文化晚期开始向更依赖农业生产的经济形态的转变诱因之一。

社会内因应该是我们解读红山时期农业成为经济基础的重要依据。有学者在对斯堪的纳维亚南部狩猎采集向农业生产的过渡的研究中提出：当时的居民在从事农业以前并没有食物资源不足的情况(Fischer 1982;Jennbert 1985)，实行农业的唯一理由是积累剩余产品。海顿提出了“社会经济竞争”或“食物斗争”理论以解释驯化食物的起因。他认为，最初被驯化的植物和动物都不是必不可少的基本食物，而是作为“威望性食物”，在财富展示、礼物赠予、夸耀式宴饮、婚聘往来、葬礼和贸易等特殊场合使用(Hayden 1995：282、295)。克拉克和布拉克在对中美洲低地古代等级社会的研究中也提出，玉米最初是被当作标志身份的食品种植的(Clark and Blake 1993)。玉米种植不是有远见的史前农业发展规划的产物，我们不能用玉米种植在现代生活中的重要性理解4 000年以前玉米种植被引进到马扎坦(Mazatan)地区的原因。普瑞斯在对丹麦史前史的研究中也指出，当地农业革命发生的原因不是人口增长、气候或环境变化等外因，而是社会变化这一内因(Price 1995)。

史密斯曾反驳各种社会内因说，指出在很多地区，动植物的驯化远在社会不平等出现之前就产生了，人们驯化动植物就是为了解决基本生存问题(Smith 2001)。他的观点确实很有道理，说明社会内因理论有其局限性，在解释最初的动植物驯化方面尤其如此。但在对红山文化的农业经济形态的确立这一具体个案的研究中，社会内因应该是受到重视的关键因素。我们在前面两章讨论过，社会不平等在兴隆洼文化时期即已萌芽，在赵宝沟文化时期又得到了加强。更重要的是，这两个时期均有宴饮等“社会经济竞争”的考古学证据。这些需要消耗大量剩余食物资源的竞争很可能在促进农业出现和发展方面发挥了重要作用。

因此，关于为什么农业会在红山文化时期出现这个问题，我们的答案是，红山文化时期农业的发展应该是内因和外因共同作用的结果。一方面，气候和环境的变化可能对狩猎采集经济依赖的动植物资源造成了负面影响，造成对其他食物资源的需求的增长；另一方面，一些有野心的“扩张者”为了积累剩余食物以增强自己的“社会经济”竞争力，也会主动开始推广较大规模的农作物种植。

与狩猎采集相比，农业明显是更好的积累个人剩余产品的方式。首先，狩猎和采集多是集体性活动，开发的是难以归入个人财产的自然食物资源，收获品由参与者共同分配；而农业可以以核心家庭和扩展家庭为单位开展，开辟和耕种“自己的”田地，产品归种植者所有。其次，农业的收成量可以预期。狩猎采集的收获有很大的不确定性，而农业的收成基本是“一分汗水，一分收获”，投入更多的人力和汗水就可以获得更多收成。最后，农产品往往比猎物和采集物更容易长期储藏，更适合作为长期积累的财富。在社会复杂化发展，“社会经济”竞争加剧的情况下，农业的这些“好处”无疑会激励各家庭和扩展家户倾注更多人力物力扩大植物种植规模，导致农业逐渐成为经济基础。这是“红山时期农业生产如何形成”的大致答案。

文化交流对红山农业形成过程的影响也不容忽视。现有的考古学资料明确显示，辽西地区自兴隆洼文化时期就开始的粟和黍的种植，在农业生产技术上有自己的独立起源。以前认为辽西作物驯化完全受到黄河流域影响的观点受到了严重挑战（An 1989；Yan 1992；任式楠 1995）。但在讨论农业生产发展成为最主要的食物来源这一问题时，确实应该考虑文化交流这一因素。研究者们认为斯堪的纳维亚南部农业起源受到了中北欧地区农业居民的强烈影响（Fischer1982；Jennbert 1985），引进了与农业有关的观念、陶器和工具。红山文化出现的黄河流域风格的陶器和半月形石刀等证据表明，在与黄河流域日益加强的联系中，农业生产理念和技术的交流应该是非常重要的内容。

但从根本上说，辽西地区农业生产的开始主要是红山居民自主的选择，而非对黄河流域强势影响的被动接受。红山社会中雄心勃勃的“扩张者”们启动了红山社会农业化的程序，并由此引发了一系列社会经济变革，使得辽西地区进入了史前社会发展最辉煌的年代。

第三节　红山时期聚落形态

一、家户和社群分析

目前红山文化研究中的一个薄弱环节是对红山聚落的系统发掘和资料发表都很欠缺。这导致我们对红山家户和社群的分析只能以零星资料为基础。表 6 - 4 罗列了居住面上遗物较多的房屋的基本信息。

表6-4　红山文化房屋

房号	遗　址	面积（平方米）	备　　注
F17	西水泉	105	两个储藏坑
AF45	白音长汗	17.8	南半部有陶器、石器,北半部墙边有石块
AF67	白音长汗	24.5	双灶,东南角有磨棒和石块,灶后有抹泥居住面,上有斜口器和磨棒,后墙有一龛,内有一罐,北半部有2块大石板
AF84	白音长汗	22.3	南半部有陶器残片,北半部有磨棒、砍砸器、石块、陶片
F15	二道梁	35.3	门道附近有石斧2件

目前发现的红山文化房址普遍遗物稀少,应该是与前两个时期不同的废弃习俗所致。由白音长汗的三座房屋残存的少量遗物看,室内布局可能与前两个时期相似,也以灶为核心,大体分为两个区,即女性为核心的食物加工区和男性为核心的石器加工区。西水泉F17面积很大,应该是高等级房址,内有两个可能用于储藏的坑。

红山文化聚落内的房屋仍然大体保持了分排的布局形式。在蚌河流域调查中发现的红山遗址多有成排的灰土圈。例如在6384号遗址,可以辨认出49个灰土圈,大致排列成5排,排间也有单独的灰土圈。同排内的灰土圈距离不相等,有聚组的现象。这与赵宝沟第一区房址的布局颇为相似(图6-9)。

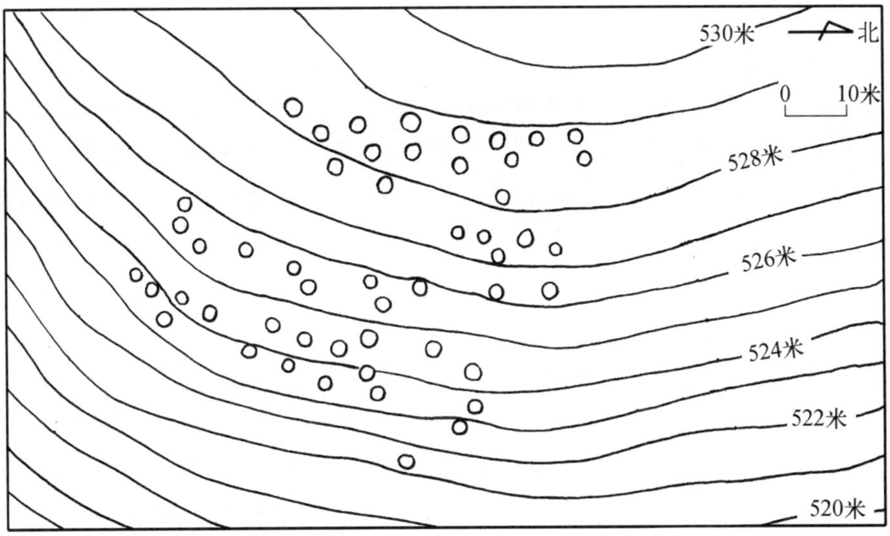

图6-9　蚌河下游流域红山文化遗址分布图

魏家窝铺遗址2010年的发掘中发现36座房址,并发现了两条灰沟G1和G2,对房址等遗迹呈环绕之势。房址朝向大致可分为西南和东南两大类。大部分西南向房址被G2围绕,大体应该自成一个聚落,面积最大的房址F18位于偏西部,面朝一个小型的空场，其东、西和北边各发现有数座西南向房址，以 F18 为中轴线东西向成排分布。此组房屋东边，有两座西向的房址，应属于西南向房址群的另一排。东南向房址群分布在 G2 内的东部和南部以及 G1 与 G2 之间，有两座房址打破了 G2。这些房址也成排分布，形成另一个聚落。根据地层关系和出土遗物，西南向房址群和 G2 的年代较早，东南向房址群和 G1 的年代较晚（段天璟等 2011）。

由白音长汗可以计算面积的 13 座房屋的情况看，房屋的面积普遍较小，以 20~30 平方米的为多，只有 1 个房屋达到 50 平方米（图6-10）。西水泉遗址则发现有面积达 105 平方米的房屋 F17。可见房屋间在面积上的等级差别还是存在的。

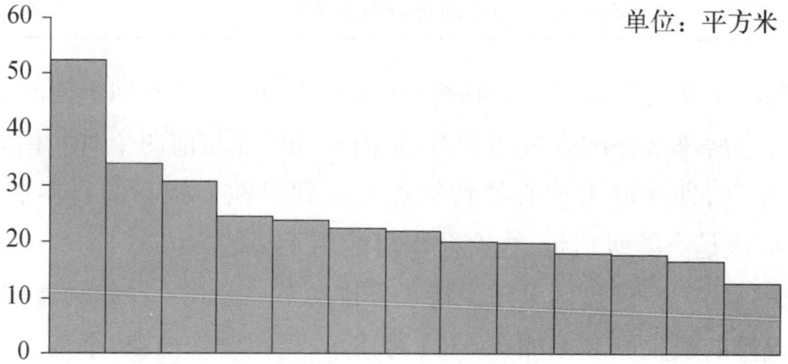

图 6-10　白音长汗红山文化房屋面积统计

白音长汗遗址发现红山时期墓葬 6 座，M14、M15、M18 和 M21 位于遗址南北两座山坡中间的鞍部，M22 和 M23 位于 A 区的东部。M14、M15 和 M18 为石板墓，墓坑周围立石板，顶部以石板封盖。M21、M22 和 M23 为土坑墓。有保存较好的人骨架，为仰身直肢葬。M15 出有带盖陶鼎 1 件，M23 出土 1 片彩陶。其他墓葬无随葬品。南台子遗址附近的墓地共发现墓葬 13 座，其中部分墓上有积石，但只有 M7 有石棺，并有玉器随葬。

由墓葬的数量看，两处遗址的墓地似乎不是一般的公共墓地，埋葬的很可能是特殊人物。地表积石的存在表明，这里不仅是葬地，也是聚落旁举行公众仪式的所在，继承了兴隆洼和赵宝沟时期的传统。值得注意的是，与前两个时期相比，聚落边的仪式性建筑规模并没有扩大。

上述零星的资料只提供了红山聚落内部形态的部分信息。由这些资料看，红山聚落基本继承了赵宝沟时期的布局：房屋大体成排分布，同排房屋有聚组现象；房屋内的少量遗物显示，每座房屋中有男性和女性空间即日常用品，其中居住的很可能也是核心家庭，整个聚落仍然以亲属关系为社会组织的基础；房屋间的面积有差别，有西水泉 F17 和魏家窝铺 F18 那样的核心房屋。F17 中的两个储藏坑显示，核心房屋内可能有特殊设施。F18 前的小型广场类似赵宝沟遗址 F9 位处独立广场的格局，也显示出核心房屋的地位得到加强。遗址边的墓地很可能与整个聚落规模的仪式活动相关，这也继承了赵宝沟时期的传统。

总之，从社群级别的聚落内部形态看，红山文化并未显示出重要的革新。这也许是缺乏系统的资料所致，但也许反映了真正的变革不是发生在社群这个层次上的。

二、区域聚落形态分析

红山文化时期,蚌河下游遗址数量和面积都发生了急剧增长。调查共发现和确认红山文化遗址 23 处,遗址总面积 75.4 万平方米(图 6-11)。从采集的陶片看,这些遗址均有红山文化中期遗存,因此,它们其中的大部分很可能是共存的。

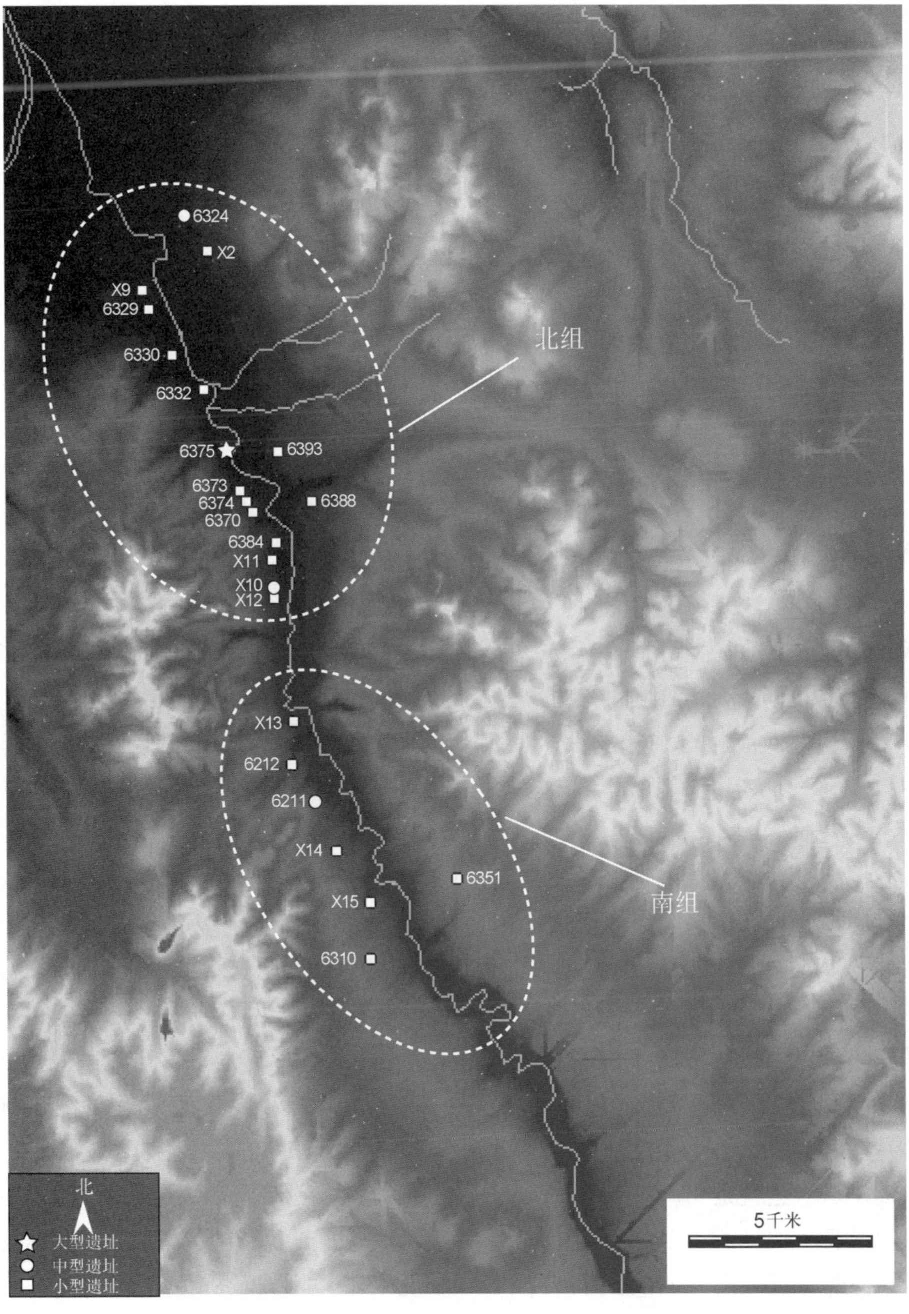

图 6-11　蚌河下游流域红山文化遗址分布图

此 23 处红山文化遗址的规模存在明显差别，由 0.2～21 万平方米不等。目前对聚落等级层数分析的一个流行方法是观察各聚落面积在“等差柱状图”上的分布情况，每一处明显的间隔，就表明一个等级差别（Johnson 1980）。蚌河流域的 23 处红山遗址可以分为四级：3 万平方米以下为四级聚落，有 19 处遗址，占绝大多数；6324（8 万平方米）和 X10（10 万平方米）为三级聚落；6211（16.8 万平方米）为二级聚落；6375（21 万平方米）为一级中心聚落（图 6－12）。

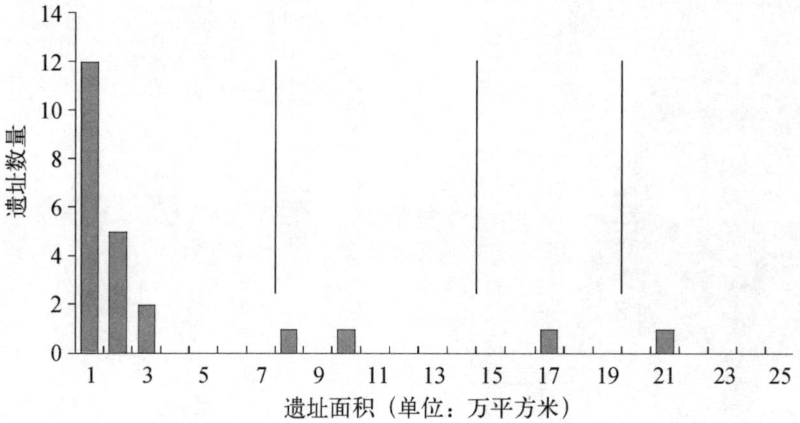

图 6－12　蚌河流域红山文化聚落面积分布图

这些聚落明显可以分为南北两组。北组包括 6324、X2、X9、6329、6330、6332、6375、6393、6373、6374、6370、6388、6384、X11、X10 和 X12 共 16 处聚落，6375 为中心聚落，6324 和 X10 为二级中心聚落。南组包括 X13、6212、6211、X14、6351、X15 和 6310 共 7 处聚落，6211 为中心聚落。两组间有约 3 公里的空白地带，两组的中心聚落相距约 9 公里。这两组聚落可能对应相对独立的两个团体。但考虑到它们同处蚌河下游，而且 6375 比 6211 大 4 万余平方米，我们可以将这些聚落当作一个团体看，6375 是整个团体的中心聚落。

对区域聚落形态进行描述的另一个流行方法是“等级—面积分析”（rank-size plot）。其原理是：在假设的理想等级社会集团内，各聚落的面积与其等级存在成反比的函数关系。如果该集团有 n 个聚落，面积最大的聚落为 1 级，次大的为 2 级，再次为 3 级，以此类推，最小的为 n 级，则 2 级聚落面积应为 1 级聚落的 1/2，3 级聚落应为 1 级聚落的 1/3，以此类推，n 级聚落的面积为 1 级聚落的 1/n，即某聚落的面积（S）应该等于最大聚落面积除以该聚落等级（n），公式为 Sn = S1/n。这一公式在以等级为横坐标，面积为纵坐标的坐标系中应为一条曲线。为了便于观察对比，可以取这一公式的常用对数，将公式变为 log Sn = log S1/n，也就是 log Sn = log S1－log n，这样，函数在坐标系中呈斜直线。这种理想等级关系实际上是不存在的，只是作为分析实际情况的参考。在具体分析区域聚落形态时，可将表现理想状态的斜直线和表现实际状况的不规则线放在同一幅图上进行对比（Johnson 1977，1980，1981）。图 6－13 中的斜线为理想等级—面积线，不规则折线为实

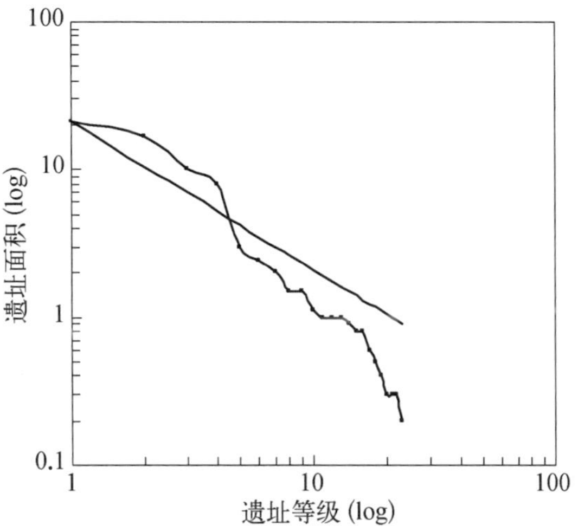

图 6-13　蚌河下游红山聚落等级—面积分析

际的等级—面积线。

23 处聚落的实际面积曲线与理想斜线的走向基本一致,表明这些聚落的面积分布情况符合等级社会的标准。需要注意的是实际面积曲线的上部与理想线相比向上凸起,这种向上凸起(convex)形态是因为二级聚落比理想等级关系中的面积要大(蚌河下游最大聚落 6375 为 21 万平方米,理想等级关系中,第二大聚落应为 10.5 万平方米,而实际上第二大聚落 6211 为 16.5 万平方米)造成的。一般认为这种形态表明聚落的等级结构不是很稳固,最大聚落的控制力不是很强(Johnson 1977, 1980, 1981),这与聚落分布成两个相对独立的组群的情况颇为一致。

简言之,区域聚落形态资料清楚显示,红山时期聚落数量和总面积急剧增长,并出现明显的区域聚落等级分化,这些都是社会复杂化发展的有力证据。

第四节　仪 式 景 观

迄今为止,关于红山社会复杂化的最丰富的证据来自包括社会上层墓葬和祭祀遗迹的仪式性遗址,这些仪式性遗址主要集中在大凌河流域以牛河梁为中心的数十平方公里的范围内(图 6-14)。在该范围内至今未见居住性聚落,似乎是一个与世俗隔绝的"仪式圣地"。

一、墓葬

目前经过发掘的红山墓葬有 130 多座,发表资料的有 50 多座(吕学明 2001)。除了上面谈到的白音长汗遗址的 17 座和南台子遗址的 2 座,还有胡头沟发现过 2 座,新近在辽宁凌源田家沟遗址发现了 42 座,其余 70 座都发现在牛河梁遗址群的 16 个地点。这些

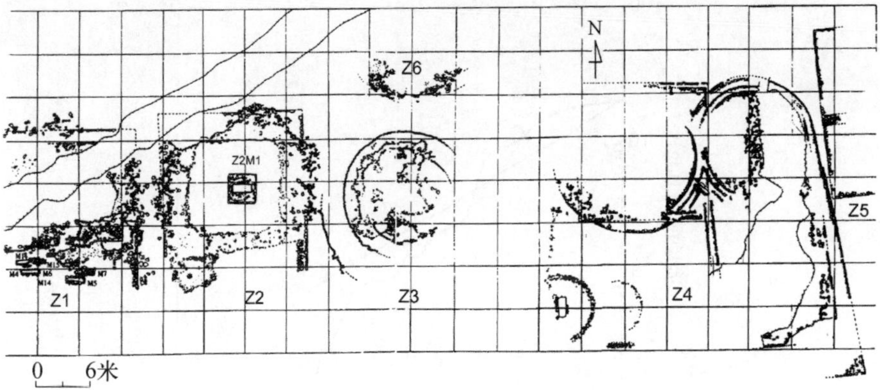

图 6-14 牛河梁遗址第二地点平面图

墓葬与仪式性建筑紧密联系，明显是特殊阶层的墓葬(图 6-15)。

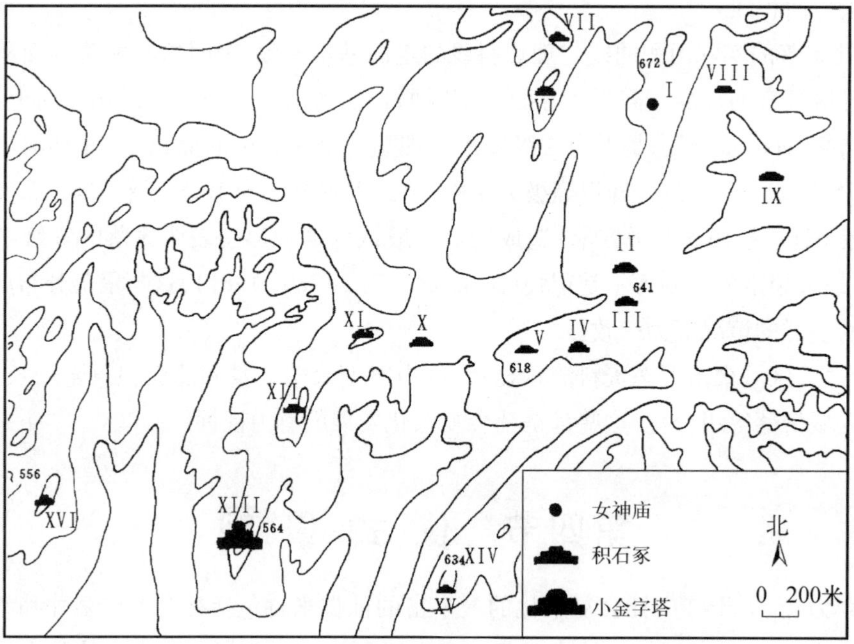

图 6-15 牛河梁祭祀遗址群分布图
(郭大顺 1997b：图 2)
Ⅰ-XⅥ：牛河梁遗址地点编号

从结构看，这些墓葬可分四类，即土坑墓、有石棺的土坑墓、阶梯土坑石棺墓和无墓坑石棺墓(华玉冰、杨荣昌 1998；Lu 2002)(图 6-16)。

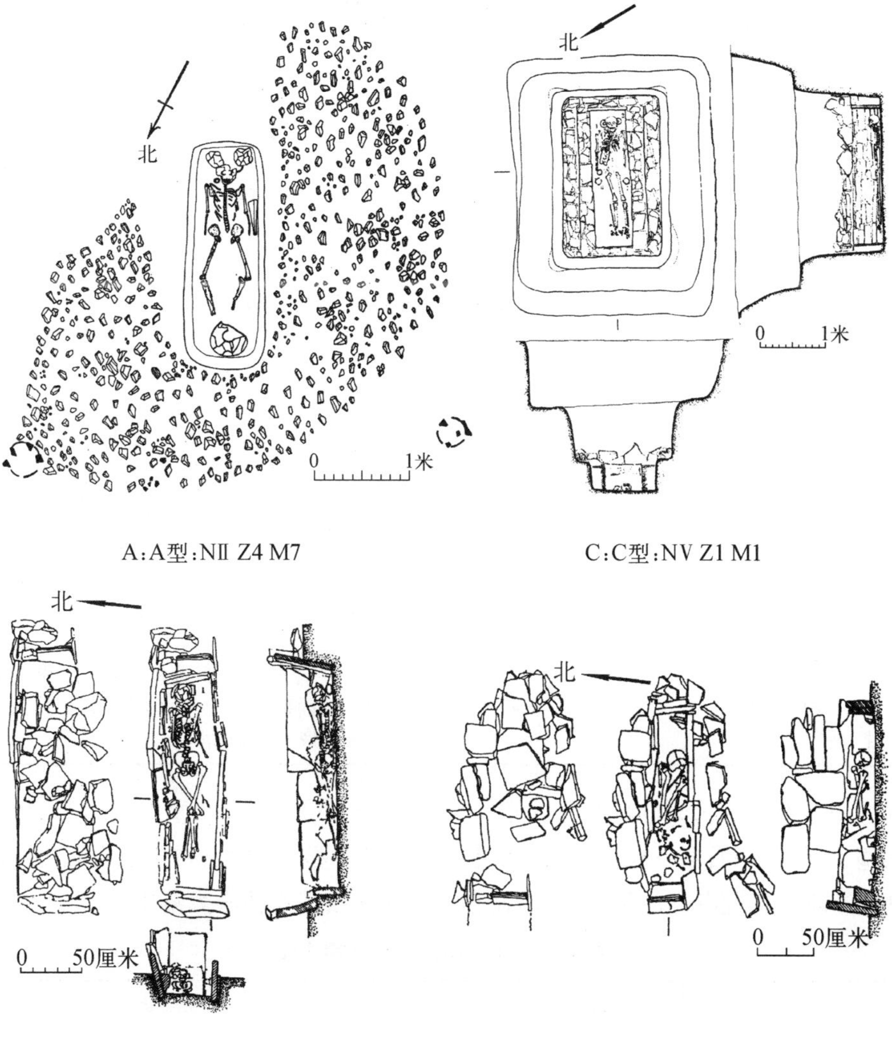

A：A型：NⅡ Z4 M7　　C：C型：NV Z1 M1

B：B型：NⅡ Z1 M4　　D：D型：NⅡ Z1 M6

图 6－16　红山文化墓葬类型

（A：辽宁省 1997a：图 3；B、D：辽宁省 1986：图 10(B)、图 12(D)；C：辽宁省 1997b：图 1）

属于红山早期的白音长汗和南台子墓地的墓葬大体可以分为两级(表 6－5)。两个墓地各有一座高等级墓，都是土坑带石棺的 B 型墓，主要随葬品为玉器、石器和蚌器。所有低等级墓都是无石棺的 A 型墓，随葬品为陶器和工具。

目前尚无红山中期墓葬的资料。所有晚期墓葬均发现于远离居住区的仪式区内，并均被积石冢覆盖(表 6－6)。近期发掘的辽宁凌源田家沟仪式遗址较清晰地揭示了红山文化积石冢的构建过程，大体包括最初的下葬，以石礅标志出茔域界限，继续下葬，建筑石墙并在墙内填充土石，在石墙周围摆放筒形器，将墓冢整体用石块覆盖等。大部分积石冢顶部都已遭受破坏，难以知道原来的高度。

表 6-5 白音长汗(B)和南台子(N)遗址墓葬的分级

遗址	等级	数量	类型	位置	随葬品
B	高	1	B	山丘顶	玉饰、石器、蚌壳
	低	6	A	山 坡	未发表
N	高	1	B	山丘顶	玉耳环、石凿、蚌壳
	低	12	A	山 坡	陶器、工具

表 6-6 牛河梁遗址保存较好的积石冢的基本信息

地点	积石冢号	形状	面积	结 构
NⅡ	Z1	长方形	26.8×19.5 米	以大石块砌成内墙和外墙。西北部保存较好，有24 件保留在原位的筒形器，绘彩面朝外。冢下有两座中心大墓，东西并列（郭大顺 1997b）。在积石范围南侧发现 20 多座墓葬
NⅡ	Z2	近方形	18.7×17.5 米	东、北、西三面残存有石墙。南墙为石块和筒形器碎片混杂的堆积。冢下有一座中心大墓
NⅤ	Z1	圆形	直径 19 米	只有南侧保存着石墙。有迹象表明，此积石冢原来有沟环绕。其西部下面有一大型墓葬。其南部和东部下有至少 3 座小型墓葬

这些积石冢下的墓葬也基本可以分为两类（表 6-7）：高等级墓多属 C 型，即带阶梯的石棺墓，且位于积石冢下面的中心；次级墓葬则属 B 型和 D 型，位于积石冢边缘。玉器是这些墓冢唯一的随葬品品种，勾云形器和玉龟大多出现在核心大墓中。

表 6-7 牛河梁遗址群墓葬等级

冢 号	等 级	墓葬数量	类 型	位 置
NⅡZ1	高	2	C	在积石冢下中心
	低	24	B，D	积石冢南缘
NⅡZ2	高	1	C	积石冢下中心
	低	未见		
NⅢ	高	1	B	墓葬范围的中心*
	低	8	B	墓葬范围东部和南部
NⅤZ1	高	1	C	积石冢下偏西
	低	至少 3	B	积石冢南部和东部

* 积石冢已经被破坏。

上述现象显示，红山文化晚期墓葬间出现了明显的等级差别。

第一，出现了像 NⅡZ2M1 那样独占一个积石冢的大墓。此种大墓应该比一般中心大墓的等级还要高。

第二,在次级墓葬中,随葬品的数量和类别也有明显差别。在牛河梁第二地点 Z1 下已经发表资料的 7 座墓葬中,M21 的随葬品数量(20 件)明显多于其他墓葬(图 6－17)。

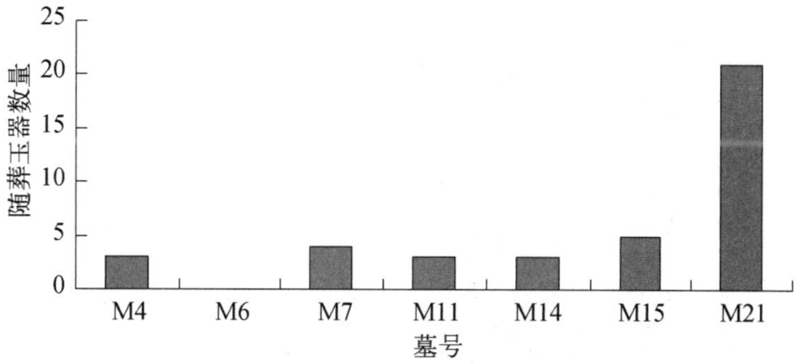

图 6－17　牛河梁第二地点 Z1 下墓葬随葬品统计

第三,如表 6－8 所示,第二地点 Z1 中墓葬内的随葬品明显比其他地点丰富。该地带位于牛河梁遗址群的核心位置(参见图 6－15),可能比其他地点有更高的地位。

表 6－8　牛河梁部分地点墓葬中玉器数量平均值比较

地　点	NⅡZ1	NⅢ	NⅤZ2	NXVI
墓葬数量	7	9	3	3
墓葬玉器平均数	6.9	1	1.3	4.3

但需要指出的是,仪式性中心的这些墓葬整体而言都应该是红山社会上层的墓葬,它们之间的差别反映的是社会上层间的差别。

值得注意的是,一座积石冢下的小型墓葬常聚组排列。如第二地点 Z1 下的墓葬聚集为三组:M11(二次葬)和 M1 为一组,M4、M10、M6(二次葬)和 M14 为一组,M5 和 M7(包括 3 人的二次葬)为一座。第三地点积石冢下的小型墓也有三组(Wei 1994):M2 和 M6 为一组,M3、M4 和 M5 为一组,M8 和 M9 为一组。在第二组中,M3 墓主为一成年女性,M4 墓主为一成年男性,M3 明显是在 M4 以后下葬的(图 6－18)。两座墓被特意安排在一起,M4 中的人骨还因此被重新摆放过。胡头沟遗址 M3 中有 5 个墓室(图 6－19),其中包括 5 个成年人和 1 个儿童。新近发掘的田家沟遗址墓葬也有男女合葬和聚组而葬的现象。因此,一个积石冢下的墓葬很可能属于包括了若干核心家庭的上层扩展家庭。

牛河梁第三地点中心大墓的墓主为成年男性。但因为大量资料还没有系统发表,有学者认为不能据此断定男性为红山社会的统治者(Nelson 1991)。

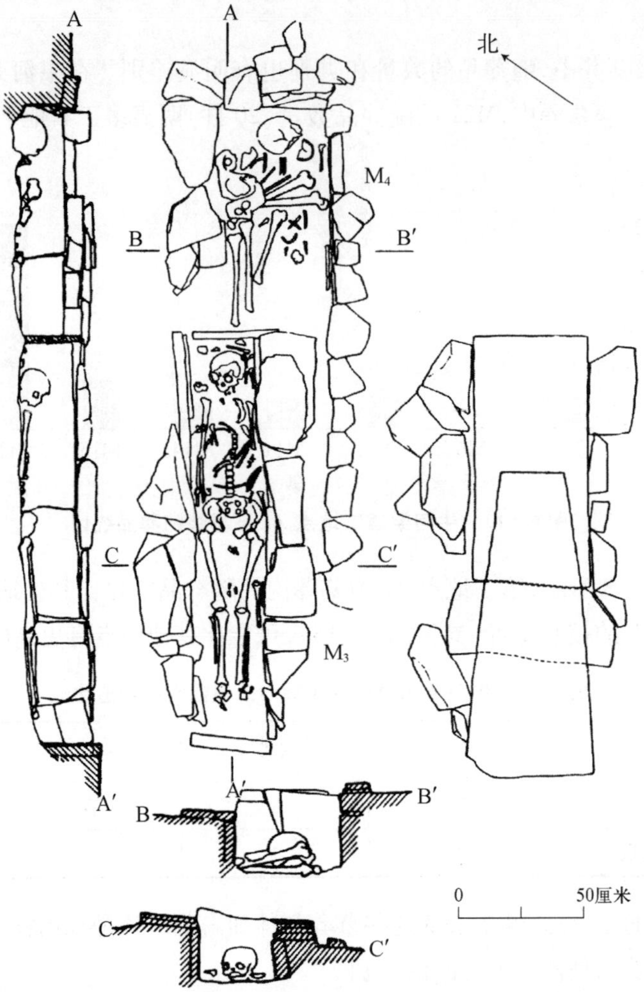

图 6 - 18　牛河梁遗址第三点 M3、M4 平、剖面图

（辽宁省 1994：图 3）

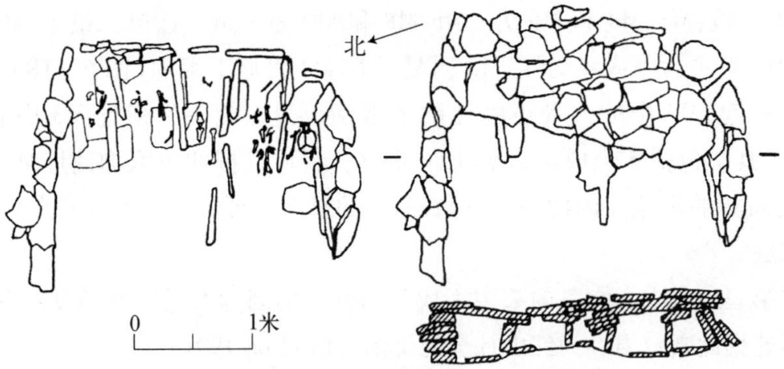

图 6 - 19　胡头沟遗址 M3 平、剖面图

（方殿春、刘葆华 1984：图 8）

二、仪式性建筑

红山文化的仪式性建筑包括所谓“女神庙”、祭坛、祭祀坑和祭祀平台。

“女神庙”位于第一地点,包括两个部分(图6-20)。北部为J1B,是一个长方形半地穴建筑,南北长18.4、东西宽6.9、深约1米。堆积内有墙皮,上面装饰红色几何图案,也有顶部倒塌下来的草拌泥,上有几何形彩绘。保存较好的墙壁略向内弯曲,估计顶部可能呈弧形。在J1B南2米为J1A,两端为方形,中部向外弧,堆积内发现有陶器和墙皮。

此“女神庙”发现的重要遗物有“女神像”——镶嵌绿松石眼珠的泥制人面,一个有獠牙的动物的泥塑下颌,泥塑鸟爪残块,大型陶器,一些泥塑人体碎块,属于至少7个个体,有些从胸部判断是女性。多数泥塑人形都有真人大小,有一件人耳泥塑,长度相当于真人耳的3倍。

祭坛形状各不相同。牛河梁第五地点NⅤZ3为长方形,长8.5、宽6米(图6-21)。四周砌石整齐,中间填有小石块,下面发现有4具人骨。

圆形祭坛也很流行。牛河梁第二地点NⅡZ3中的祭坛呈圆形,分三阶(参见图6-14),每阶都有竖立的自然形状花岗岩多棱形石块包裹,形成三个同心圆石圈。外圈石块的高度为35~40厘米,中圈石块的高度为30厘米左右,内圈石块的高度约25厘米。中圈保存最好,由234块石块组成,直径15.6米。外圈的直径估计为22米,内圈的直径约11米。中圈内侧摆放了一圈筒形器。内圈内铺设白色石灰岩石块,形成了一个较平整的顶部。在顶部石块堆积中发现有3具人骨。

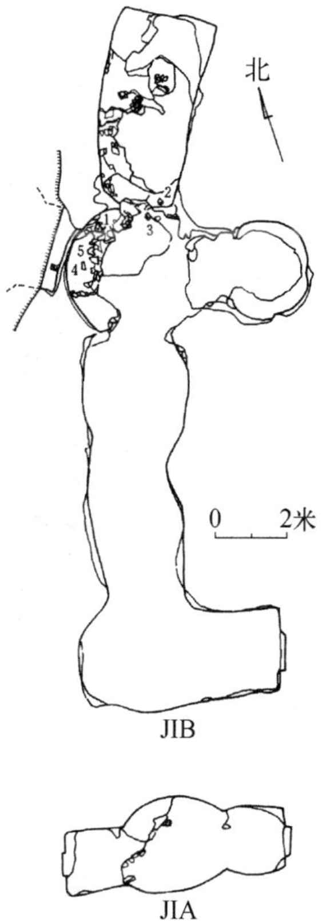

图6-20　牛河梁遗址女神庙平面图

(辽宁省1986:图2)
1. 女神面部　2~3. 泥塑人手
4. 泥塑人体残件

牛河梁第十三地点有一个被称作“小金字塔”的圆形祭坛。其主体为一人工堆筑夯打起来的圆台,外表以白色石灰石覆盖,直径40、高7米。此圆台外有直径60、高1米的石灰石矮墙环绕。石墙外,还有一条碎石带,上面散落红陶碎片,还曾经发现过人骨。

我们在对老虎山河上游的调查中,发现了5处祭坛,大多毁坏严重,只残存有零散的石块和筒形器碎片,唯小古立吐(4511)祭坛保存较好,形制特殊(图6-22)。该祭坛位于敖汉旗四家子镇小古立吐村西的低丘顶部。该低丘凸出于老虎山河西岸的山前平缓坡地上,东距现代河床约1 000米,西侧逐渐高起,连接海拔678米的小古立吐后山。再西侧,

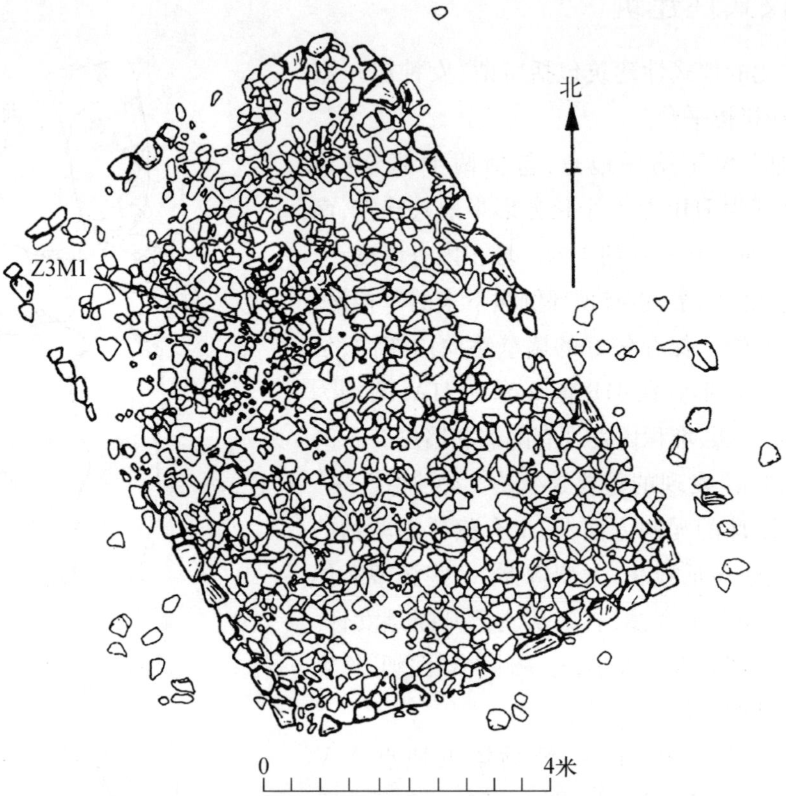

图 6－21　牛河梁遗址第五地点 NVZ3 平面图

（辽宁省 2001：图 18）

与小古立吐后山一沟之隔，是海拔 796 米的红石砬山，岩色赤红，陡崖壁立，形如巨屏，遮护于遗址之后。低丘北部略陡，其余三面坡势平缓，丘顶平坦，似经人工整治，现为杏林。祭坛周围环绕赤红色碎石堆积而成的低矮坛墙，近正东西向，东西长约 36 米，南北宽约 22 米。东墙中部突出呈圆弧形，北墙突出呈扁长的等腰梯形，西墙和南墙大致呈直线，但南墙外接与北墙对称的扁长梯形外墙，整体略似龟腹甲状。坛墙顶面为弧形，底部宽约 1 米，残存高度 30～40 厘米。东墙突出的圆弧形部分，和南墙外接的中部已受严重破坏，只隐约可见连成一线的散石，其余部位墙体保存基本完好。坛西略偏北，有一遭严重破坏的积石遗迹，也由铁色碎石堆聚而成，残存范围呈扇形，半径约 5 米，中部略凸起，高约 20 厘米。整个祭坛的地表均可见破碎的筒形器残片。

需要指出的是，将上述遗迹认定为祭坛主要有三个原因：一是它们出现在特殊的、与居住区隔绝的仪式区；二是它们形制特殊；三是有些遗迹上面虽然发现有少量人骨，但与正规墓葬有区别，所以并非积石冢。目前并未在这些祭坛上发现举行仪式活动的遗迹，难以知晓它们具体的仪式功能。

祭祀坑发现于牛河梁的两个地点。在第二地点“女神庙”及其后面的平台上发现

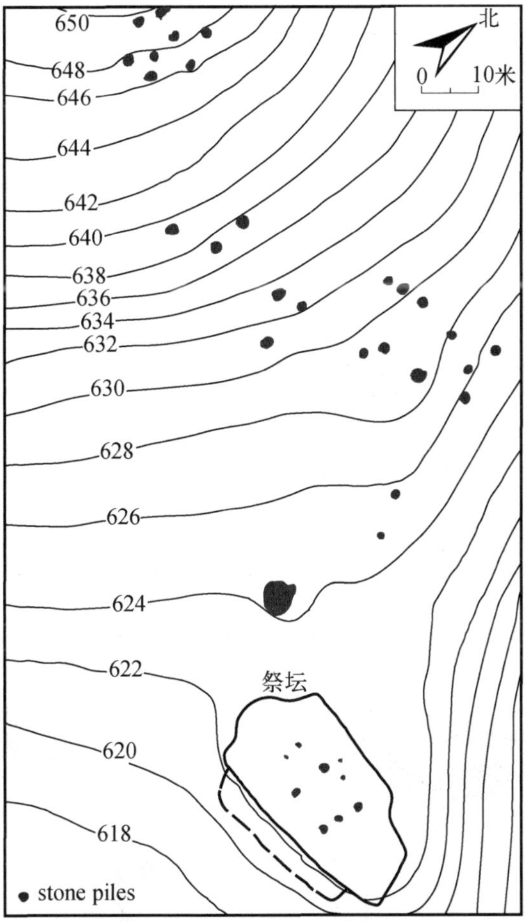

图 6-22　老虎山下游小古立吐祭坛

4 个,在第五地点发现 8 个,排列成一排。这些祭祀坑的具体信息见表 6-9。因为发表的资料有限,难以确定这些坑的具体功能。独特的位置和堆积内的遗物均表明,它们很可能与某些仪式活动有密切的关系。

表 6-9　牛河梁遗址群祭祀坑统计表

编号	地点	形状	规格[面积(平方米)-深(米)]	堆　积(从上至下)	遗　物
H1	NⅠ	长方形	7.5? -1.5	黑土层,白灰层,黄白土层	陶片,石器,被砍断和烧过的羊骨
H2	NⅠ	椭圆形	2.3-0.25	灰土	陶器,烧土,动物骨
H3	NⅠ	圆形	10.9-0.45	黑色花土	破碎陶器,泥塑人像残块,细石核和石叶

续 表

编号	地点	形状	规格[面积(平方米)-深(米)]	堆积(从上至下)	遗物
J3	NⅠ	长方形	44-0.7	陶片层,黄土层,夯土层,棕黄土层	80~100个筒形器,90多块小石块
JK1	NⅤ	圆形	1.1-0.5	白沙层,石块层,底部经火烧	陶器
JK2	NⅤ	圆形	0.8-0.65	红烧土层,白沙层,棕红烧土层,石块层,白沙层,红烧土层,棕黑土层,白灰层	
JK5	NⅤ	圆形	0.4-0.15	白沙层,石块层	陶片,底部正中有一完整陶罐,石磨棒
JK6	NⅤ	圆形	0.4-0.18	白沙层	

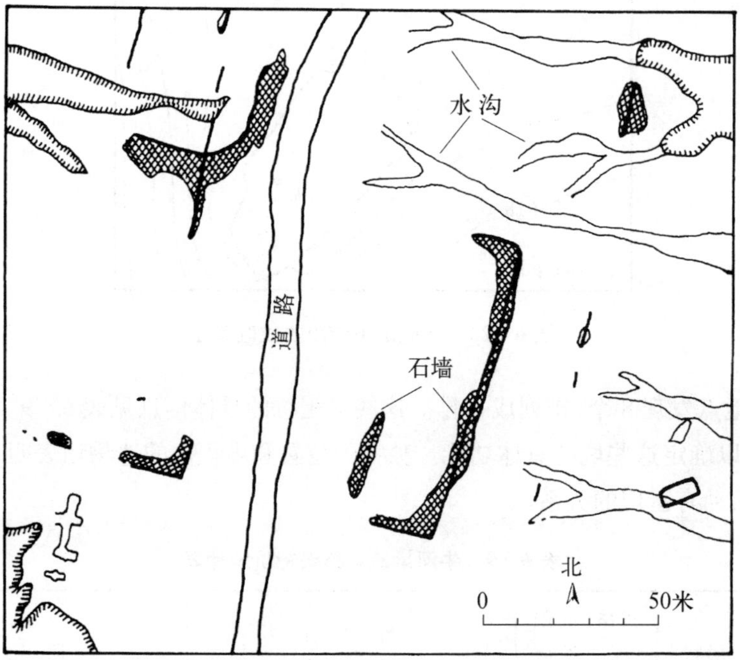

图6-23 牛河梁遗址第一地点祭祀平台

祭祀平台发现于“女神庙”以北,面积175×159平方米(图6-23)。四周有石砌包裹。在平台表面上采集到了陶器残片和烧土。在平台北部,有一条13米长、6米宽的红烧土带。在小规模试掘中发现有未经烧制的泥塑人像残块,有真人大小。因未做系统发掘,此平台建筑过程和功能尚不明了。但由其位置和面积看,应该是牛河梁祭祀区的核心建筑之一。

三、神圣景观

目前,绝大多数红山墓葬和仪式性建筑均发现于大凌河及其支流流经的丘陵地带。这一广大地区内未见同时期的居住遗址,似乎是与世俗生活隔绝的神秘仪式圣地。有迹象表明,红山人可能对这片圣地进行过整体的景观规划,使得自然景观和人工建筑融合为一,形成对红山人有特殊“教育”和“示范”意义的神圣中心。

牛河梁遗址群是最大的仪式中心,在约50平方公里的范围内,目前发现了20个仪式活动地点。牛河梁第一地点占据牛河梁丘陵的制高点,有“女神庙”和祭祀平台等特殊建筑,可能是整个遗址群的核心。在此核心的南部、西部和东部,分布有13处积石冢和祭坛仪式地点,其中规模最大、被称作“小金字塔”的第十三地点位于南部边缘,与第一地点遥相呼应。

在第一地点向南远望,可见正面有一座山峰,形如猪首或熊首。考虑到红山文化对猪有特别的崇拜,有学者推测其很可能是整个红山祭祀景观的重要组成部分,甚至是牛河梁第一地点仪式活动的祭拜对象(郭大顺1997a)。虽然这一推测尚需要更多考古资料加以证实,但此祭祀区内的自然景观对在此进行仪式活动的红山人来说无疑具有特殊的人文含义。

张海新近进行的地理信息系统支持的牛河梁各地点“视域”研究得出了很有意思的结果。研究发现,牛河梁各地点视域的交集正好集中在一条东西向的河谷地带。也就是说,假设牛河梁仪式建筑的使用者主要来自西北方向的赤峰地区的话,当他们从西侧进入河谷向东行进时,会依次看到所有仪式地点,在举行正式仪式之前,已经经过了一道“历史长廊”,进入了仪式体验。

属于大凌河流域的老虎山河上游地区是相对独立的一处特殊仪式区域。在我们的16公里长、5公里宽的调查范围内(图6-24),发现了6处祭坛和4处积石冢,均大致相当于红山文化中期。这些地点分为四组。其中三组沿老虎山河分布。小古立吐(4511)居北;在其南面,4838与4841相邻,一个为长方形祭坛,一个包括两个积石冢;在最南端,有4938和X19两处祭坛,分别位于老虎山河西岸和东岸,几乎正好相对。还有一组为X20和4906,位于老虎山河的一条小支流边,地处山区。调查区域内还发现有5处红山遗址,但其中只有X18有少量灰土圈痕迹,其他遗址只是在地表采集到少量红山文化陶片。很明显,这一区域也是经过规划的特殊仪式活动区。

此外,凌源田家沟、喀左东山嘴和阜新胡头沟等遗址说明还存在其他规模较小的仪式中心。整个赤峰以南和以东的辽西山地似乎都属于红山人精神生活的特殊地区,这一范围内可能存在着众多仪式中心。这里起伏的丘陵和狭窄的谷地可能不适于红山人耕作谷物,但其特殊的自然景观却颇适合成为他们远离世俗、追求与超自然界交流的精神家园。由目前的资料看,牛河梁遗址群无疑在这一圣地中具有特殊的地位,是圣地的中心。

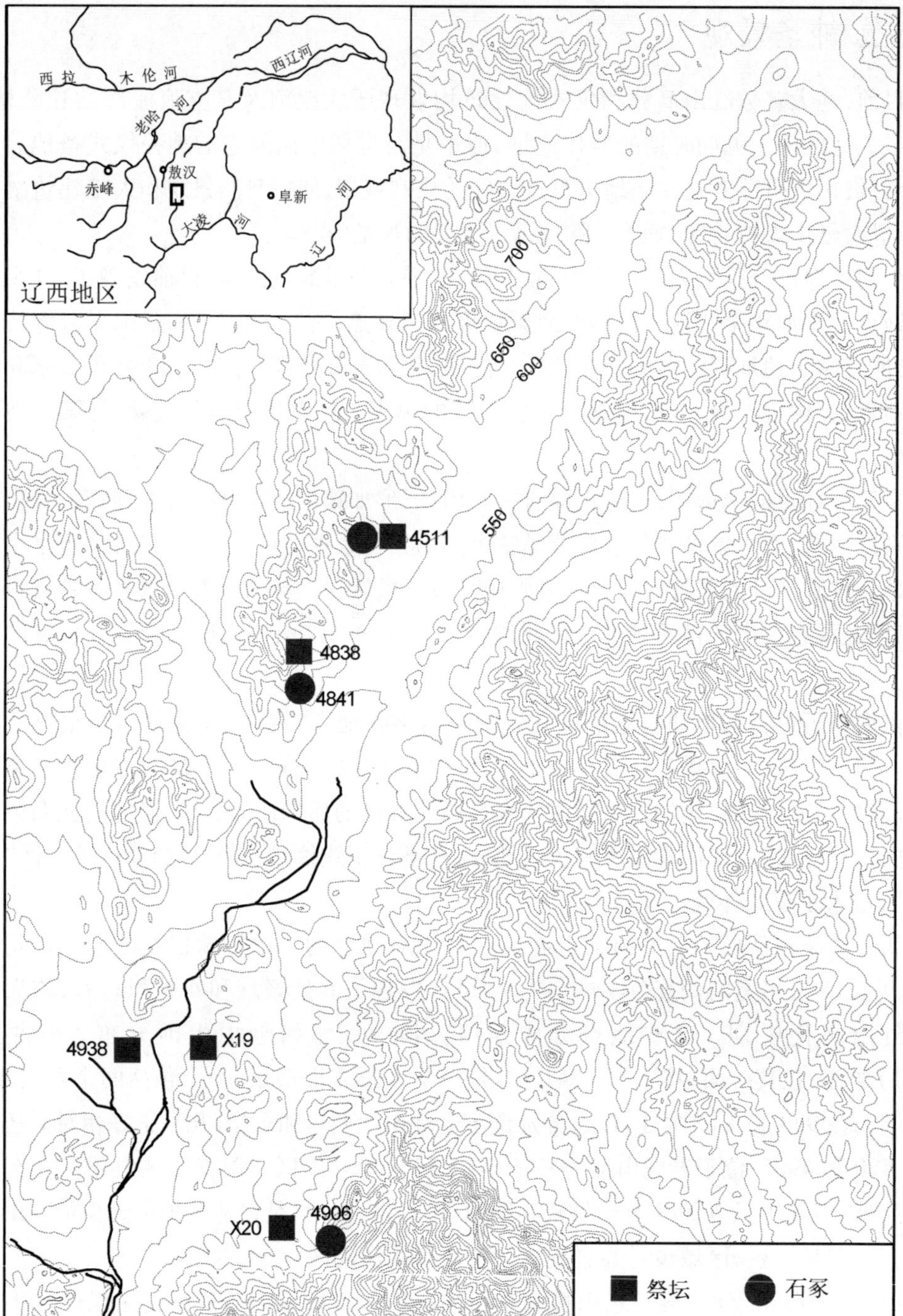

图6－24　老虎山河流域上游祭坛、石冢分布图

第五节　专业化生产

虽然对红山文化许多重要遗物的研究尚在进行中,但现有资料还是显示出红山时期的专业化生产可能取得了重要发展。

陶器生产的重要证据来自四棱山遗址。该遗址面积只有1万平方米,位于四棱山下,现在已经被风沙覆盖。1973年的发掘中揭露面积300平方米,最重要的发现就是这6座保存较好的陶窑。其中Y2和Y6时代较晚,其他4座时代较早。陶窑的结构基本一致,包括火道、窑室和放置陶器的支柱(图6-25)。早期的4座窑Y1、Y3、Y4和Y5,窑室较小,其中3座有4个窑柱,只有Y3有2个窑柱。晚期的两座窑均有2个火道,窑室更大,有8个窑柱,明显比早期生产效率更高。表6-10列举了发表资料的3座窑的基本情况。这些陶窑中出土的可复原陶器有30多件,但发表的只有5件,有Y1的2件碗、Y2的1件器座和Y6的2件斜口器。似乎不同的窑烧制不同的器物。

该遗址出土的石器包括铲形器、刀和磨石,与一般居住遗址的工具组合一致。没有证据表明这一遗址是专业生产陶器的聚落。但考虑到遗址规模很小,却在300平方米的范围内发现了6座窑址,而且不同的窑可能会烧制不同的器物,则该聚落生产的陶器很有可能不仅是为自己消费,也会用于交换。也就是说,红山时期很可能出现了某种程度的陶器专业化生产和聚落间的交换。

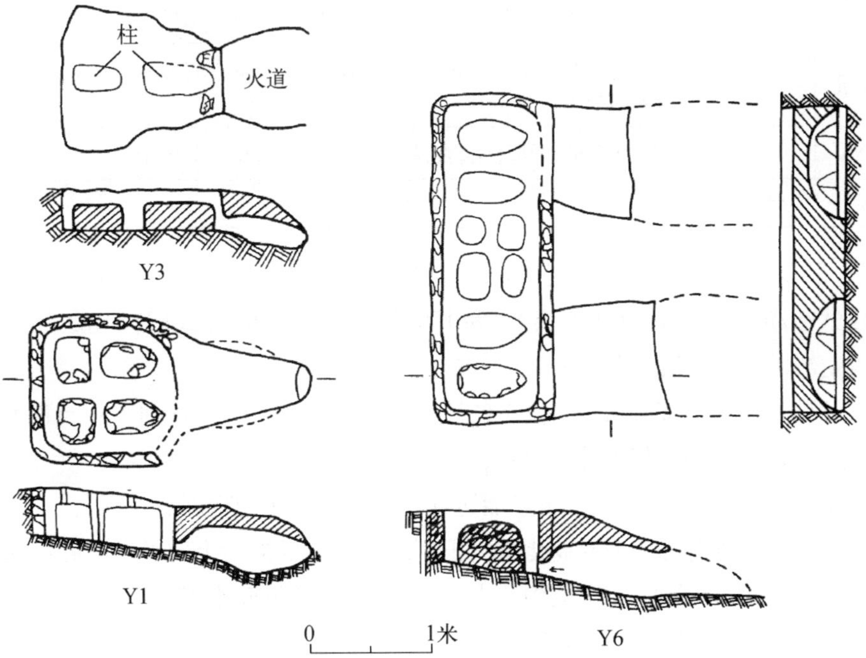

图6-25　红山文化四棱山遗址窑址平、剖面图

[辽宁省1997:图5(Y3)、图6(Y1)、图7(Y6)]

表 6－10　四棱山遗址陶窑

窑号	规　格	窑　室	火道	窑柱	窑柱工艺
Y1	2.6×1.38 米	1.4×1.38 米	1	4	石砌，外抹草拌泥
Y3	1.9×1.1 米	1.2×1.1 米	1	2	土筑，外抹草拌泥
Y6	2.7×2.7 米	2.7×1 米	2	8	石砌，外抹草拌泥

无底筒形器是仪式活动中最重要、最常用的器物，由下列三个因素看，其生产的专业化程度可能会更高。

第一，筒形器的需求量很大。几乎所有红山文化仪式性遗址上都会发现大量筒形器残片。实际上，这些残片是判断遗址性质的重要参考。表 6－11 对牛河梁遗址群一些地点需要的筒形器数量进行了推测。实际的需求量可能比这些已经很惊人的数字更高。

表 6－11　牛河梁各地点筒形器数量推测

遗迹	地点	数　量	推　测　依　据
J3	NⅠ	80～100	根据发表的资料，此坑内的筒形器直径约 20 厘米，我们以此为推测其他遗迹需要筒形器数量的标准
Z1	NⅡ	370	Z1 内墙北部保留了 24 件筒形器，推测整个内墙四周原来应该放满筒形器。内墙周长 74 米，74/0.2＝370个
Z3	NⅡ	245	Z3 内墙内侧和内墙与中墙之间都有筒形器碎片，至少内墙内侧是摆放了筒形器的。内墙直径 15.6 米，15.6×3.14/0.2＝245 个
Z4	NⅡ	564	Z4 南缘下有 6 座墓葬，均有筒形器环绕，每个筒形器圈的直径约 6 米，6×6×3.14/0.2＝564 个
Z1	NⅤ	298	Z1 被筒形器圈环绕，直径 19 米，19×3.14/0.2＝298 个
总　数		1 557～1 577	

第二，很多情况下，需要在短时间内大量生产足够的筒形器。例如，要完成第一地点 J3 中的仪式活动，就要一次性生产出 80 到 100 个筒形器。而第二地点 Z1 的建设中，需要短时间内生产出 370 件筒形器。

第三，根据发表的资料，同一遗迹上的筒形器的形制和纹饰都达到了相当程度的标准化，应为熟练的工匠完成（华玉冰 1994）。

因此，红山时期筒形器的生产很可能达到了高度专业化的程度。

玉器生产很可能是另一个专业化程度很高的部门。发掘出土的可靠的红山文化玉器近 300 件，仅牛河梁第二地点 Z1 的中心大墓 M21 中就随葬玉器 20 件。与兴隆洼和赵宝沟时期相比，玉器的需求量急剧增长。

玉器制作技术也有明显的进步。中国史前玉器加工的基本程序包括切割、钻孔、雕刻和抛光等，都需要特殊的技能（林华东 1996）。红山玉器在各个程序中都达到了极高的水平。牛河梁第二地点 Z1 下各墓葬出土的玉器即为很好的范例。M27 中随葬的勾云形器长 28.6、宽 9.5 厘米,是目前发掘出土的最大的红山文化玉器。M21 随葬的双联璧厚度仅 3 毫米,是最薄的红山玉器。从坚硬的玉料上切割下如此大和如此薄的坯料需要高超的切割技艺。M4 随葬的玉箍形器高 18.6、宽 10.7 厘米,厚度仅为 0.3~0.7 毫米(参见图 6-6,1),其空腔应该是以管钻法取出内芯而成。钻出如此大的玉芯并保证器壁的完好也需要特殊的技能。M4 随葬 2 件玉猪龙,其脸部的纹饰简洁、准确而流畅,是红山玉工雕刻技艺的代表作(参见图 6-6,2)。此外,所有红山玉器均经过精心的抛光,达到温润的效果,充分表现出了玉质的美感。

玉器制作过程中,首先要获得珍贵而稀少的玉料,还要掌握高超的加工技术,这均为社会上层控制玉器生产提供了机会。玉器的数量和质量与墓葬等级的高度相关性也表明,社会上层拥有更多和更精美的玉器,并以之作为标示其身份和权力的物质载体。因此,玉器制作应该是红山时期最重要的受到社会上层控制的专业化生产项目。玉器的原料获得、制作加工和分配使用均成为社会上层获得和展示权力的重要平台(Shelach 1999:83~84)。

第六节　“酋邦级”社会的形成

一、大型社会组织的出现

考古资料显示,红山时期可能形成了包括若干聚落的更大的社会组织。

区域聚落形态的变化是这种社会组织形成的最重要证据。如上所述,蚌河流域的红山聚落的面积分布情况符合等级社会的标准。需要注意的是实际面积曲线的上部与理想线相比向上凸起,形成了以面积最大的聚落 6375(21 万平方米)为核心的、包括两组聚落的聚落群。在对赤峰地区的聚落调查中,发现了同样的现象。调查者在 700 多平方公里的范围内,识别出了 14 个聚落组,各包括 3~10 个聚落,每个聚落组中都有核心聚落。各聚落组的等级—面积统计均显示出明显的等级差别。属于这 14 个聚落组的全部 125 个红山遗址的“等级—面积曲线”与蚌河流域曲线相似,但呈更明显的“凸出形”,表明这些聚落组成了若干相对独立的聚落群。也就是说,红山社会可能是由单个聚落、若干聚落形成的聚落组、若干聚落组构成的聚落群这三级单位构成的。

超越单个聚落的社会组织存在的另一项重要证据是祭坛、积石冢、“女神庙”和祭祀平台等大型仪式性建筑的出现和它们所处的特殊地理位置。目前还没有关于构建这些建筑所需劳动量的实验性估算,但要完成大规模的建筑工作明显需要超过单个聚落承受能力的劳动量。牛河梁遗址群仪式建筑常用的白色石灰石并非本地所产,其确切产地还不清楚,但肯定经过长途运输,其开采和运送都要消耗大量人力、物力。建设牛河梁第二地点圆形祭坛 Z3 的呈自然棱柱状的红色花岗岩在建平即有出产,但最近的石矿距离第二地点达100公里（吕学明2001）。这些石料的开采和运输也需要大量人力、物力和精心的组织。此外，这些仪式性建筑位于远离居住区的特殊仪式圣地，在这里举行的仪式也很可能是包括很多聚落的更大规模的群体的公共仪式。

二、区域群体和“酋邦”

蚌河流域23个红山中期聚落组成的、包括两个聚落组的聚落群可能是红山时期最主要的、比较稳定的、行使有效日常管理的社会组织。

首先，这23处遗址表现出明显的聚落等级，而这种聚落等级是考古学通用的辨别复杂社会组织的依据。研究者们一般认为包括中心性聚落和周边低等级聚落的群体是酋邦级别社会的标准表现形式（Wright 1984；Earle 1987，1991）。如上所述，聚落地理分布和“等级—面积”统计均显示此群体包括两个相对独立的聚落组，分别以6375和6211为核心聚落，而6375可能同时是整个聚落群的核心聚落。也就是说，这个群体是包括单体聚落、聚落组和聚落群的三级决策社会组织。怀特曾经提出中心聚落应该有次级核心聚落没有的特殊建筑，次级聚落又应该有一般聚落没有的建筑（Wright 1984）。我们的调查未发现相关线索，因为经过系统发掘的红山聚落遗址很少，目前我们也没有来自其他遗址的资料讨论这一推测。

其次，这23处遗址均位于一个相对封闭的地理环境中，东西两侧有较高的山地，北侧为蚌河入老哈河的湿地。其南侧，有至少8公里的地带未发现遗址。因此，这23处遗址至少占据了大约200平方公里的相对封闭区域。

斯本瑟曾经提出，在前工业社会中，一个酋邦控制的地区的半径一般不超过从其中心出发行走一天的里程（Spencer 1982：6~7，1987：375）。他以一般人每小时行走5.6公里，一天行走10个小时计算，认为酋邦的控制直径为56公里，即控制面积应该在2436平方公里以内。但实际上，民族学调查发现的酋邦社会的控制范围均远远小于这个规模。寇恩等学者研究的10个酋邦的控制范围从128~1 024平方公里不等（Cohen and Schlegel 1968：136）。赫尔姆斯在对巴拿马酋邦的研究中发现，各酋邦中心的距离在26~35公里之间（Helms 1979：51~53）。赤峰调查的结果显示，夏家店下层文化的聚落群对应的社会组织的控制范围是约20公里长的河流两岸。吉迪在对夏家店下层区域聚落形态的研究中提出，酋邦类社会的控制面积约200平方公里（Shelach 1999：61~67）。

因此，蚌河下游的红山政体大体与西方学者讨论的酋邦政体规模相当。根据目前的资料，这是可以从区域聚落形态中判断出来的最大的红山文化群体。现在还没有发现有可能控制若干个像蚌河下游群体的更大聚落的证据。在20世纪80年代敖汉旗的聚落调查中，发现红山文化遗址500多处，可以分成若干个规模类似蚌河下游的群体（邵国田1995），如果以每个群体包括20个聚落计算，在敖汉旗境内大致有20多个这样的群体，而整个辽西地区此类群体可能超过100个。

我们在第二章中列举了伦福儒提出的酋邦级别社会的20个基本特征。红山社会具有其中的第1~6、8、10~11、13~15和18~20 15个特征；其中的第7、16和17个特征难以用目前的考古资料验证；而第9和12个特征则明显与红山社会不符。因此，红山区域聚落群体明显与西方学者讨论的酋邦社会最为吻合。但我们还是不贸然称红山社会为酋邦，以免落入贴进化阶段标签的误区，影响对红山独特社会发展道路的认识。苏秉琦提出的"古文化古城"和"古国"因未有明确定义，暂时也不适用。我们暂以客观描述性的"区域聚落群体"来代指这些可能是当时最普遍的、比较稳定的大型复杂社会组织。

三、红山区域聚落群体的人口规模

人口考古开始被广泛关注，人口数量估计是其中最重要的内容之一(Hassan 1978)。目前比较流行的史前人口数量估计方法是：把民族学研究和聚落考古学研究的成果有机地结合起来，首先根据民族学研究得出每间房屋的居民数量、每个居民的平均居住面积或聚落内每公顷的平均居民数量，同时依据考古资料确认一个遗址中的房屋总量(或居住总面积)或遗址总面积，然后根据以下公式估计遗址的人口数量：

人口数量=每间房屋的居民数量×房屋的数量

人口数量=居住总面积/每个居民平均居住面积

人口数量=每公顷平均居民数量×遗址总公顷数

但大量民族学研究表明，居民的平均居住面积、每个房间居住的人口数量以及聚落内每公顷的平均人口数量在世界各地有明显的差异，甚至在同一地区内也有很大变化(表6-12~表6-14)。正如柴尔德在数十年前指出的：面积和人口的关系随环境因素和社会及心理因素的变化而变化(Childe 1951)。

表6-12　民族学调查获得的世界不同地区人均居住面积

资料来源	地　区	人均居住面积(平方米)
那罗尔 (Naroll 1962)	世界范围内 18个个案研究	10
莱布兰克 (Leblanc 1971)	伊　朗	13.2
	伊　朗	9.8
	伊　朗	7.8
	秘　鲁	12.8
卡斯尔百利 (Casselberry 1974)	波　兰	6
库克(Cook 1972)	美国加利福尼亚	1.86
	美国加利福尼亚	2.32

表 6-13　美洲农业居民的家庭人口数量

资　料　来　源	家庭人口数量(人)
斯图尔德(Steward 1937)	3.6~7.5
特纳尔(Turner and Lofgren 1966)	5.55
库克(Cook 1972)	4.5~7
哈维兰德(Haviland 1969)	5~6
克拉克(Clarke 1965)	2
卡拉斯科(Carrasco 1964)	5.6
卡拉斯科(Carrasco 1971b)	5.4
努提尼(Nutini 1967)	5.5~7.5
努提尼(Nutini 1968)	5.5~6.5

(引自 Kolb 1985)

表 6-14　西南亚地区农村人口密度

地　　区	人口密度(人/公顷)
沙哈巴德(Shahabad)30 处聚落	106.8
马夫达斯特(Marv Dasht)110 处聚落	147
陶兰中部(Central Tauran)13 处聚落	52.3
德兹皮罗特地区(Dez Pilot)5 处聚落	208.8
其他地区 22 处聚落	82.9±58

(引自 Kramer 1978)

另外一种人口估计方法则以一个遗址的遗物数量为基础。特纳尔和罗夫格仁在对美国西南地区史前普韦布洛印第安人的人口推测中，主要依据每个人吃饭用碗的数量和房屋中出土碗的数量，测算出每个家庭平均 5.3 人。而库克则试图通过陶器的破碎率以及遗址发现的陶器总量来推断人口数量。吉迪(Shelach 1999)和乔玉(乔玉 2015)则依据中国的资料分别推测辽西地区史前聚落和安徽蒙城大汶口文化聚落尉迟寺遗址每间居室中大致住 4 个人。

目前红山文化聚落的完整资料均尚未发表。我们只能根据兴隆洼文化聚落的资料对辽西地区聚落的人口密度进行推测。

兴隆洼遗址第一期聚落被环壕围绕，范围明确，已经被全面揭露(刘国祥 2003)。环壕内保存下来的第一期房屋有 98 座，如果按照每间房屋平均居住 4 人计算，则人口密度为 130 人/公顷(98×4/3)。克什克腾旗南台子遗址揭露面积 1 万平方米，发现可能共存过的房屋 32 座(F24Ⅱ和 F34 被其他房屋打破，未计算在内)，如果按照每间房屋平均居住4人计算，则人口密度为128人/公顷(32×4/1)。从目前的考古资料看，与兴隆洼时期相比，红山文化聚落内房屋规模和密度没有明显变化，我们采用上述两个结果的平均值，即129人/公顷作为红山时期聚落人口密度的估算值。与黄河流域聚落人口密度的估算值相比(约50人/公顷，参见赵春青1998和乔玉2015)，这个值要高出一倍以上。但与吉迪对夏家店下层聚落人口密度的估算值相比(180人/公顷，Shelach 1999：129)要低。

我们调查获知的蚌河下游红山时期聚落的总面积为75.4公顷，按照上面的估算，则红山时期调查区域内的人口约9727人(75.4×129)。这些遗址的共存性是我们必须考虑的问题。有学者研究指出300年可以作为史前聚落共存性的时间参考。也就是说，如果考古年代学研究可以确定聚落同属于一个不超过300年的文化时期的话，可以认为这些聚落共存过(Steponaitis 1978)。如上所述，蚌河下游的红山聚落均属于红山文化中期，时间跨度大约500年，我们可以推算其中大约60%(300/500)是共存的，也就是说，该流域的同时生活的人口大约为5 836人(9727×60%)。

费曼等学者对70个酋邦社会的人口规模进行过统计，发现差别很大，从200至22 000人不等(Feinman and Neitzel 1984)。蚌河下游区域聚落群体的人口规模正在此范围内。这也颇符合艾尔的定义，即酋邦人口应该有数千人(Earle 1991：1)。

四、区域聚落群体联盟

虽然区域聚落调查的结果显示，大致与西方学者所称的“酋邦”相当的蚌河流域规模的区域聚落群体可能是红山时期最大的社会组织，但有三个证据促使大多数考古学家相信，牛河梁遗址群不是一个区域聚落群体所能完成的，也就是说，至少到红山文化晚期，很可能已经出现了某种形式的更大规模的社会组织。

首先，如上所述，建设牛河梁这样大规模的“仪式圣地”需要大量人力、物力。尼尔森曾推测，像牛河梁这样的仪式中心可能要几百个村落的支持(Nelson 1998)，也就是说需要几十个像蚌河下游这样的聚落群体。这一推测可能颇为符合实际情况。

其次，牛河梁遗址群中的各个地点似乎经过统一规划、存在有机的联系，而非随意布设。占据最高位置的第一地点NⅠ是整个遗址群的核心，有“女神庙”和祭祀平台等重要建筑。如果每个地点对应一个区域群体的话，则整个牛河梁遗址群应对应着若干区域群体组成的更大群体。

最后，牛河梁遗址群位于与居住遗址隔绝的特殊区域。很多学者根据民族学资料指出，这样的“仪式圣地”不是某个聚落或区域聚落群体独享的，而很可能是周边多个区域聚落群体的共同圣地(俞伟超、严文明等1984)。

因此，红山时期很可能已经形成了大于区域聚落群体的社会组织，实施牛河梁这样大规模仪式中心的建设，并组织各种仪式活动。这一社会组织可能包括几个甚至十几个像蚌河下游聚落群体那样的区域组织。但从区域聚落形态的资料看，区域聚落群体似乎是最高等级的社会组织了。目前还没有发现在周边区域聚落群体中明显处于领导地位的、具有“都邑”性质的特大型聚落。因此，更大规模的社会组织很可能是以各区域聚落群体联盟的形式组成的。

目前的考古资料还难以说明这一联盟是以何种方式运作的。如果说牛河梁各地点可能对应此联盟内的不同群体的话，从各地点与聚落中心“女神庙”的距离、建筑种类和规模以及墓葬等级看，不同群体间是存在差别的。例如，牛河梁第二地点对应的群体建设了方形和圆形的祭坛，中心大墓随葬品丰富，在联盟中应该扮演了更重要的角色。因为聚落形态上并未显示出此大联盟的存在，我们推测，此联盟中可能还没有形成固定的强势权力中心，联盟中的各成员在世俗生活中应是大体平等的。此联盟可能更多是依靠共同的信仰系统来维系的，各区域聚落群体在联盟中的地位可能更多地取决于其宗教方面的能力。

第七节　小　　结

红山时期是辽西史前时代重要的转折期。从文化面貌上看，陶器、石器、玉器和建筑方式上均可见来自黄河流域甚至长江流域的影响。与此相应的是，粟作农业得到长足发展，成为支撑红山社会发展最重要的经济基础。向农业生产方式的全面转变可能与同黄河流域的密切交流有关。但这一转折更多的是红山社会自主的选择。辽西地区自己有悠久的粟和黍的种植传统，只是在红山时期的特殊社会和自然条件下，农业取得了重大发展，成为社会发展的经济基础。气候的变化可能是促成此重大变革发生的因素之一，但我们更想强调的是红山社会中颇具野心的“财富积累者”们的作用。也就是说，当气候条件发生变化时，这些财富积累者们可能开始主动扩大农业种植的规模，以获取更多剩余食物，为提高自己的社会地位和威望积累经济基础。这一行为可能会引起整个社会的争相效仿，极大地促进了农业的发展。

考古资料显示，农业成为经济基础这一重大变革引发了一系列社会变革，这包括区域聚落等级的出现、大型仪式建筑的出现、以玉器制作为标志的手工业生产的发展和复杂的信仰与仪式系统的形成。复杂化程度明显加剧的红山社会颇符合西方学者定义的“酋邦”社会。但我们在第二章中讨论过的“简单酋邦”和“复杂酋邦”似乎不适于描述当时各个相当于酋邦的区域聚落群体及其联盟所处的发展阶段和相互关系。事实上，红山社会的复杂化进程表现出了很多引人注目的特点，我们在下一章将会悉心剖析。

第七章　圣地仪式(二)：红山文化社会的超自然取向

如第六章所言，考古资料表明，辽西地区在红山时期形成了酋邦等级的区域聚落群体。本章意图解答我们在第三章中提出的两个重要问题：一、红山复杂社会产生的动因是什么？是内因还是外因？是经济因素主导还是意识形态主导？二、红山社会上层的领导策略是什么？第二章涉及的有关酋邦社会的理论在这里将被检验。我们的最终目的是揭示红山社会复杂化的独特性。

第一节　红山新意识形态的形成

艾尔曾经精辟地指出："意识形态是一个需要用仪式活动和其他形式展示给公众的信仰和思想系统。它是社会中的部分成员——主要是统治阶层——处心积虑地创造出来并加以利用的，目的是维护其社会地位和权力。"(Earle 1997：149)对意识形态的研究无疑是分析任何复杂社会必不可少的一环，但考古学的特性决定了我们只能以物质遗存为基础展开研究，对史前意识形态的研究对考古学家来说一直是个严峻的挑战。用伦福儒的话说，试图分析遗物的"含义"总是有些"危险"(Renfrew 1994b)，有时候很难判断我们的推测是否过度。但考古学家也不能因为这些"危险"而对一些特殊遗物的含义避而不谈(Hodder 1992)，只能尽量谨慎和言之有据。

红山社会在确立了农业的主导地位的同时，也创造出了以原始宇宙观为核心的新的意识形态。对这一新的意识形态的分析是我们解读红山社会其他方面特征的前提。

一、中国史前原始宇宙观

根据《楚辞》、《周髀算经》和《淮南子》等古籍的记载，"天圆地方"在春秋时期已经是通行的宇宙观。综合这些文献，这一原始宇宙观有以下几个要点(Needham 1959；冯时2001；李新伟 2004)：

1. 大地为方形，天为半圆球形，覆盖大地。
2. 天体以极星为轴心旋转。
3. 天地之间有"维"、"柱"相连。
4. 龟是宇宙的天然模型：龟背隆起像天，龟腹平整像地，龟足为连接天地的柱子。
5. 神鸟有驮负太阳和星辰的功能，对宇宙的运转至关重要。

6. 北斗是最重要的星座，是季节变化的重要指针。

目前，我们有足够的考古资料证明，上述基本观念很可能在史前时代就已经出现。

在第五章我们提到，龟灵崇拜在裴李岗文化时期已经出现在淮河流域（高广仁、邵望平 1986）。河南舞阳贾湖遗址的多个墓葬中都随葬有龟壳和小石子（河南省 1999），有学者提出这可能是一种响器，类似沙锤（陈星灿、刘莉等 2003），即使如此，也不排除使用龟壳自有其特殊含义。鸟与宇宙观的最早证据出自浙江余姚河姆渡遗址。该遗址出土的象牙版上精刻有双鸟朝阳图案（Wu 1985；金文馨 1999）。河南濮阳西水坡遗址 M45 的发现，提供了公元前 4000 年前后黄河中游地区原始宇宙观的丰富资料（濮阳市等 1988；濮阳西水坡考古队 1989）。该墓葬南部为圆形，北部为方形，有两个指向正东和正西的突出部分（图 7－1）。墓主为成年男性，被放置在南端正中，头向南，两侧各有一个以蚌壳堆塑的动物形象，东为龙形，西为虎形。在墓葬的北侧，发现有另一堆蚌塑和两个个体的肢骨。冯时对此墓葬进行了令人信服的解读（冯时 2001：278～301），认为此墓葬方圆结合的形状象征天圆地方，龙和虎代表两大星座，墓葬北侧的两具人骨和蚌塑象征北斗。

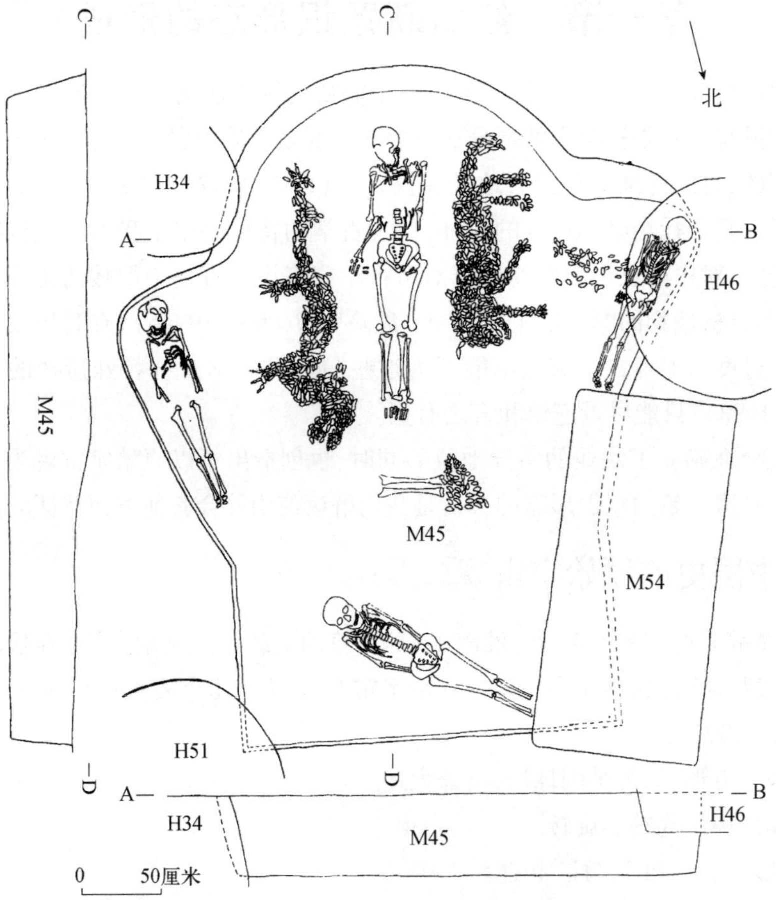

图 7－1　西水坡遗址 M45 平、剖面图

（濮阳市等 1988：图 5）

安徽含山凌家滩墓地的发现为我们提供了认识公元前3500年至公元前3000年之间长江下游原始宇宙观的丰富资料(安徽省2008)。87M4出土玉版(图7－2,1)外表呈方形,侧视中部略凸起,上面刻划着复杂的图案：中心为两重圆圈,内圈里有八角星纹,两圈间有形态如绳索的图案连接,外圈和玉版的四个顶点间有同样的"绳索"相连。此玉版应为凌家滩人宇宙观的模型,双重圆圈代表圜天,玉版方形的轮廓象征大地,中心的八角星纹代表天的中心极星,绳索一样的图案表示不同层的天之间和天地之间有绳索相连。这与《楚辞·天问》中"圜则九重,孰营度之"、"斡维焉系,天极焉加"等词句表现出的原始宇宙观非常相符。尤其值得注意的是,此玉版在出土时被放置在分体玉龟的腹甲和背甲之间(图7－2,2)。此玉龟背甲和腹甲边缘都有穿孔,可以用绳子穿接。这表明玉版和龟均与宇宙观密切相关。

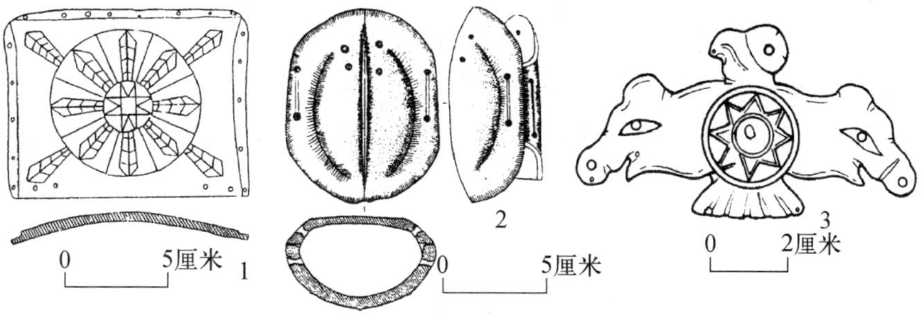

图7－2　凌家滩遗址玉器

1. 玉片　2. 玉龟　3. 猪首形玉鹰

凌家滩墓地另一件重要随葬品是胸有八角星纹、双翅末端为猪首的勾喙玉鹰(图7－2,3)。神鸟驮负太阳的图案在中国史前时代的很多遗址中都有发现(Wu 1985;牟永抗1995),玉鹰胸部的八角星纹可能表明在凌家滩人的宇宙观中,极星也是由神鸟驮负的,这也说明神鸟在原始宇宙观中的重要地位。鸟翅两端的猪首颇令人费解。发掘者曾提出,这是表达神鸟驮着猪首奉献给天神,但这说服力不强。冯时曾精当地证明猪和北斗的关系,联系到神鹰胸部象征极星的八角星纹,此件特殊玉器应该表现了北斗环绕极星旋转的天象。

上述资料证明,"天圆地方"的原始宇宙观可能在史前时代就已经出现,到凌家滩时期,先秦文献中记载的原始宇宙观的各个要点均已齐备。黄河流域、长江流域和淮河流域这些农业地区可能均已接受了这种宇宙观。天文观测与农业生产的关系非常密切,掌握农时是获得丰收的重要因素。农业成为经济基础之后,极大地促进了天文观测的发展。在农业社会中,掌握天文知识就意味着掌握了农业生产的丰歉,也就成为社会地位和权力的重要象征。

二、红山意识形态

玉器是我们分析红山文化意识形态最重要的切入点。

写实的龟是红山文化的典型玉器之一。牛河梁第二地点中心大墓 Z1M5 墓主双手中各放置一玉龟，足见龟的重要性。红山文化另一典型玉器“箍形器”的功能曾引起很大争议。2007 年凌家滩大墓 07M4 中发现的 3 件“箍形器”终于平息了争议，其中一件两端中部下凹，明显呈龟的造型，证明这种器物实际是龟身的抽象表现（Deng 2010；黄翠梅、郭大顺 2012），而且也暗示龟在红山宇宙观中应该也是宇宙的天然模型。

红山文化的所谓“勾云形器”曾经引起热烈讨论（陆思贤 1991；邓淑苹 1992；尤仁德 1992；杨美莉 1993；Guo 1996；杜金鹏 1998；刘国祥 1998），但尚无学者将其与宇宙观联系起来。这些“勾云形器”可以分为两大类，一种明显与龟类似（图 7－3），一种中部如鸮面（图 7－4），均是反映了红山宇宙观的特殊玉器。天津艺术博物馆藏品有头、尾和四足，最为写实；牛河梁遗址出土的这件只有四足，较为抽象。这些龟形器的主体均呈旋转状，可能正是象征天体的旋转。值得注意的是，巴林右旗博物馆藏的勾云形器有明显的双耳竖立的鸮头，是枭与龟的复合体，表现了神鸟在宇宙运行中的重要作用，与凌家滩玉鹰表达的内涵颇为相似，只不过玉鹰的胸部为代表极星的八角星，而此龟状勾云形器的中部为旋转的天体。

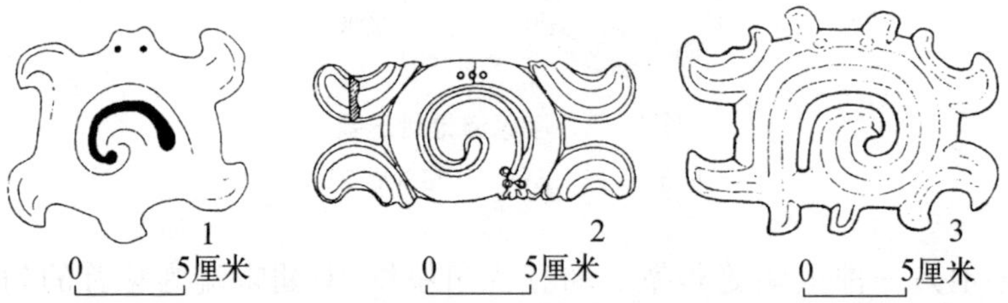

图 7－3　红山文化龟形勾云纹玉佩

1. 天津市艺术博物馆　2. 牛河梁遗址　3. 巴林右旗博物馆

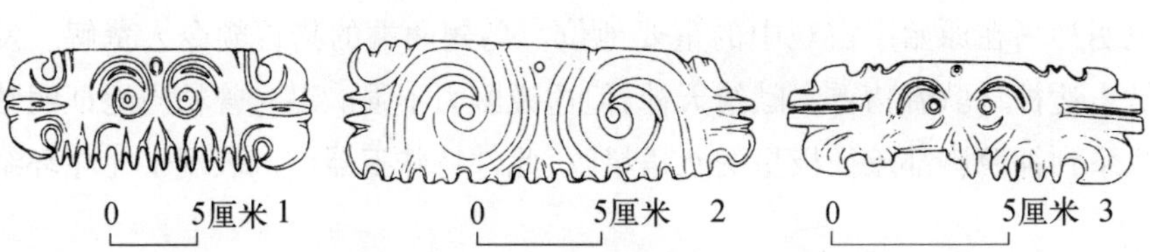

图 7－4　红山文化鸟纹勾云形玉佩

1. 美国弗利尔美术馆　2. 天津市艺术博物馆　3. 美国波士顿美术博物馆

写实的鸟也是红山时期流行的玉器。牛河梁第十六地点中心大墓中墓主头下枕着一件大玉鸟，足见神鸟的重要性。图7－4 中的勾云形器中部明显为弯眉和圆眼的鸮面。一些学者认为此类器物的下部是牙齿，因此认为中部表现的是兽面（杜金鹏 1998）。但如果与红山文化写实的玉鸮相比（参见图 6－6，4），则可看出下部实际上表现的是鸟的尾羽。此类勾云形器的两侧颇令人费解。但受到凌家滩玉鹰和美国波士顿美术博物馆藏鸟纹勾云形佩的启示，就不难看出奥秘。如图 7－5 所示，美国佛利尔美术馆藏品侧翼若翻转 90 度，酷似红山玉猪龙的头部，实际为猪首。可见此勾云形器与凌家滩猪首玉鹰为同类

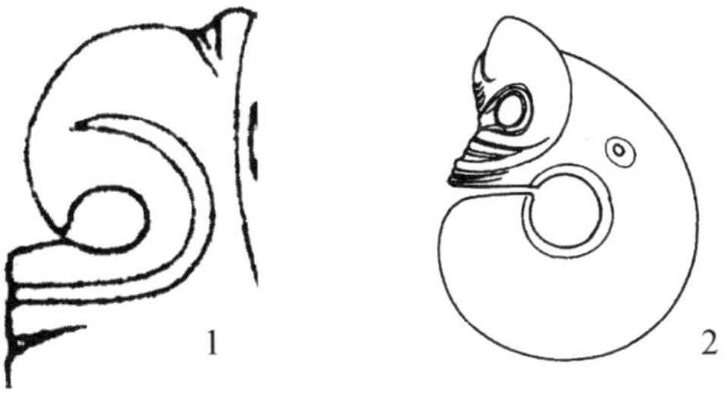

图7-5 猪首鸟纹勾云形玉佩及玉猪龙

1. 美国弗利尔美术馆 2. 牛河梁遗址

器物,猪首在红山宇宙观中也应是北斗的代表。图7-4中其他勾云形器的四角则与龟状勾云形器的龟足酷似,是前述巴林右旗博物馆藏的同类器,均为枭龟合体,只不过将鸮首从上部换到了中部核心位置,应该意在突出神鸟在天体运行中的核心作用。

猪首是红山玉器最重要的主题之一。典型代表是著名的猪首勾身的"猪龙"。牛河梁第二地点Z1M4墓主的胸部放置了两件玉猪龙,一件为青色,面向东方;一件为白色,面向西方。第十六地点采集到的一件玉"三联璧"和东山嘴遗址出土的一件玉璜两端也是猪首(参见图6-6,6)。这均是猪为北斗象征的宇宙观的表现。

总之,红山文化的重要玉器几乎都承载着红山人的宇宙观。

冯时的研究更表明,牛河梁第二地点的圆形和方形祭坛也是天圆地方观念的表现,三重圆圈组成的圆形祭坛甚至可能表现了太阳的运行轨道这样复杂的天文知识(冯时2001:341~355)。

在牛河梁最重要的遗迹"女神庙"中,与"女神像"伴出的除了人体残块外,还有可能是"猪龙"的下颌骨和鸟爪。可见猪和鸟这两种与宇宙观密切相关的动物在红山文化最高级别的仪式建筑中占有重要位置。这也暗示这些建筑中举行的仪式很可能与掌握天体运行、祈求农业丰产有关(张星德1995)。

考古资料勾勒出的红山意识形态肯定比实际情况简略得多,但也告诉了我们,这一新意识形态的最重要内涵是关于宇宙的运行知识和对宇宙运行规律的掌握,而建立这一意识形态的核心目的是建立起祈求农业丰产的信仰和仪式系统,并通过操控这一系统建立权威,控制整个社会。

三、红山意识形态的形成

红山新意识形态是传统、引进和创新的共同产物,其形成过程也是红山社会上层出现和获得权力的过程。

红山新意识形态的多数元素都根植于本地传统,但被赋予了新的内涵。

玉器的使用可以追溯到兴隆洼文化时期,是中国最悠久的玉器传统。但在兴隆洼时期,玉器的种类仅限于玦、坠等装饰品和锛等小工具。在赵宝沟时期,至少目前的考古资料显示出玉器使用的消沉。红山时期，玉器突然兴盛，不仅数量剧增，种类也颇为丰富。

对鸟的崇拜也可溯源到兴隆洼时期。兴隆洼遗址出土了刻划有鸟的形象的磨石和酷似鸮面的钻孔坠饰。赵宝沟文化小山遗址出土的尊形器上有生动的刻划鸟纹，其勾喙与牛河梁第十六地点出土的大型玉鸟非常相似。上宅遗址也发现过石鸟，并有鸟形陶器座。但红山玉鸟已经有了更丰富的内涵，与宇宙观密切相关。

对猪的崇拜也兴盛于兴隆洼时期。在第四章中我们曾详细讨论过这一问题。兴隆洼遗址的一些房屋中放置有穿孔的猪头骨。室内葬 M118 中更是随葬有两头整猪。这均表明猪在兴隆洼社会的仪式活动中扮演着重要角色。赵宝沟时期，小山出土尊形器上也刻划有猪的形象（参见图 5-13），猪首部分写实，猪身部分抽象为勾形，正与红山的玉猪龙相似。但没有证据表明兴隆洼和赵宝沟时期猪与北斗的联系。正如我们在第四章和第五章讨论过的，在这两个时期，狩猎仍然是重要的食物来源，对猪的崇拜可能更多是与祈求狩猎成功的仪式有关（考古所 1997b），或者如尼尔森所言，猪仅是财富的象征（Nelson 1995b，1998）。

辽西地区人像崇拜的最早证据也出自兴隆洼时期——白音长汗遗址房址的灶边出土一尊石人像。赵宝沟时期也有石像出土。石像在红山时期仍然流行，但红山晚期出现了大型泥塑人像。此外，虽然最近在敖汉旗兴隆沟遗址发现了完整的红山文化陶制人座像，但红山人像多出于仪式性遗址而非居址。多数学者认为兴隆洼和赵宝沟时期的人像表现的是怀孕的妇女，因此与祈求丰产仪式有关（汤池 1994）。一些红山孕妇形象的人像可能有相似的功能。但如上所述，红山时期的“丰产”可能更多地倾向于农业的丰产。

赵宝沟遗址居住区外的石祭坛开启了辽西地区积石为坛举行仪式活动的习俗。在红山时期，祭坛的规格更大、结构更加复杂。此外，祭坛的建筑还融汇了天文知识，举行的仪式也应属于新的信仰和仪式系统。

红山新意识形态明显吸收了很多外来因素。龟的崇拜并非辽西本地传统。燕山南麓的北京平谷上宅遗址发现有石龟，但只是孤例。龟灵崇拜在淮河流域则自裴李岗文化时期就开始出现，至迟在凌家滩时期，龟为宇宙的天然模型的观念已经确立，龟因此成为新的信仰仪式系统中非常重要的灵物。红山时期突然出现的龟崇拜，很可能是在与南方各文化区的交流中形成的。

红山新意识形态是在农业成为经济基础的新经济模式下产生的，其主旨就是保证农业丰产。考虑到黄河和长江流域农业的发展更早，这种农业基础的意识形态形成也更早，红山意识形态的变革很可能深受来自南部传统农业地区的影响，且不仅限于龟崇拜。但受目前考古资料的限制，我们还难以对此展开全面讨论。

但是，我们在这里要强调的是，红山新意识形态虽然有继承、有引进，但更主要的是创造。红山玉器反映的宇宙观虽然与凌家滩相似，但器物形态独具特色。勾云形器和猪龙等红山文化最典型的玉器根植于传统，蕴涵外来新知，又充满创新。这表明，红山社会上层着意融合传统和外来知识，力图使新意识形态既与当地文化传统相适应，又能满足其获取权力和威望的需要。

艾尔曾经对意识形态形成的“心灵主义”(mentalist)观点提出批评(Earle 1997：147)。该观点认为意识形态的形成是一种自然的心理过程。艾尔强调，意识形态是社会中的部分群体，主要是社会上层策略性地创造并操纵的信仰和观念系统，目的在于维护自己的地位和权力(Earle 1997：149)。我们用“创造”描述红山新意识形态的形成，也正是要强调，这一新的意识形态是红山社会上层在农业取得主导地位的新的经济形势下，为了获得和维护权力而有意识地建立起来的。

从狩猎采集经济向农业经济的转变是催生红山新意识形态形成的根本原因。农业不仅提供了新的食物来源，也带来了新的生活方式、新的人际关系、新的人与自然的关系和新的人与超自然的关系(Cohen 2002)。与狩猎采集人群相比，农业人群对天文知识的依赖更强。史前时代的农民从播种到收获的整个过程都要依节令而行，而日月星辰的运行是节令的最重要标志。对于他们来说，农业生产的整个过程是受高高在上的天庭中的超自然力量控制的，掌握天体运行的知识，就是掌握了与超自然沟通的手段，掌握了农业生产的命脉。

当自然环境发生变化时，红山社会中的财富积累者主动开始农业生产，其中的部分人凭借积累的财富成为社会上层。在此过程中，他们自会切身感受到农业与天文观察的紧密联系，也会体味到在农业社会中，获得权力的最佳方法是创制基于天文知识的信仰和仪式系统，并操控这套系统，以保证农业生产丰收的名义，获得威望和权力。正是在此背景下，红山社会上层融合外来的知识和本地的传统，创造出了新的意识形态，符合新经济基础下的新社会结构，易于被本地民众理解和接受。

牛河梁社会上层墓葬中随葬的表达宇宙观的特殊玉器，以及高等级墓葬与祭坛等仪式活动场所的紧密结合(郭大顺 1997)都清楚表明，红山社会上层成功地成为新意识形态和新信仰仪式系统的主导者。此外，正如郭大顺指出的，这些高等级墓葬中“唯玉为葬”，玉器是最主要的随葬品。这表明对红山社会上层来说，对天文知识的掌控和与超自然沟通的能力比对物质财富、世俗权力的占有更为重要。我们可称这种社会复杂化的模式为“超自然取向”模式。牛河梁这一远离世俗居住地的“仪式圣地”的形成，是红山社会“超自然取向”的最有力的证据。

第二节　红山农业经济规模

对蚌河下流红山文化聚落系统调查的资料可以作为我们分析红山农业规模的基础。借助地理信息系统软件和民族学资料，我们可以对该地区的可耕地面积、土地承载力、每个聚落的领地生产力及整个蚌河下游区域聚落群体的土地使用模式作出推测。

一、蚌河下游红山时期所需耕地估算

对一个聚落的耕地面积的估算可以依据下面的公式：

聚落所需耕地(公顷)= 聚落人口数×人均所需耕地面积(公顷)

人均所需耕地面积(公顷)= 人均年需谷物/每公顷谷物产量

在上一章，我们估算红山时期的聚落人口密度为 129 人/公顷，只要乘以聚落面积便可得出聚落人口数。尚需估算的两个变量是人均年谷物消耗量和谷物年产量。红山时期的主要谷物为粟。敖汉旗农村人口至今仍然以粟为主食。根据《敖汉旗志》，1974 年当地人均粮食定量是每年 190.2 公斤(敖汉旗 1991b：203)。我们就以此作为红山时期的人均年粟的消耗量。如果使用传统的谷物加工方法，谷物加工过程中的损耗率约为 0.1 到 0.2(乔玉 2010)，我们取其平均值0.15，则 190.2 公斤粟米需要 223 公斤粟加工而成[190.2/(1−0.15)]。

《敖汉旗志》记载的粟的最低产量是 1943 年的每公顷 205 公斤。20 世纪 70 年代以来的最低产量是每公顷 255.7 公斤(1972 年)，最高产量是每公顷 1 000 公斤(敖汉旗 1991b：263、525、526)。有学者根据文献记载，提出夏代粟的产量为每公顷 300 公斤(杨贵 1988)，这与地方志记载的中原地区粟的单位面积产量颇为符合(乔玉 2010)，但比《敖汉旗志》所载最低产量要高。考虑到红山时期的生产技术状况，粟的产量与地域、土壤和气候密切相关，我们以敖汉旗本地记载的最低产量每公顷 205 公斤为红山时期的粟单位产量。还要考虑的一个因素是种子预留。一般情况下，农民会保留收成的 15%作为种子(Van Wersch 1972；乔玉 2010)。如此，红山时期每公顷可以提供的食用谷物为 174.25(205×85%)公斤，人均需要耕地面积为 1.28 公顷(233/174.25)。

还有一个必须考虑的因素是轮耕。据文献记载，在春秋时期，普遍实行一年轮耕制度(陈文华 1991：126)。假设红山时期也实行类似的轮耕，则人均实际需要耕地为 2.56 公顷(1.28×2)。

根据上述假设和估算，我们可以得出：

聚落所需耕地＝聚落面积×129×2.56

二、环境承载力和领地生产力

环境承载力这一概念最初是 20 世纪 30 年代动物学家们提出的，后来被人类学家和考古学家借用，指的是某一地区的自然资源可供养的人口数量的最大值(Hayden 1975)。哈森论述这一概念时指出，人口数量应该低于环境承载力所能供养的水平，最大人口数量一般要保持在土地承载力的 20%～60%之间，他把这种人口数量称作“最佳承载量”(optimum carrying capacity，简称 Co)；人口数量若超过土地承载力的 60%，则被称作“危机承载量”(critical carrying capacity，简称 Cc)，人口就会对环境造成压力，导致资源短缺、环境恶化,引发包括社会复杂化等一系列问题(Hassan 1978)。

另一个重要概念是"领地生产力"(catchment productivity)。在考古界,"领地"(catchment)概念最初被用于对狩猎采集者的研究(Hassan 1981: 51~57),后又被广泛应用于对农业社会的研究(Vita-Finzi and Higgs 1970)。在对中美洲古代村落的经典研究中,佛兰纳瑞(Flannery 1976a)和他的同事们就使用了这一概念,以"村落合理步行范围"为限定领地的标准。斯蒂普昂奈提斯在研究墨西哥河谷农业居民时,提出了领地生产力这一概念,指聚落可开发范围内的年食物产量(Steponaitis 1981)。

领地范围的确定是讨论领地生产力的前提。目前确定领地范围的方法主要有两种:一种是假设聚落中的多数人都会尽量在聚落中过夜,领地范围的半径就由一天内往返路程的时间决定。例如,如果白天的时间是10个小时,除去2小时准备食物的时间,按照每小时行走3公里计算,领地范围的半径应该不超过12公里(8小时的往返路程)(Brumfiel 1976)。另一种方法是以民族学资料为依据来估计领地范围的半径。在对欧洲农业村落的研究中,有学者提出农民的耕地很少超过3~4公里远(Chisholm 1968)。佛兰纳瑞为中美洲史前农业村落设定的领地范围以2.5公里为半径,斯蒂普昂奈提斯在其研究中就根据民族学资料以1公里、1.5公里和2公里作为领地范围的半径(Steponaitis 1981),而吉迪在他的研究中则以1.5公里和2公里为领地范围半径(Shelach 1999: 126),乔玉在研究伊洛流域聚落领地时以1小时行程为半径(乔玉 2010)。

三、以地理信息系统为基础的环境承载力和领地生产力估算

我国考古学界对GIS的应用始于20世纪90年代,许多中外合作的区域聚落调查项目,如河南颍河流域考古调查(河南省、密苏里大学 1998)、安阳考古调查(Rapp and Jing et al. 2000)、伊洛河流域考古调查(乔玉 2010)、山东日照两城考古调查(中美两城地区联合考古队 1997)和内蒙古赤峰半支箭河考古调查(赤峰考古队 2002)等都有GIS研究的参与。

对蚌河下游红山聚落的地理信息系统研究使用的主要软件是*IDRISI*和*Cartalinx*,目的是对该区域的环境承载力和各红山聚落的领地生产力进行计算。我们选用该地区的1:20万的地图作为底图进行了数字化,生成数字化高程模型(Digital Elevation Model,简称DEM)以便进行各种运算。

(一)环境承载力的计算

红山居民以粟为主食,我们在这里要计算的环境承载力实际就是蚌河下游调查区域内可耕地每年可生产的粟能够供养的人口数量。判断可耕地的标准为坡度、海拔高度和土壤类型。

参照吉迪的研究,我们以0~10度为耕地的适合坡度(Shelach 1999: 128)。我们首先从DEM图中生成"坡度图",在该图上,每一个像素都是一个值,表示该点的坡度。运

用 GIS 软件的功能，我们再将“坡度图”上的值归纳为两类：将所有>10 度的值都重新赋值为 0，将所有在 0~10 度范围间的值都重新赋值为 1，这样就生成了一个新的栅格图——“最佳坡度图”。这是一个“二值图”(Boolean)，图上只有 0 和 1 两个值，各用一种颜色表示。

蚌河流域海拔高度大于 650 米的区域陡峭而且基岩裸露，不宜耕种。同时，海拔低于 620 米的地区基本为河床，也不宜耕种。因此，我们将 DEM 图中所有海拔大于 650 米和小于 620 米的像素都重新赋值为 0，将海拔小于 650 米而大于 620 米的像素重新赋值为 1，生成二值图“最佳海拔图”。

土壤类型是关乎粟产量的重要因素。调查区域内均为马兰黄土。基岩裸露部分均在高海拔区域，已经在“最佳海拔图”中被赋值为 0，因此，没有必要再制作反映土壤特征的二值图。

最后，我们利用软件的“叠加”功能，将“最佳坡度图”和“最佳海拔图”相乘，形成新的二值图“可耕地图”。在此新图中，在相乘的两个图中均赋值为 1 的像素赋值仍然为 1；在两个图中任何一个赋值为 0 的像素均赋值为 0，也就是说，在“可耕地图”内，所有既符合坡度标准又符合海拔标准的像素赋值为 1，其他像素赋值为 0。使用软件的“面积”功能，我们得知蚌河下游适合作为耕地的区域的面积为37 910.66公顷。上文已估算出红山时期人均耕地为 2.56 公顷，则蚌河下游的环境承载力为 14 809 人(37 910.66/2.56)。

(二) 领地生产力的计算

参照乔玉对伊洛河流域的领地范围研究和我们的行走试验，我们设定 4 公里为蚌河下游红山时期聚落的领地半径。

我们将遗址位置数字化，生成“遗址位置图”，再使用软件中的“距离”功能，将其与 DEM 合成，生成“距离图”。在“距离图”上，每一个像素的值是其与最近的遗址的距离。将此“距离图”上的像素重新赋值，所有大于 4 公里的像素赋值为 0，所有小于 4 公里的赋值为 1，可以得到二值图“最佳距离”。同时，我们用“定位”功能可以将“距离图”上的所有像素归属到距离其最近的遗址，生成“定位图”。该图上有 23 种颜色，每种颜色对应归属一个遗址的所有像素。将“定位图”与“最佳距离图”相乘，可得出“领地图”，该图上仍然有 23 种颜色，但已经去除了在“最佳距离图”中赋值为 0，即距离最近遗址大于 4 公里的像素，剩余的像素距离与其最近的遗址的距离均小于 4 公里，即属于我们设定的该遗址的领地范围。

最后，将“领地图”与“可耕地图”相乘，便可获得“领地生产力图”。该图中，在“可耕地图”中赋值为 0 的像素的值也为 0，在“可耕地图”中赋值为 1 的像素的值为其在“领地图”中的值。“领地生产力图”中有 23 个值，以 23 种颜色表示，代表 23 个遗址领地范围内(即 4 公里半径内)的可耕地(图 7－6)。使用软件的面积功能，我们可以得知每个遗址领地内可耕地的面积。

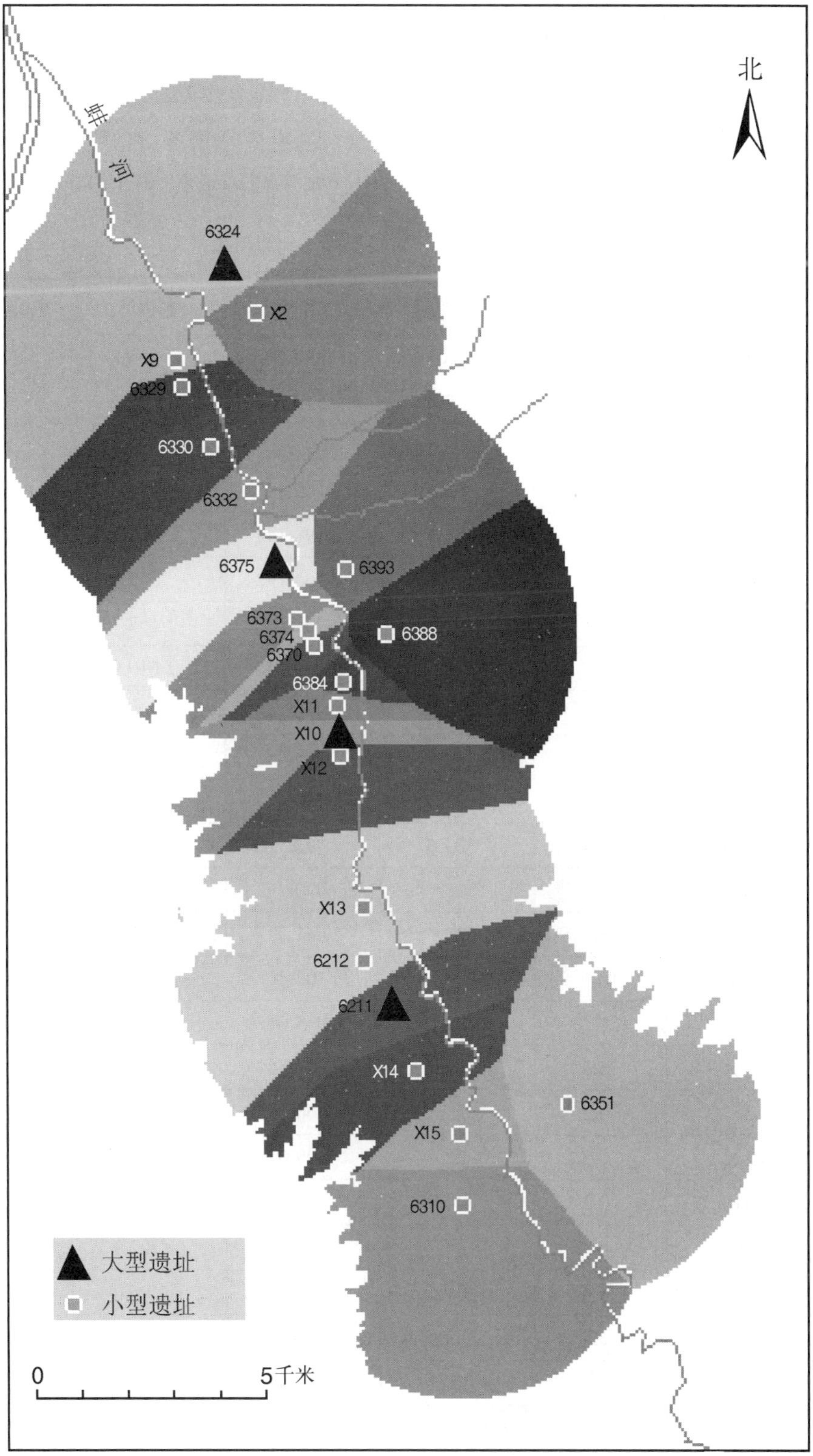

图 7-6　蚌河下游流域红山文化遗址集水率

四、蚌河区域聚落群体的土地利用模式

表 7－1 列出了蚌河下游 23 处红山时期遗址的面积、估计人口、必需耕地、领地承载力和土地利用率(必需耕地/领地承载力)。从中可见,有 8 个聚落耕地不足,整个调查区域的土地利用率为 113%,人口总数(9 727 人)也达到了环境承载力(14 809 人)的 66%。

表 7－1　蚌河下游红山聚落土地利用率

	遗址编号	面积	人口数量	必需耕地	领地生产力	耕地利用率
北组	X2	0.9	116.1	297.216	1 555.8	19%
	X9	1	129	330.24	1 412.6	23%
	6329	1.5	193.5	495.36	505.7	98%
	6332	0.5	64.5	165.12	770.9	21%
	6330	0.6	77.4	198.144	802.3	25%
	6373	0.8	103.2	264.192	359.8	73%
	6393	0.8	103.2	264.192	1 157.1	23%
	6388	1	129	330.24	1 610.9	21%
	X11	1	129	330.24	200.7	165%
	6370	1.1	141.9	363.264	157.6	230%
	X12	2	258	660.48	827.8	80%
	6374	2.4	309.6	792.576	107.6	737%
	6384	3	387	990.72	121.1	818%
	X10*	8	1 032	2 641.92	559.5	472%
	6324*	10	1 290	3 302.4	2 169	152%
	6375*	21	2 709	6 935.04	742.3	934%
	共计	**55.6**	**7 172.4**	**18 361.344**	**13 060.7**	**141%**
南组	6351	0.2	25.8	66.048	2 431.1	3%
	6212	0.3	38.7	99.072	1 051.8	9%
	6310	0.3	38.7	99.072	2 178.4	5%
	X14	0.3	38.7	99.072	702.9	14%
	X15	0.4	51.6	132.096	405.2	33%
	X13	1.5	193.5	495.36	1 413.1	35%
	6211*	16.8	2 167.2	5 548.032	802.5	691%
	共计	**19.8**	**2 554.2**	**6 538.752**	**8 985**	**73%**
总　计		**75.4**	**9 726.6**	**24 900.096**	**22 045.7**	**113%**

超过100%的土地利用率说明这些聚落领地内的可耕地难以供养全部居民。人口总数超过环境可承载人口的60%,也超过了汉森所定义的“最佳承载量”的上限,表明这些聚落会承受环境和资源压力。但我们应该考虑这些聚落的共存性问题。如上所述,这些遗址中可能只有60%是共存的(300年/500年,见第六章)。若此,则共存聚落的人口总数应只相当于环境承载力的40%,而整个调查区域的土地利用率为68%(113%×60%)。这可能更符合当时的实际情况。

值得注意的是,面积较大的高等级聚落6324、6375、X10和6211均有耕地不足的情况,即这些聚落领地内耕地所产谷物难以供养聚落中的全部人口。斯蒂普昂奈提斯曾提出,如果一个群体有一个中心,但市场经济和全职的专业化生产不发达,则一个聚落的食物来源主要有两个,一是聚落自己生产,二是其他聚落进献(Steponaitis 1981:325)。蚌河高等级聚落缺欠的谷物可能就来自附属次级聚落的进献。整个区域的土地利用率为68%,表明此区域内各聚落领地内耕地出产的谷物可以供养全部人口,也就是说,此区域聚落群体在基本食物来源方面是可以自给自足的。但考虑到当时可能难以开发聚落领地内的全部耕地,而且各聚落和整个聚落群体可能会储存部分谷物以备灾荒,此68%的土地利用率还是比较高的。亦即区域聚落全体可能没有多余的谷物支持我们提到的区域聚落群体联盟的运转,也就是说此联盟不是以经济为纽带组成的。

第三节　红山社会复杂化的形成

现在,我们可以试着回答在第三章就提出的本书的核心问题:红山社会复杂化的动因是什么?是内因为主还是外因为主?是经济因素为主还是意识形态因素为主?

目前的考古资料表明,在蚌河下游,赵宝沟时期并没有人口压力。虽然聚落总面积从兴隆洼时期的3.7公顷增加到了6.55公顷,但这仍然只是红山时期聚落总面积(75.4公顷)的8.7%。红山时期人口的快速增长更像是社会复杂化的结果而非原因。赵宝沟文化末期气候的变化可能是促成社会经济转型的一个因素,但仅此一个因素并不能解释红山社会复杂化的形成,尤其不能解释这一复杂化过程的独特性。很多学者指出,对社会复杂化进程的解释要内因和外因并重(Plog 1990)。对于红山社会来说,财富积累者为个人利益采取的各种努力对社会发展也产生了重要的推动。尤其值得关注的是,这些财富积累者们选择将其财富转化为意识形态上的威望和权力以维护其地位。他们创造出来以宇宙观和沟通天地为核心的新的意识形态,将其作为比经济手段更为有力的“粘合剂”促成了红山社会的等级化。

海顿曾经强调,剩余食物是所有财富积累者们开始其漫长的获取政治权力之旅的起点,正是财富积累者们有目的地积累剩余食物的行为决定了社会复杂化的形成(Hayden 2001)。艾尔在对夏威夷酋邦的研究中,也发现了社会上层控制经济权力的证据(Earle 1997)。在红山时期,对剩余食物的控制也应该是社会复杂化的基础。上面以地理信息系统为依托的蚌河下游人口规模和土地利用率分析表明，高等级聚落耕地不足，要依靠低等级聚落供养。可见对谷物生产和再分配的控制是区域聚落群体存在的基础。此外，对意识形态的物化——包括建筑仪式性建筑，制作玉器等仪式用品，以及建立交流网获得外来物品和知识（见后文）都需要以剩余食物为主的物质财富的支持。但没有证据表明红山社会上层像夏威夷酋长们那样，通过控制土地所有权或粮食储备设施严格控制剩余食物资源。红山社会的财富积累者们也许依靠剩余食物完成了最初的社会地位提升，但在获取更大的权力和将区域聚落维系为一个整体的过程中，他们选择了依靠意识形态的策略。为此，他们在农业经济成为社会经济基础的形势下，创造了新的信仰和仪式系统，并通过对这一系统的控制和操纵，积聚更多的剩余食物和物质财富，维护其对社会的控制。这与中美洲和美国密西西比河流域酋邦的领导者们的策略颇为相似（Drennan 1991；Feinman 1991；Steponaitis 1991）。

在区域聚落群体联盟的形成过程中，意识形态的作用更加明显。蚌河下游土地利用率的分析表明，区域聚落群体在基本食物上是可以自给自足的，没有必要为了食物再分配的目的组成大的群体。而且，蚌河下游总体上较高的土地利用率（68%）也表明，各区域聚落群体可能也没有足够的剩余食物提供给其他群体。此外，牛河梁这样的大型仪式中心也表明，区域聚落群体联盟的主要功能是在特定的时间、为特定的目的举行大型仪式活动，为各群体的社会上层提供一个区别于普通民众的舞台，以提高其社会威望。在这一远离居住区的“仪式圣地”并没有举行经济活动的证据。

总之，虽然环境因素是促成红山社会转变的重要原因，但为获得个人社会经济利益、成为社会上层而行动起来的财富积累者们才是红山社会独特复杂化的主要推动力。在凝聚各个聚落形成区域聚落群体的过程中，新生的社会上层们更多地依赖了新创造的信仰和仪式系统。正如尼尔森所言，红山社会上层可能通过宣称对与超自然沟通的特殊知识的掌控而逐渐获得了他们的权力。牛河梁仪式中心标示的区域聚落群体联盟的存在更是以意识形态为纽带的（Nelson 1996，1998）。红山社会的这种策略造成了红山社会复杂化强烈的“超自然取向”，使之卓然有别于同时期的中国各主要文化区的其他复杂社会。

第四节　红山社会上层的领导策略

上一节，我们已经指出红山社会上层选择了意识形态策略推进社会复杂化进程，获得政治和经济权力。下面，我们综合考古资料，着重探讨这一策略的具体内容和操作方式。

一、意识形态的物化

意识形态的物化是形成和运用意识形态权力的重要方式（Earle 1991）。艾尔曾经总结了三种物化意识形态的方式（Earle 1997：151～159）：举行公众仪式活动、制作符号性物品、建筑仪式建筑和形成仪式景观。考古资料显示，红山社会上层全面使用了这三种方式。

公众仪式活动是社会上层展现自己威望和权力的重要舞台,也是宣传意识形态、说服公众、增强社会凝聚力的重要方式。红山时期的仪式活动应该是多种多样的,在不同的时间和不同的场合进行。兴隆沟遗址红山文化聚落房屋内发现的陶塑像表明一些仪式活动是发生在居址中的。牛河梁仪式中心更是专门举行各种仪式的场所,在"女神庙",祭祀平台和各类祭坛举行的仪式的种类和目的应该各不相同。现有的考古资料没有提供各种仪式的细节,但正如一些学者所言,一些祭祀遗迹内的烧土和灰层表明燃火焚烧是活动中的一部分(吕军 2001)。尼尔森认为,牛河梁出土的动物骨骼表明活动可能还包括消费动物的宴饮(Nelson 1998)。

这些仪式是否为公众仪式是个需要讨论的问题。在兴隆沟那样的聚落里举行的仪式很可能有聚落内一般居民的参与。但在牛河梁仪式圣地那样远离居住地的特殊地点举行的仪式是否也有公众参与呢?有学者认为,在大多数时间里一般公众是被禁止进入此圣地的,一些重要仪式可能只有特殊人员才能参与(俞伟超、严文明等 1984)。半地穴形式的"女神庙"现存深度约 1 米,原来地面上顶棚的高度可能有 1 米左右,进入以后,会产生在狭长隧道中的幽密感(Barnes and Guo 1996),明显不适于举行大规模公众活动。但是,仪式圣地的建设肯定是有大量公众参与的,举行仪式和显贵葬礼需要的各种物品也要大量劳力运输。再者,仪式活动的一个重要目的就是在公众面前展现社会上层的法力和权威,因此,我们推测,这一圣地对一般民众不完全是禁区,有些仪式可能有公众的参与。

艾尔提出,社会上层控制仪式活动的方法包括对参与者进行限制,占有举行仪式必需的财力、物力和掌握与仪式相关的特殊物品和知识(包括工匠等特殊人才,与仪式有关的各种知识和技能等)(Earle 1997: 153~154)。红山社会上层应该也使用了这些控制策略。

符号性物品(symbolic objects)是物化意识形态的有效手段。这些物品以珍稀原料和特殊工艺制作,多可随身佩戴,具有特殊含义,在其所有者展示其身份与法力以及与同阶层的人进行交流时具有难以替代的作用(Earle 1997: 154~155)。玉器是红山社会中最重要的符号物品,具有艾尔总结出的此类物品的所有特征:它们以珍稀的玉料精工制作,蕴涵神秘的宇宙知识,既可以用于日常佩戴显示身份和法力,在仪式活动中也是重要的"法器"。

艾尔指出,社会上层可以通过对生产和分配各环节的控制来掌控符号性物品。红山社会上层主要由两方面对符号性玉器的生产进行控制,即原料和技术。

专家对红山玉料的分析表明,红山玉器主要为软玉(nephrite),也包括蛇纹石(antigorite)和石英(quartz),具体原料产地尚难确定(闻广、荆志淳 1992,1996)。但毫无疑问,玉料在当时属难以获得的珍稀原料,对原料产地和原料交换过程的控制应是红山社会上层垄断玉器生产的有效手段。

目前尚未发现红山文化制玉作坊遗迹。在敖汉旗董家营子遗址采集有红山玉器半成品(邵国田 1995),在巴林右旗那斯台遗址曾采集到大量红山玉器(巴林右旗 1987),这表明至少部分玉器是在居址内制作的。上一章我们已经指出,玉器的制作需要复杂的工序,只有技艺高超的工匠才能完成。现有的考古资料不能告诉我们这些工匠的身份。研究手工业生产专业化的传统观点经常将生产者和消费者截然分开（Earle 1987；Costin 1991），但这一观点近来遭到了质疑。对许多古代文明中的工匠的研究表明，这些工匠本身就是社会上层成员，能够凭借其技能确立社会地位和待遇等（Costin 1998，2001）。一些学者指出，在酋邦或所谓的前国家的"中程"社会里，与仪式有关的知识、技能是获得社会地位的重要保证，社会上层自己就会参与到重要物品的制作中（Spielmann 1998）。刘莉在最近的研究中也提出，凌家滩、良渚和齐家文化的社会上层可能自己制作玉器（Liu 2003）。考虑到玉料的珍贵和玉器具有的难以替代的"法力"，可以推测，红山社会中玉器工匠或者受到社会上层的资助或控制，或者本身就是社会上层成员（图 7－7）。

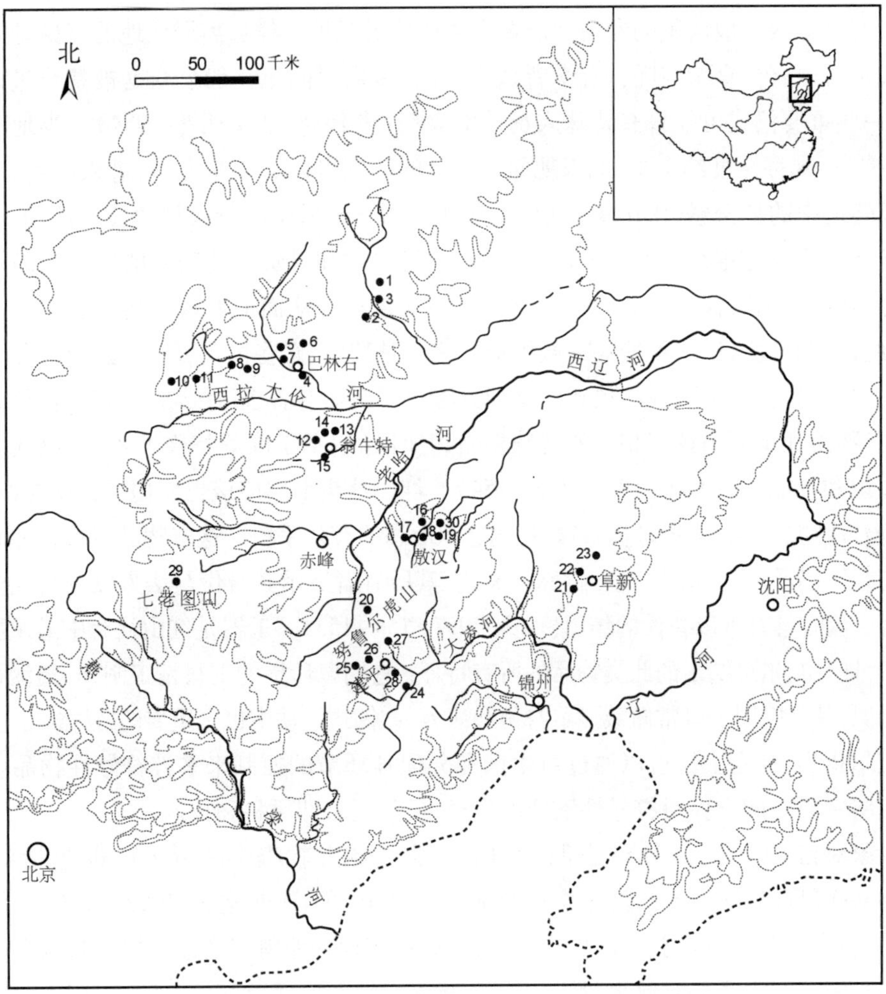

图 7－7　红山文化玉器分布图（吕军 2001：图 1）

1. 葛家营子　2. 尖山子　3. 巴林左旗　4. 那斯台　5. 巴林右旗　6. 羊场　7. 塔拉宝力格　8. 白音长汗　9. 南沙窝子　10. 石板山　11. 南台子　12. 三星他拉　13. 海金山　14. 黄谷屯　15. 五分地乡南窝铺　16. 大洼　17. 敖汉旗　18. 丰水山　19. 千斤营子　20. 打虎石水库　21. 胡头沟　22. 台吉营子　23. 福兴地　24. 东山嘴　25. 城子山　26. 牛河梁　27. 建平县　28. 富山乡　29. 下火房　30. 董家营子

牛河梁仪式中心那样的仪式建筑和仪式景观(landscape)也是红山意识形态物化的重要方式,其宏大的规模使之成为红山社会上层展示威望和权力的有力形式。对这些大型工程所需的财力、物力的掌控,对工程的组织实施都是红山社会上层提高威望和获得权力的有效途径。与公共仪式不同,仪式建筑和景观具有持久性,是社会上层权力和社会凝聚的永恒展示。张海借助地理信息系统对牛河梁各地点的视域分析显示,这些地点的视野在一条东西向的古河道重叠,也就是说,如果沿着古河道从西向东进入牛河梁仪式圣地,可以依次看到大部分地点的仪式性建筑,体验其中蕴涵的仪式力量。

通过运用上述手段,红山社会上层成功地将新创造的意识形态物化为具体的仪式、圣物、建筑和景观,并在这一过程中巩固着自己的威望和权力。

二、远距离社会上层交流网的建立

在第二章中我们详细讨论了前国家复杂社会的社会上层建立远距离交流网的重要性。红山社会的社会上层也采取了这一重要的领导策略。

从上面关于红山意识形态的讨论中我们已经看到,红山和凌家滩的玉器有密切的相似性。事实上,相隔一千余公里的两个文化表现出的深度相似是远距离交流网形成的最生动例证。已经有很多学者讨论过这一问题,归纳起来,意见比较一致的两地相似玉器种类包括玉人、写实玉龟、龟的抽象表现形式玉箍形器、红山文化玉猪龙和凌家滩玉龙、双联璧、玉环、玉镯、玉璧和石钺(表7-2)。前文还曾讨论过凌家滩胸负八角星、双翅为猪首的玉鹰(98M29:6)与红山文化“枭形勾云形器”很可能是同类器物,至少一部分枭形勾云形器的两侧可能表现的也是猪首。最近,朱乃诚撰文提出,凌家滩“兔形器”与牛河梁第十六地点中心大墓所出“玉凤”实际为同类器物(朱乃诚2011),宋建对此又有更翔实的讨论(宋建2012)。考虑到该墓中随葬有玉人、玉筒形器等与凌家滩有密切联系的器物,“天鹅”与“兔形器”的联系颇令人信服。虽然有学者仍然坚持两个文化的相似性是独立发展的结果,但很难让人相信在没有任何交流的情况下会达到如此的相似程度。此外,如笔者和其他学者讨论过的,很多玉器是当时的宇宙观的载体,反映的基本观念包括:天圆地方、龟为宇宙的天然模型、猪为北斗星和神鸟托负天极等。很难想象,在没有交流的情况下,相隔千里的两地会形成如此相似的宇宙观并均用玉器这种特殊材质来表现。现有的资料已经足够表明,红山文化和凌家滩遗址存在着深刻的交流,交流的重要内容之一是当时社会上层才能掌握的关于宇宙运行和玉器制作的高级知识。

大汶口文化横亘在红山文化和凌家滩遗址的交流通道上,其大型墓葬中随葬有红山风格的联璧、功能与玉箍形器相似的牙或骨制筒形器等,表现出与南北两个邻居的联系。但在这些大型墓葬中,主要随葬品为精致陶器、獐牙器等大汶口文化特殊的奢侈品,没有红山和凌家滩那样浓厚的宗教气氛。可见在当时广泛的区域间交流中,各地区的社会上层会根据实际情况,各取所需。红山和凌家滩的交流应该并非经过大汶口的中介,而是有直接的人员往来。

表 7－2　红山文化、大汶口文化和凌家滩遗址的交流

	红山文化	大汶口文化	凌家滩遗址
龟	*	*	*
箍形器	*	*	*
鸟	*	*	*
鸟猪合体	*		*
璧	*	*	*
猪　龙	*		*
联　璧	*	*	*
八角星	*	*	*
钺	*	*	*
环　镯	*	*	*

赫尔姆斯在对中美洲印第安人社会的研究中发现(Helms 1979,1992),酋长的继承人一定要有游学的经历才有资格承继大位,他们会到著名的大酋邦“留学”,学习各种在本地学不到的知识。社会上层的直接互访也应该是红山和凌家滩交流的重要形式之一。凌家滩大墓 07M23 的墓主很可能跋涉千里,亲自访问过牛河梁,牛河梁第十六地点大墓 M4 的墓主也很可能访问过凌家滩。两地新涌现出的社会上层有一种前无古人的踌躇满志,他们朝气蓬勃,充满了创造力和探索精神,为获得超越本地普通民众的知识和物品、巩固其权力,可以不惧险阻,千里远行。

红山文化与仰韶文化庙底沟类型的交流曾经被摆放到很显赫的位置。苏秉琦提出了两个文化的“碰撞”说:“距今七千至五千年间,源于华山脚下的仰韶文化庙底沟类型,通过一条呈‘S’形的西南—东北向通道,沿黄河、汾河和太行山麓上溯,至山西、河北北部桑干河上游至内蒙古河曲地带,与源于燕山北侧的大凌河的红山文化碰撞,实现了花与龙的结合。”因此“碰撞”,红山文化接过了庙底沟类型的“文明火炬”,在中国文明化进程中领跑(苏秉琦 1997)。

事实上,彩陶纹样在“中国相互作用圈”内的传播与我们上面谈到的社会上层交流网中以玉器为代表的奢侈品和神秘知识的传播等有不同的特性。从材料上看,绘制彩陶的颜料并不难获得,而玉料和象牙则属于珍稀原料,一般人难以获得。从制作技术上看,绘制精美的彩陶需要非常熟练的技术,但如果对精美和流畅程度要求不高,新手经过短时期的锻炼也能够绘制,绘制工具——很可能是毛笔也容易制作。玉器的加工要大体经过开采、切割、磨制、钻孔、刻纹和抛光等工序,需要特殊的工具、特殊的技术。象牙器制作也非常复杂。从功能上看,虽然有学者强调精美的彩陶可能是仪式用品而非实用器,但事实上,目前几乎所有的庙底沟类型彩陶都与生活废弃物一起出自灰坑等遗迹中,提示我们彩陶很可能是日常用品；而玉器和象牙器均为有特殊功能的仪式用品。总之，彩陶的广泛传播很大程度上依赖于其易于被模仿、可以被广泛应用于日常生活的特性。

红山文化对庙底沟风格彩陶的接受，可能很大程度上是对当时最流行的陶器装饰风格的接受，而非对庙底沟社会发展方式的接受。彩陶只是当时在相互作用圈内交叉传播的各种文化因素中的一种，并非唯一，甚至也并非最重要的“文明火花”，因此红山和庙底沟的“碰撞”，也不具有文明火炬接力的重大意义。红山与庙底沟应该有更深刻的交流，可能包括农业生产方式等内容，但目前的考古资料让我们难以对此作深入讨论。

现有的考古资料显示，建立远距离交流网是红山社会上层采取的重要领导策略。与凌家滩社会上层的交流是最重要的内容，交流的方式应该包括直接的人员往来。这种交流的核心内容是高级知识和相关物品，通过这种交流，红山社会上层获得了超越本地一般公众的威望，巩固了自己的权力。

我们在第二章中列举的经济策略在红山社会里找不到考古证据的支持。艾尔曾经提出建设农田设施是农业社会中控制农业生产的重要经济措施(Earle 1997：65～89)。在对夏威夷酋邦的研究中，他深入探讨了夏威夷酋长们如何开设灌溉设施、建筑梯田、设立田界以提高耕地产量，并在此过程中获得对这些设施以至农田的控制权，建立赋税制度。目前还没有证据表明红山社会上层实行了同样的策略。意识形态的物化和远距离交流的实施都需要大量财力和物力的支持，但获得这些财力和物力不一定必须要使用强大的经济手段。在红山社会中，意识形态聚集财富的能力也许更强大。以保障农业生产丰收为名义举行仪式是最好的聚集财富的借口。很明显，红山社会上层可以通过操纵他们创造的信仰和仪式系统不仅达到政治目的，也达到经济目的。

第五节　小　　结

红山时期辽西地区由狩猎采集经济向农业经济的全面转型催生了一个最重要的结果，就是新的意识形态。这一由满怀野心的财富积累者演变而来的红山社会上层创造的新意识形态融合了传统和外来观念，以宇宙观、天文知识和与超自然的沟通为核心，成为红山社会上层获得和维护权力的法宝。对这一新意识形态的控制意味着对农业生产丰歉的控制。这一独特的社会复杂化过程造成了红山社会明显的“超自然倾向”，即对红山社会上层来说，对天文知识的掌控和与超自然沟通的能力比对物质财富和世俗权力的占有更为重要。这一“超自然取向”贯穿于整个红山社会复杂化过程中。通过以意识形态为核心的领导策略，红山社会上层不但获得了政治和宗教威望及权力，也获得了经济利益和权力。

正如我们在第二章中讨论过的，西方学者在研究酋邦社会时采取了一种两分法，将酋邦社会分为以注重基本经济和集体团结与利益的“集体取向”类型，以及注重宣扬个人威望和奢侈品交流的“个人取向”类型(参见表2－1)。这一两分法对我们认识红山复杂社会的特性进而与同时期中国其他主要文化区的复杂社会的对比提供了启发。

红山社会中既有必需品财政(staple finance)也有财富财政(wealth finance)。基于地理信息系统的蚌河下游农业经济分析表明,区域聚落群体要实行必需品财政策略征集谷物,进行再分配,以满足可耕地不足的大型中心聚落的食物短缺。但因为各区域聚落群没有充足的剩余食物,在区域聚落群联盟的层次上应该不存在常规的基本食物再分配,必需品财政可能只表现在建筑大型仪式建筑时的劳力和物品征集。财富财政是红山社会上层重要的"政治经济"。红山社会上层会以信仰和仪式的名义获得财富,并将其运用到各种形式的意识形态物化中,组织仪式活动、制作精美玉器、建筑大型仪式建筑、开展远程交流。

红山高等级墓葬中随葬大量玉器以标示宗教和社会地位与权力,颇符合伦福儒定义的"个人取向"(individualizing)酋邦(Renfrew 1974)。但是,与伦福儒的原初定义不同的是,红山社会上层也会组织大规模的公共建设和大型公共仪式,重视以宗教凝聚社会。在费曼提出的"网络型"和"合作型"两分模式中,红山社会明显接近注重个人威望和财富积累、注重远距离交流网和外来财富、生产表达个人身份的手工艺品的"网络型"模式(Feinman 1995)。

简言之,红山社会是具有强烈超自然取向的"网络型"复杂社会。建立交流网络,实施"财富财政"是红山社会运行的基础。独立于居住区的牛河梁仪式圣地是这种超自然取向最突出的表现。

这种超自然取向,正是红山社会快速繁荣和突然衰落的原因。这是我们下一章要探讨的内容。

第八章　从超自然到世俗：红山社会复杂化的衰落

如尤费所言，复杂社会衰落后发生的事情对于了解衰落本身具有重要意义（Yoffee 1988）。多数学者认为，以内蒙古敖汉旗小河沿遗址命名的小河沿文化（辽宁省、昭乌达盟等 1977）是红山文化的继承者，也是红山社会衰落的亲历者（杨虎 1994；郭大顺 1995a）。本章将对小河沿文化社会进行全面分析，但目的在于回答我们在第二章中提出的问题，即红山社会衰落的原因是什么。

目前发表的小河沿文化资料较少，为文化分期带来了困难。碳十四数据只有一个，出自翁牛特旗大南沟墓地，树轮校正年代为公元前 2915 年至公元前 2667 年。通过与其他文化的对比（陈国庆 2009），推测该文化约形成于公元前 3200 年左右，继之而起的夏家店下层文化的年代上限约为公元前 2000 年（徐光冀、朱延平 2001），但两者之间文化面貌差别较大，年代上似乎有间隔。我们只能说小河沿文化结束于公元前 2000 年之前。小河沿文化与大汶口文化多有相似处（详见下文），但未见山东龙山文化遗物，其具体结束时间可以参考大汶口文化结束时间，即约为公元前 2300 年左右。

目前发表了发掘报告的小河沿文化遗址仅有敖汉旗的小河沿和石羊石虎山遗址（内蒙古 1963）、克什克腾旗的大好赉上店（克什克腾旗 1992）和大南沟墓地。其中大南沟遗址资料丰富，是我们分析小河沿社会发展的基础资料（辽宁省、赤峰市 1998）。

第一节　文化面貌和经济基础的变化

小河沿文化陶器的风貌与红山文化有很大差别，以致有些学者怀疑两者是否为直接的继承关系。但它们的文化联系还是非常清晰的：辽西地区传统的筒形罐仍然是小河沿文化的主要器物，彩陶钵在形态和彩陶纹样上承继关系也很明确（朱延平 1997）。小河沿文化也表现出大量新文化因素。在陶器外形方面，出现了盂和壶，红山时期就出现的豆在小河沿时期更加流行，罐和壶等器物上常有耳。在器表装饰方面，辽西地区传统的之字纹消失，代之而起的是绳纹和一些刻划纹；在罐、壶、盂及器座等器物上则有复杂的几何形及动物形彩陶图案（图 8－1）。一般认为，小河沿在陶器方面发生的变化很多是外来影响的结果。豆和壶受到了大汶口文化的影响，与大汶口文化同类器物形态相似，豆把上还有大汶口文化非常流行的三角形镂孔。

工具种类方面的变化也引人注目。小河沿文化流行的工具包括石制斧、锛、凿和细石

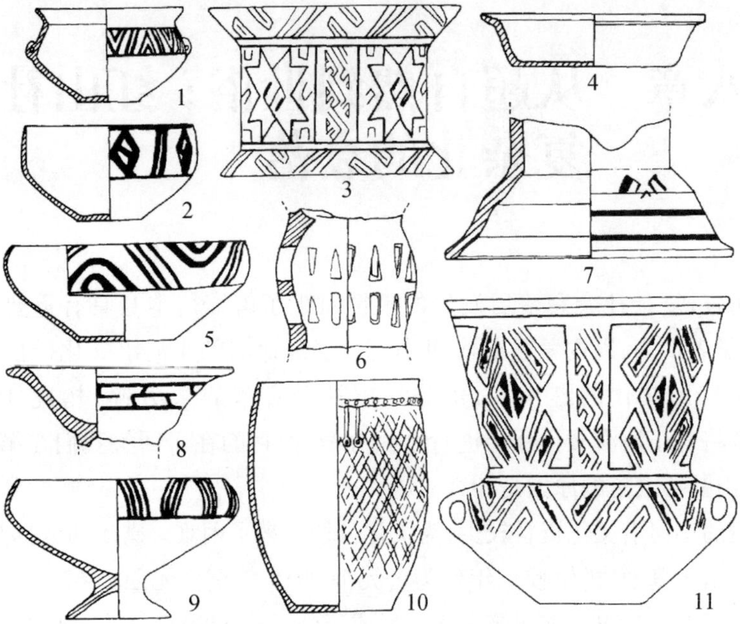

图 8－1　小河沿文化陶器（Guo 1995a：图 1.17）

1. 筒形罐　2、5. 钵　3. 器座　4. 盆　6～7. 豆座　8～9. 豆　10. 筒形罐　11. 尊形器
（1～2、5、9. 四道井子遗址　3～4、6～8、10～11. 小河沿遗址）

器箭头，骨制刀、钻和箭头，石或陶的纺轮等（图 8－2）。与红山时期相比，主要的变化有两项：一是铲和半月形石刀这两种红山时期的主要农具消失了，二是箭头数量大增。例如，在大南沟墓地 M34 中，死者身边放置有 18 枚箭头；在 M6 中，随葬有 10 枚规格不同、精工细作的箭头。农业工具的减少和可能用于狩猎的箭头的增加，表明人们的食物结构发生了变化。

小河沿遗址的发掘资料也表现出食物结构的变化。该遗址发现的两座半地穴房址呈圆形，面积较小（6 平方米）而且结构简单——F4 没有门道，也没有柱洞痕迹。F8 中只发现了两个柱洞（图 8－3）。发掘中出土了一些呈凸起状的屋顶泥块，显示整个房屋可能形如蒙古包（辽宁省、昭乌达盟等 1977）。希佛等西方学者曾提出移动性强的社会喜建圆形房屋，定居性强的社会则建筑方形房屋（McGuire and Schiffer 1983；Robbins 1966；Shelach 2000）。与辽西地区传统的方形房屋相比，小河沿的简易圆形房屋可能意味着人群移动性的增加，对农业经济的依赖减弱。

目前尚没有对小河沿文化动物遗存的系统研究。在小河沿遗址 F4 的火塘周围，发现有大量螺壳、蚌壳和动物骨骼。此外，对大南沟墓地人骨牙齿的研究表明，成年人臼齿均磨损严重，可能与长期咀嚼粗糙食物有关，这些食物中应包括肉类（辽宁省、赤峰市 1998：148）。

上述证据均表明，与红山文化时期相比，小河沿文化人群的基本生存经济发生了变化。虽然农业并没有消失，但至少已经远不像在红山时期那样是最基本的生存基础。

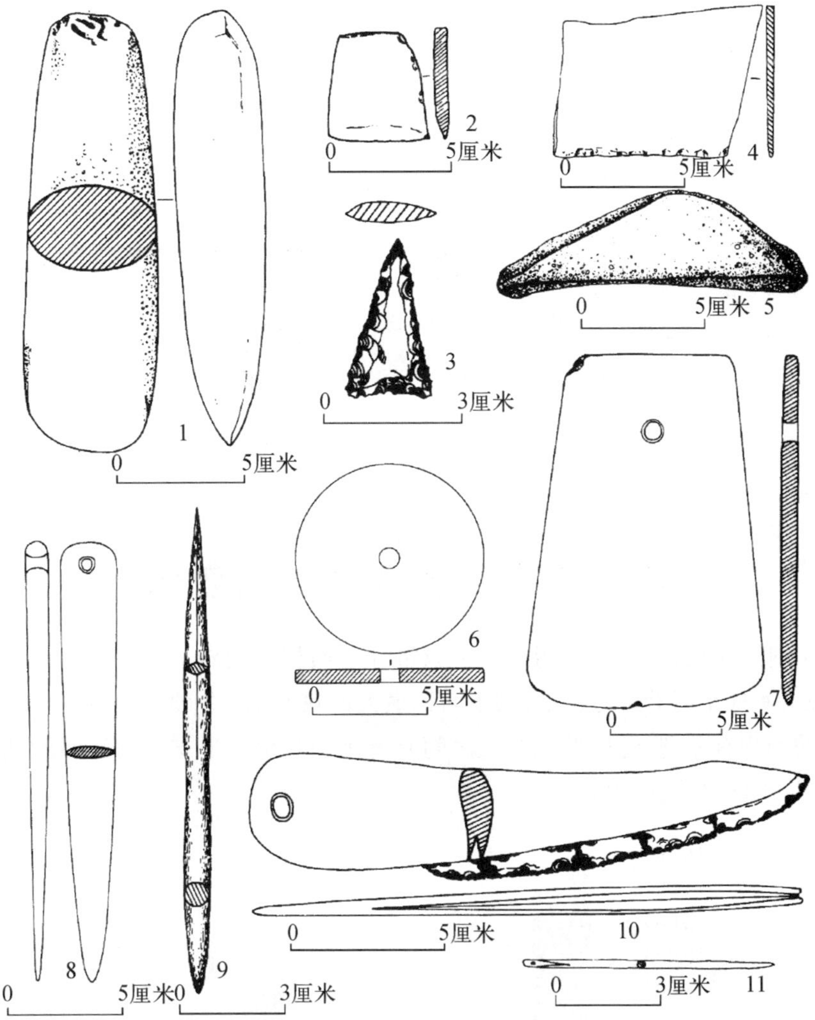

图 8-2　小河沿文化工具

1. 石斧　2. 石锛　3. 石镞　4. 石刀　5. 石磨盘　6. 石纺轮　7. 石钺　8. 骨剑
9. 骨镞　10. 骨柄石刃刀　11. 骨针（1~11. 大南沟墓地）

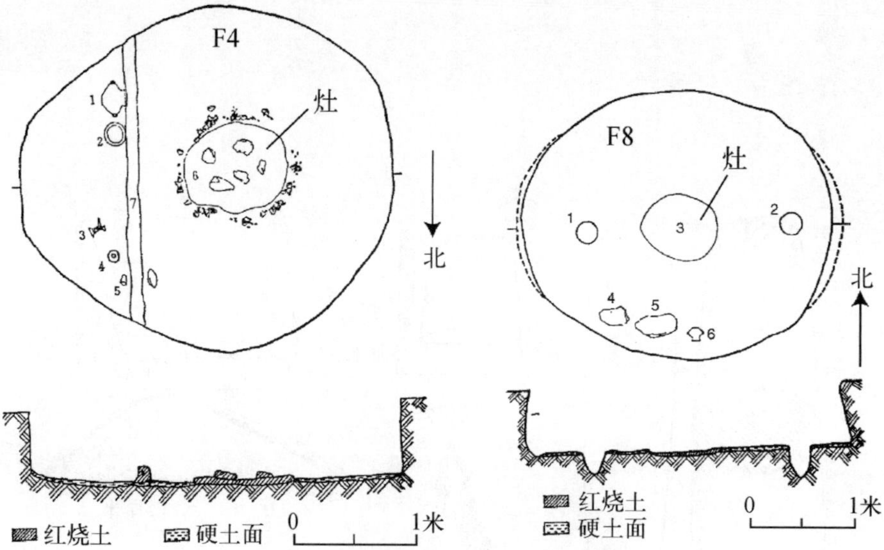

图 8－3　小河沿遗址 F4、F8 平、剖面图

F4：1~2. 尊形器　3. 器座　4. 石器　5. 石锛　6. 灶　7. 夯土隔梁（辽宁省、昭乌达盟等 1977：图 11）
F8：1~2. 柱洞　3. 红烧土　4~5. 石磨盘　6. 筒形罐（辽宁省、昭乌达盟等 1977：图 12）

第二节　社会复杂化的变化

与红山时期相比，小河沿时期的聚落数量和总面积均剧烈下降。在蚌河下游的调查中，仅发现了 4 处小河沿文化遗址，其中面积最大的只有 1.5 公顷。如图 8－4 所示，虽然这些遗址的面积有差别，但很难说彼此之间有等级的差别。半支箭河流域的调查显示了同样的结果（赤峰考古队 2002）。

图 8－4　蚌河下游小河沿文化遗址面积

该时期聚落内部形态的资料很单薄。小河沿遗址的几座房屋似乎仍然成排而列。发表了较详细资料的 F4 和 F8 面积接近，形制略异（参见图 8－3）。F4 中有一道矮夯土墙，将房屋分为东、西两部分。所有的陶器，包括有精美彩陶图案的一件尊和一件器座均放置在东部。动物遗存分布在火塘周围和西部。F8 内则没有这道矮墙，居住面遗物也较少。值得注意的是，F4 内有一个坑，内有一具完整的狗骨架和 2 件陶罐。发掘者因此提出，此间房屋可能与仪式活动有关（辽宁省、昭乌达盟等 1977）。这两座房屋的资料表明，在聚落内部可能存在着经济活动和仪式活动上的差别。

大南沟墓地位于一座海拔约 1 000 米的小山顶部，在 1977 年的 3 次发掘中被全面揭露，共发现墓葬 77 座，聚集成 3 组（图 8－5）。对陶器的类型学研究显示，这些墓葬属于小河沿文化的同一个时期，也就是说，这一墓地很可能是一个人群延续使用形成的，为我们分析小河沿社会提供了极佳的标本。但因为墓地曾遭受过严重破坏，我们在这里只讨论 56 座单人墓葬资料。

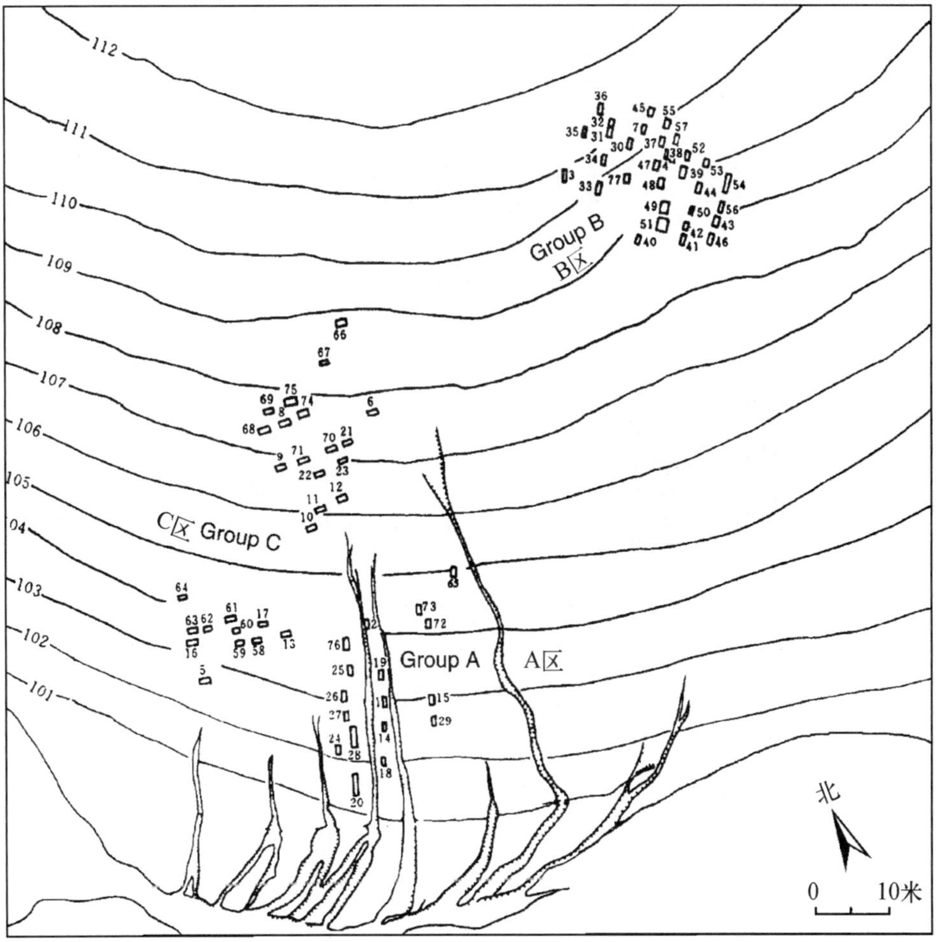

图 8－5　大南沟墓地分布图（辽宁省 1998：图 3）

图 8－6 显示了对各墓葬的规模和随葬品的统计结果。图中可见，墓葬规模和装饰品数量都表现出连续的分布；随葬品总数、工具数量和陶器数量则有两级差别。

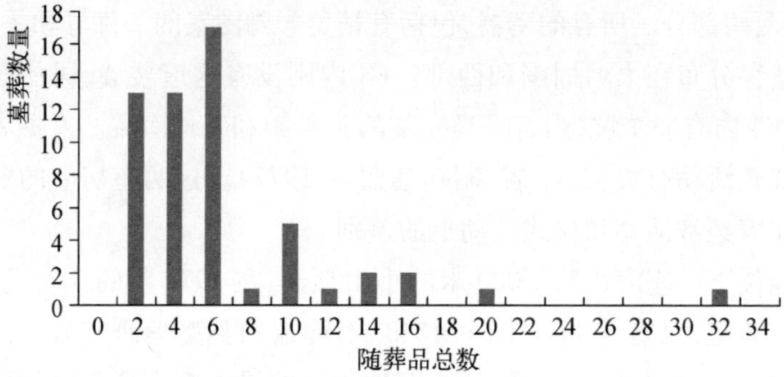

a. 随葬品总数

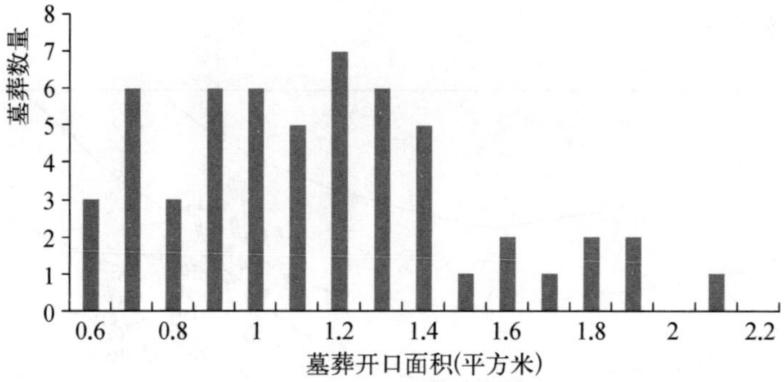

b. 墓葬规模

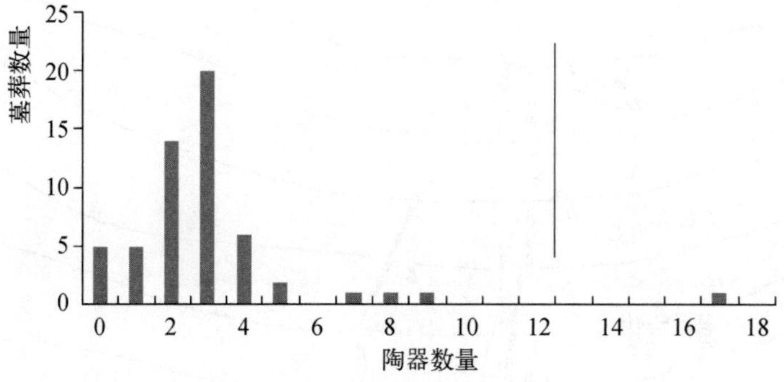

c. 陶器数量

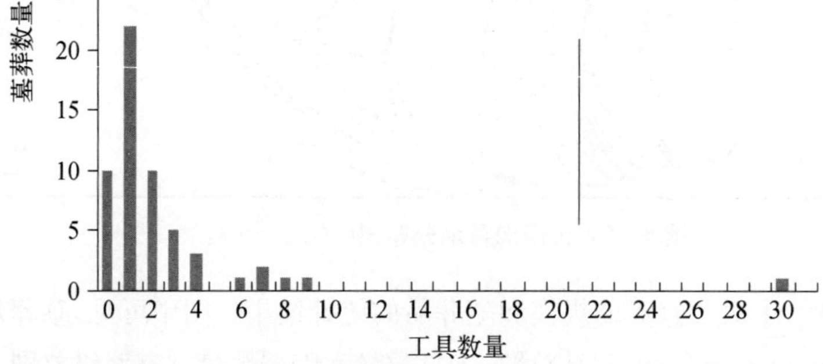

d. 工具数量

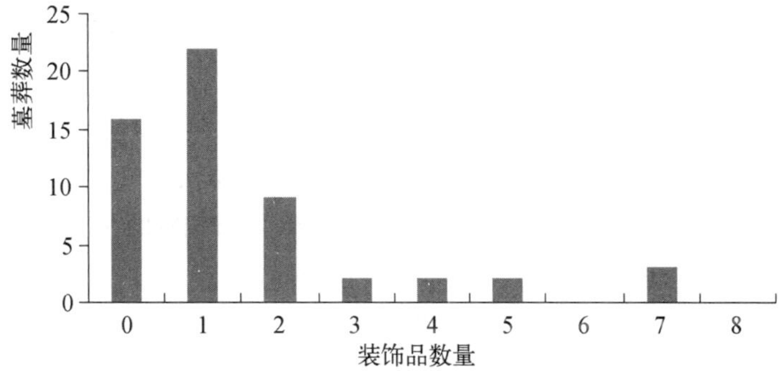

e. 装饰品数量

图 8－6　大南沟墓地墓葬规模和随葬品数量分布

M34是唯一一座随葬品总数和随葬工具数量均较多的墓葬（图8－7左）。但该墓中的全部32件随葬品中有30件是工具，其中包括10件骨箭头、5件细石器箭头和9件细石叶。M67是随葬陶器最多的墓葬。该墓中未见人骨，20件随葬品中有18件是陶器，其中包括一些仅在此墓出土的特殊器形，包括一件鸮形壶、一件彩陶勺形器和一件彩陶埙（图8－7，右）。很明显，这不是一座普通墓葬，而可能与特殊的仪式活动有关。

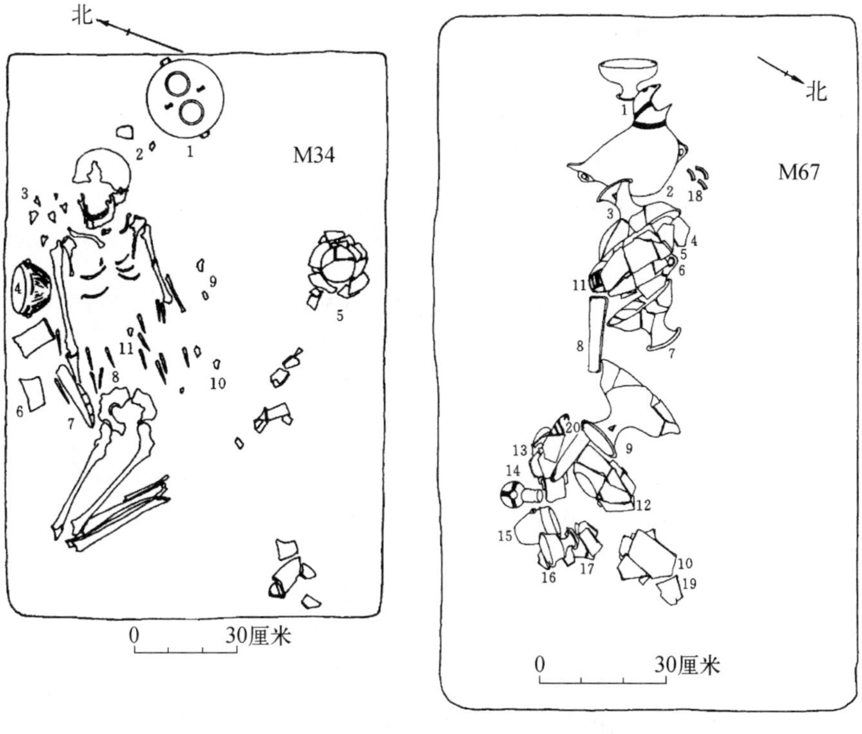

图 8－7　大南沟墓地 M34、M67 平面图

M34（左）：1. 壶　2. 石锛　3. 石镞　4～5. 罐　6. 石板　7. 骨柄石刃刀　8. 骨镞　9～11. 石叶
M67（右）：1、3、6～7、9～10、16. 豆　2. 陶鸮壶　4. 壶　5. 器座　8. 砺石　11～12、19. 钵
13. 陶片　14. 埙　15、17. 筒形罐　18. 石镯　20. 陶斗形器
［辽宁省 1998：图 84（M34）、图 115（M67）］

如果将这两座特殊墓葬排除在外，则墓葬规模和所有随葬品的分布均无等级差别，表明小河沿时期的社会等级差别并不明显。

对墓葬规模和随葬品总数的相关性分析也是反映社会等级化的有效方法。吉迪提出，在高度等级化的社会中，我们可以看到墓葬投入劳动量的等级化和相关性，消耗人力较多的大型墓葬也会有消耗劳动量更多的随葬品（Shelach 2002）。对大南沟墓地墓葬规模和随葬品总数的相关性分析表明，两者几乎没有线性联系，也就是说，并没有墓葬越大随葬品越多的现象（图 8－8）。这与对墓葬规模和各种随葬品分布情况统计的结果正相吻合，同样显示小河沿社会的等级化并不发达。

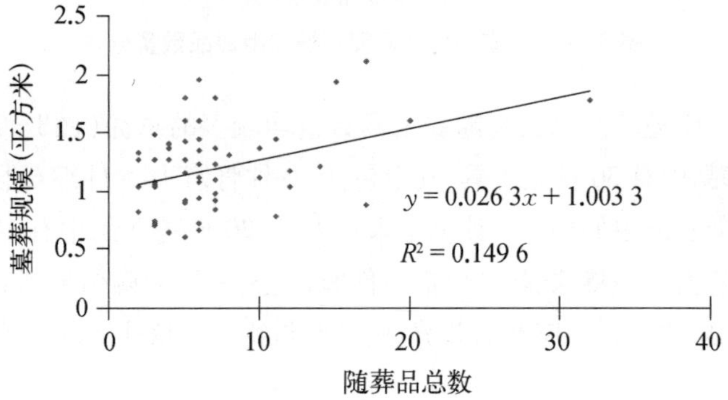

图 8－8　墓葬规模和随葬品总数相关性分析

刘莉在对中国史前墓葬的分析中提出使用 CV 值（标准误差/平均值）来描述墓葬的等级情况，并进行跨文化的对比（刘莉 2007）。表 8－1 列出了不同文化墓葬的墓圹规模和随葬品总数的 CV 值。大南沟墓地的 CV 值明显属于刘莉划分的第一组，即相对平等社会组。

表 8－1　各文化墓地 CV 值

	第 一 组				第 二 组				
遗　址	贾湖	水泉	龙岗寺	阳山	大汶口	呈子	皇娘娘台	夏家店上层	大南沟
墓葬规模 CV 值	0.52	0.67	0.51	0.52	0.69	0.77			0.3
随葬品总数 CV 值	0.12	0.78	0.89	0.75	1.36	2.21	1.34	1.95	0.75

（夏家店上层墓地数据来自 Shelach 2002，其他数据来自刘莉 2007）

大南沟墓地虽然未显示出社会等级差别，但工具和装饰品的随葬情况表现出了明显的性别差异。在 40 座人骨保存较好的墓葬中，鉴定出了 22 座男性墓和 13 座女性墓。如图 8－9 和图 8－10 所示（未计算 3 座男女合葬墓），男性墓随葬各种工具，但少见纺轮，不随葬针，女性墓葬则多随葬纺轮和针；女性墓葬中的装饰品也多于男性。

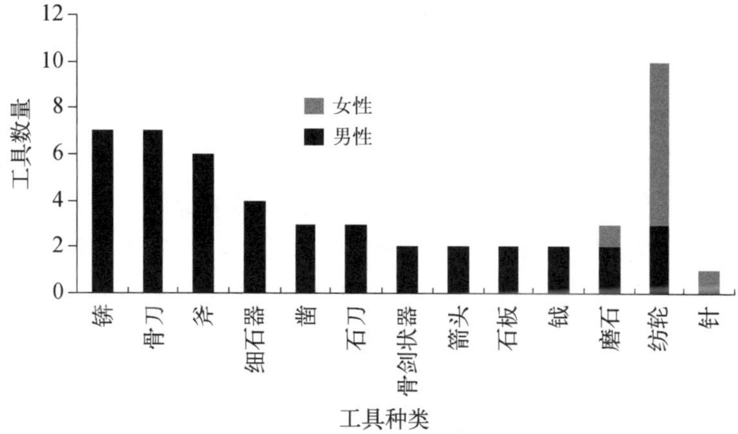

图8-9　大南沟墓地工具的性别差异

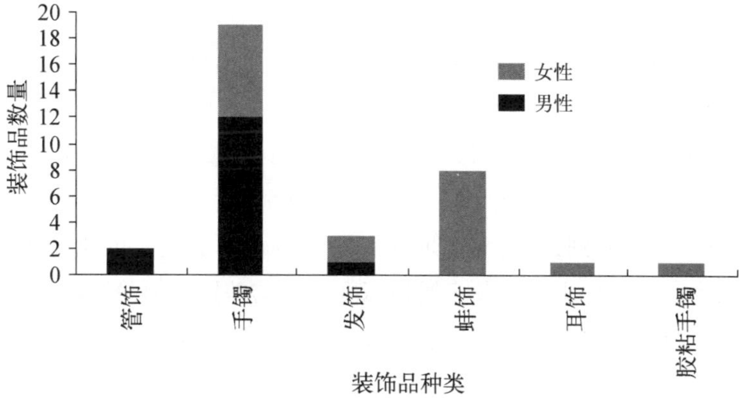

图8-10　大南沟墓地装饰品的性别差异

这三组墓群内的墓葬均大体成排布置(参见图8-5)。A组包括3排和2个单独墓葬,B组包括7排和散落其间的一些墓葬,C组包括大约8排和一些散布的墓葬(C组墓葬又聚集成两个亚组)。正如发掘者提出的,各组及组中的各排墓葬可能对应着不同层次的亲属组织。图8-11显示了各组随葬品的统计情况。A组的随葬品总数和各类随葬品数量均高于其他两组,但总体上看,各组差别并不明显。

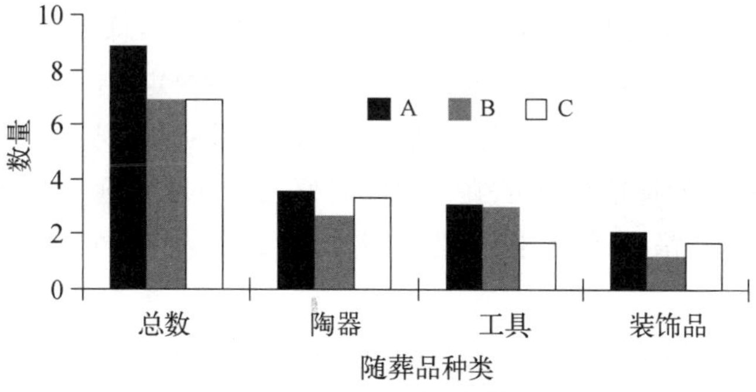

图8-11　大南沟墓地各组间差异

但是，借助地理信息系统软件的帮助，我们可以看到各组内墓葬间的差别。我们使用 *Arcview* 软件对各组墓葬的随葬品总数进行了三级显示（分级标准为自然间隔法 natural break），随葬品最多的高级墓葬用黑色表示，居中的中级墓葬用灰色表示，最少的低级墓葬用白色显示（图 8－12、图 8－13）。在 A 组中，西排有 6 座墓葬，其中包括了该组中全部 4 座以随葬品总数划分的高级墓葬，全部 3 座以陶器总数划分的高级墓葬，全部 5 座以工具总数划分的高级墓葬中的 3 座和全部 4 座以装饰品总数划分的高级墓葬中的 2 座。B 组的西排包括 5 座墓葬，其中包括了该组中全部 2 座以随葬品总数划分的高级墓葬，唯一的 1 座以陶器总数、工具总数和装饰品总数划分的高级墓葬。此外，与陶器和装饰品相比，工具在墓地中也表现出集中分布的情况。在 A 组中，西排的 6 座墓葬包括以工具总数划分的 3 座高级墓和 3 座中级墓；在 B 组中，以工具总数划分的高级墓和中级墓均在东排和西排；在 C 组中，每个亚组中只有 1 座以工具总数划分的中级墓。这些现象均表明，各亲属组织间存在一些社会经济差别。

结合聚落资料和大南沟墓地资料，我们可以对小河沿社会的社会复杂化情况作一个归纳。与红山时期明确的区域聚落等级化、随葬精美玉器的高等级墓葬和大型仪式性建筑相比，小河沿的聚落规模小，数量减少，等级化不明显；墓葬间的差别不显著；大型公共仪式性建筑和有特殊含义的玉器消失。总体而言，社会复杂化明显减弱。小河沿社会中当然还存在着社会经济差别，小河沿遗址的有限资料表明房屋间可能存在财富和仪式活动方面的差别，大南沟墓地也显示各亲属组织间存在的差别。但是，这些差别在兴隆洼和赵宝沟时期即已存在，无法与红山时期的社会复杂化程度相提并论。

第三节　意识形态的变化

有关小河沿文化意识形态方面的资料很少，但还是可以从中看出红山时期以宇宙观和沟通超自然为核心的意识形态的衰落和整个社会对世俗权力的倚重。大南沟墓葬中的随葬品是这一变化的最好证明。

如图 8－14 所示，随葬品总数和工具总数的相关性分析结果表明，两者存在较强的相关性（$R^2 = 0.601\,3$）。同样的分析显示，随葬品总数与陶器总数的相关性要弱得多（$R^2 = 0.297$），与装饰品则无相关性（$R^2 = 0.097\,2$）。也就是说随葬品总数多的墓葬中，工具的数量也多，墓葬中随葬品的多少很大程度上是由工具的多少决定的。与红山时期的“唯玉为葬”相比，小河沿墓葬中明显更注重经济活动而非仪式活动，在现实生活中也应如此。玉器是红山社会中重要的符号性物品，在小河沿时期已经难觅踪迹。大南沟墓地中只发现了 2 件玉器，一件为小凿，一件为小管状器（图 8－15，5），为一般实用器和装饰品，无特殊仪式性内涵。

石、蚌和骨成为装饰品的主要材料，种类有环、璜、坠、牌、管、头饰和珠等（图 8－15）。这些饰品多形制简单，不像红山玉器那样有特殊内涵。此外，如上所述，装饰品在大南沟

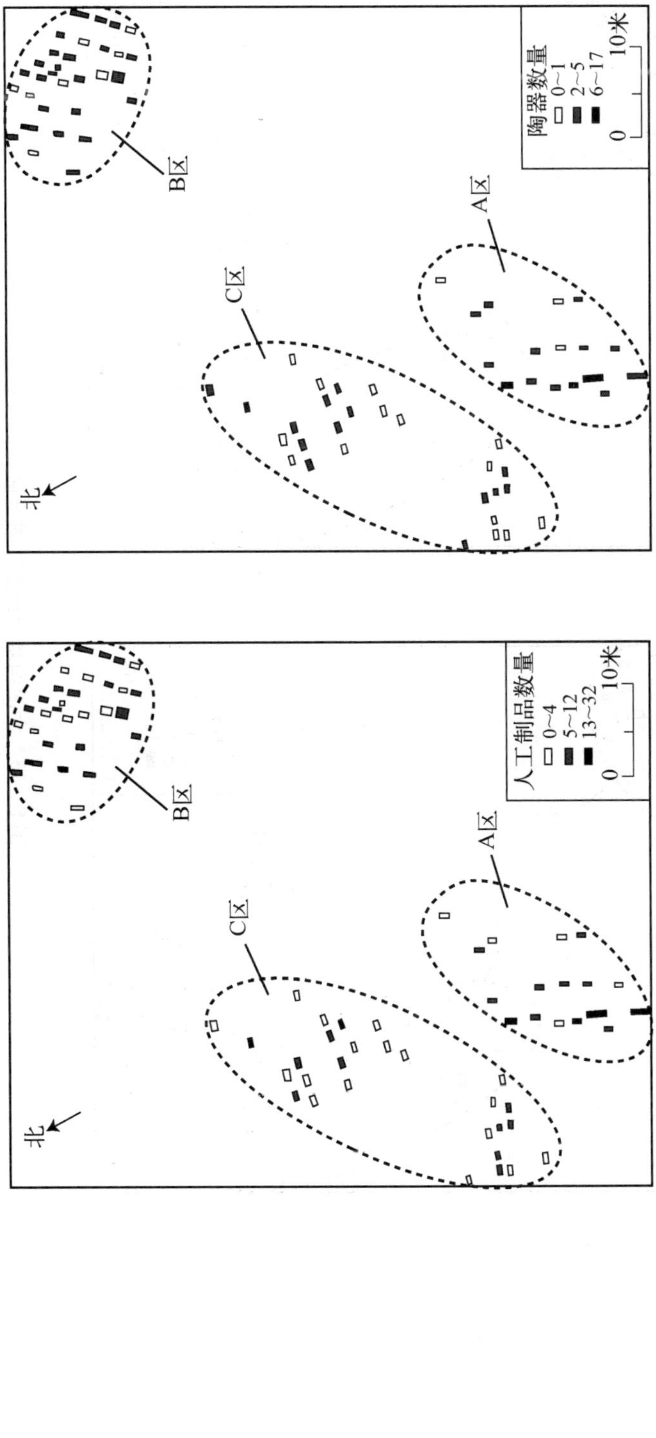

图 8－12　大南沟墓地出土人工制品及陶器分布图

1. 大南沟墓地出土人工制品分布图
2. 大南沟墓地出土陶器分布图

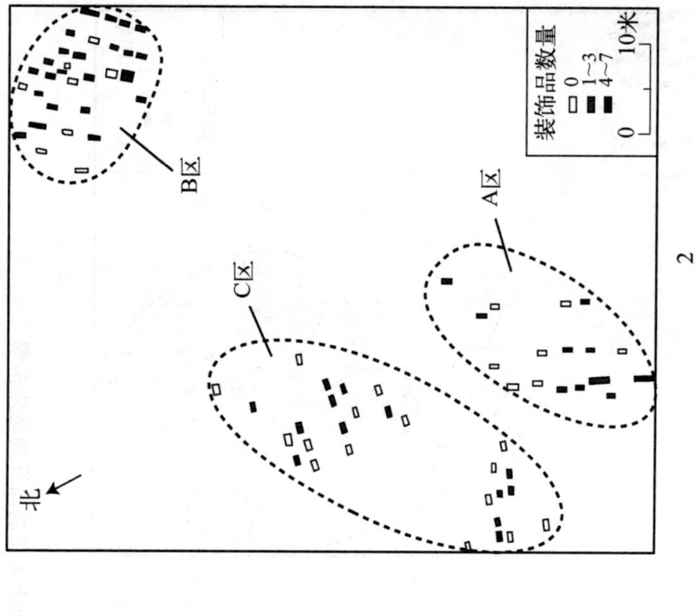

图 8－13　大南沟墓地出土工具及装饰品分布图

1. 大南沟墓地出土工具分布图
2. 大南沟墓地出土装饰品分布图

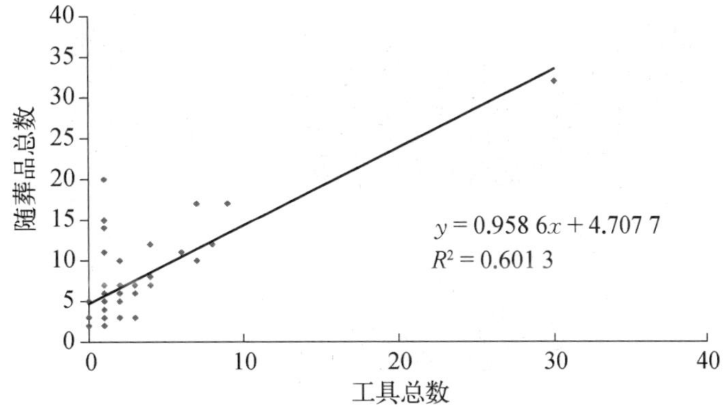

图 8－14　大南沟墓地各墓葬随葬品总数和工具总数相关性

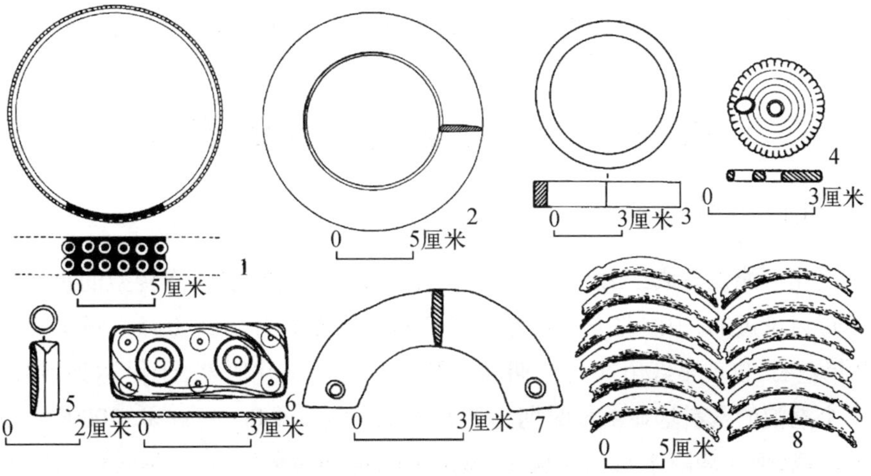

图 8－15　小河沿文化装饰品

1. 镯(骨环嵌入)　2. 石环　3. 石镯　4、6. 蚌装饰品　5. 玉管
7. 石璜　8. 骨发饰(大南沟遗址)

墓地中主要与性别有关，女性墓中的饰品在数量和种类上都超过男性墓(参见图 8－10)。这更表明小河沿饰品主要用于装饰而非身份、地位或特殊仪式法力的标志。一些研究者认为，小河沿陶器上精美的彩陶纹样可能具有特殊含义(图 8－16)，是重要的符号性物品，其拥有者具有仪式上的权威。即使如此，大南沟墓地的资料显示，有此类彩陶的墓葬在随葬品总数和随葬品质量上并无特殊之处。这种仪式权力并没有在墓葬中被强调。

小河沿文化也未见红山时期的大型仪式性建筑。小河沿遗址房屋 F4 中的坑可能与某种仪式活动有关。但这与兴隆洼时期和赵宝沟时期一样，属于聚落内部房屋内发生的仪式活动。没有资料显示，当时存在着整个聚落或多个聚落参与的大型仪式活动。

上述考古资料均表明，红山时期以与超自然沟通为核心的意识形态在小河沿时期已经不复存在。虽然我们不能依据现有资料重建小河沿时期的意识形态，但有一点是明确

图 8-16 大南沟墓地出土陶器(M52：1)上的刻划纹
（辽宁省 1998：图 28）

的，这一意识形态与红山时期迥然有别，应该更加重视世俗权力而非与超自然的沟通。

第四节 红山复杂社会的衰落

一、气候变化

气候变化可能是造成红山时期农业生产衰退，小河沿时期经济转型的重要原因。正如在第一章讨论过的，中国北方地区在距今 7 000 年左右开始经历降水量下降期。在距今 5 000 年左右，也就是红山文化末期和后续的小河沿文化时期，干旱达到顶峰，来自中国北方 9 个湖泊的资料均显示该时期为低水面期(An and Porter et al. 2000)。虽然年平均温仍然较高，但年均降水量已经减少(Winkler and Wang 1993)。尽管红山时期的主要作物粟抗旱能力很强，非常适宜在辽西所处的半干旱地区种植，但在播种等关键时期，充足的降水量还是非常重要的。如果土壤的墒情不足，则种子难以发芽(Lu 2002)。因此，长期的干旱对农业会产生致命的影响。目前还难以量化这一气候变化对农业的影响，但小河沿时期聚落数量和面积的急剧下降，以及考古资料显示出的农业经济地位的下降均表明，持续的降水量减少和干旱肯定对红山农业经济造成了严重负面影响。

二、社会应对的失效

在对利凡特南部地区青铜时代早期复杂社会的研究中，罗森发现，这些社会的衰落是与严重干旱的气候同时发生的。但他认为，气候的恶化不会造成社会自动地或不可避免地发生衰落。虽然气候的变化必然会对社会系统造成影响，但其本身往往并不足以造成系统的崩溃(Rosen 1995)。

一些学者的研究表明，在饥荒岁月里，富裕的社会上层可能会获得比正常年景里更多的财富。他们往往有可以换取食物的充足财物储存，也更容易操纵公共食物储存(Rao

1974；Spitz 1980；Rosen 1995）。因此，我们必须考虑人类社会应对新气候与新环境的政治、文化和社会经济策略。红山社会上层应对环境变化的策略这一内因是比环境变化本身这一外因更重要的影响红山社会发展的因素。

学者们曾经总结过处于易受环境影响地区的前工业时代农民应对特殊气候变化的策略，其中可以通过考古遗存辨认的策略包括：1. 增加农作物和牲畜的种类，2. 进行食物存储，3. 扩大社会交流网络以从邻近地区获取食物，4. 将食物置换为不会腐败的等价物以在灾荒年份换取食物，5. 提高农业技术（Rosen 1995）。

很多学者提出，大豆是辽西地区重要的作物（Shelach 2000）。中国东北地区现在是野生大豆和驯化大豆资源最丰富的地区。文献也记载，在东周时期，东北地区已经是大豆农业的中心，而且被认为是大豆的起源地。因此，红山时期种植大豆的可能性是很高的。红山时期也应该还有其他农作物。虽然难以准确估算这些谷物在红山居民食谱中的比重，但红山社会如果能妥善利用作物的多样性，是多少可以减轻气候变化对农业的不利影响的。

红山文化西水泉遗址的大型房屋 F17 中发现了两个可能用于储藏的坑穴（参见表 6－4），表明储藏食品是当时应对食物短缺的日常策略。但正如我们在第七章详细讨论过的，对蚌河下游人口数量和可耕地的分析表明，红山时期的人口数量达到了该地区承载力的 40%，聚落领地内的土地利用率也达到了 68%。也就是说，如果蚌河下游居民将领地内可耕地全部开发的话，仍然需要两年的时间才能储存够全体居民一年消费的粮食［68%/（1－68%）］。因此，虽然粮食储存是度过灾年的有效手段，红山社会仍要精打细算才能使这些储存在关键时刻发挥作用。

没有资料表明红山时期的辽西地区与其他地区有大规模的食物交换。周南曾提出，在史前社会，如果距离超过 275 公里，基本食物的运输就会入不敷出，即运输过程中消耗的食物会大于运输的食物量（Drennan 1991）。事实上，考虑到当时的运输条件，在红山时期，远距离大规模食物交换会有很多技术性困难，几乎是不可能发生的。红山社会上层确实建立起了远距离交流网，但这一网络中交流的是仪式用品和宇宙观等高级知识，而非一般食物。

玉器在红山文化区域内有广泛的分布，可见红山社会内部也存在高级物品和高级知识的交流。这种近距离交流网络可能是前国家社会调剂基本物资、降低灾荒风险的有效策略。在很多农业社会中也确实存在这种食物交换行为（Hirth 1992）。对红山社会而言，有特殊价值的玉器在交换中可能也确实能够发挥“货币”的作用。如果妥善利用这一交换网络，精明的红山社会上层有可能度过灾荒，并在抗灾过程中获得更高的威望和更大的权力。

建设灌溉系统和修筑梯田是保证土壤墒情的有效手段。在现代辽西地区，建设梯田是最重要的保持土壤水分和防止水土流失的手段。在蚌河河旁区域，简单的灌溉渠道也很常见。红山时期已经可以建筑大规模的仪式性建筑，从技术上说，建筑水利设施并非不可能，但这些工作同样需要有效的组织。

简言之，红山社会上层可能会采取，至少是有机会采取上述措施应对环境变化对农业造成的不利影响。如果他们有效地利用了这些策略，是有可能渡过难关的，并可能利用这样的机会获得更高的威望，红山社会就不会像目前考古资料显示的这样突然崩溃，其复杂化程度反倒可以借机加强。但是，要实行这些策略需要高效地关注世俗生活的社会组织和掌握世俗权力的社会上层。不幸的是，如第七章我们讨论过的，红山社会有强烈的超自然取向，以与超自然的沟通为社会威望和权力的核心。习惯了显示自己法力的红山社会上层在面临现实的困境时，首先会选择举行各种仪式活动，通过与超自然的沟通来解决现实问题，而非实施切实有效的“世俗”策略。

正如艾尔提出过的，对意识形态权力的使用要以经济权力等其他权力结合。如果不能和各种权力有机结合，意识形态权力可能得到很大发展，取得控制地位，但不能形成有力的中央集权协调各种利益；强大的中央政治机构是不能以任何一种权力资源为依靠的，而是要靠各种权力资源的综合运用（Earle 1997：192）。红山社会上层对意识形态权力的过度依赖，使其难以充分与其他权力资源结合，难以形成可以应对危机的强大权力机构。罗森指出，在前工业社会里，降水量的减少普遍被认为是对人间罪孽的惩罚。因为将恶化的环境当作神的不满，崇尚意识形态权力的社会上层不会改变其超自然倾向，反会强化与神的沟通，投入更多的人力、物力建设仪式性建筑和举行更大规模的仪式活动（Rosen 1995）。红山社会的上层们正做了同样的事情。面对日益增强的环境危机，他们除了宣扬自己的超自然能力外，无计可施。而危机越严重，他们的超自然能力越显无奈，如此恶性循环，终于导致社会的崩溃。

在红山文化早期，当农业逐渐成为经济基础的时候，红山社会上层创造了新的意识形态。到红山文化晚期，这一意识形态发展到了顶点，红山社会上层使用了各种手段对意识形态进行物化，以强化自己的威望和权力。牛河梁仪式中心就是在红山晚期形成的，也就是在气候日益恶化的情况下形成的。这一仪式中心的建设可能就是红山社会上层应对气候恶化的重要措施。这一应对措施将有限的社会资源投入到了宗教仪式活动中，而非前面讨论的各种切实的缓解危机措施。投入到建设大型仪式建筑的人力和物力意味着投入到农业生产和相关设施建设人力的减少，剩余食物被消耗，使得建设灌溉系统和梯田等改进农业生产的技术措施难以实施。对超自然的过分依赖也会侵蚀掉红山社会依靠自己的力量应对危机的信心。

当气候日益恶化，谷物收获日益减少，有限的剩余物资被投入到无益的活动中，对超自然的祈求又毫无效果，红山社会上层很快就失去了民众的信任，红山社会的崩溃便随之而来了。

第五节　小　　结

考古资料显示，小河沿文化时期社会复杂化程度明显减弱，红山复杂社会发生了衰落。这一衰落有多种表现。蚌河下游的调查资料显示出聚落数量和面积的剧减和区域聚落等级的消失。大型仪式建筑的废弃、有特殊含义的标示宗教权力的玉器的消失又表明了红山意识形态的衰落。对大南沟墓地的分析表明世俗权力，特别是经济活动能力是小河沿社会强调的重点。

气候的变化应该是衰落的外因。自红山文化早期，辽西地区就开始进入干旱期；到红山文化晚期，干旱日益加剧，对粟作农业造成了严重影响。虽然红山社会本可以采取多种措施降低环境的负面影响，但红山社会上层强烈的超自然取向使得他们把克服危机的全部希望寄托到了超自然力量上，难以实施各种切实措施度过危机，并借机扩张权力，促进社会复杂化的发展。他们可以采取的唯一行动就是投入更多的人力、物力进行意识形态的物化，加强与超自然的沟通。不幸的是，这些努力虽然造成了辉煌的牛河梁仪式中心，并在短时期内强化了社会上层们的宗教威望和权力，但却无力克服现实的环境危机，终于导致红山社会的轰然崩溃。

红山社会的衰落是中国史前时代灿烂的转折期后最早发生的区域复杂社会衰落和文明化进程中断事件。在最后一章，我们将回顾整个辽西地区的文明化进程，并讨论该地区在中国文明形成过程中的位置。

第九章 “中国相互作用圈”视角下的辽西地区

至此，我们已经对辽西地区的社会复杂化道路进行了全面的描述和系统分析。这一持续约 4 000 年的发展历程让我们有机会深入认识一个独特地区的独特文明化进程。在这最后一章里，我们首先会总结一下这些重要特征，对辽西地区的发展道路进行归纳性的综述。然后，我们会将辽西地区的社会复杂化进程与黄河流域和长江中下游地区进行对比，在“中国相互作用圈”的视角下认识各地区的独特性和中华文明起源的总体态势。最后，我们会呼应本书开始提出的问题，讨论辽西地区独特的文明化进程对打破“第三个怪圈”，即根深蒂固的大一统思想束缚的意义。

第一节 辽西地区的独特文明化进程

一、向食物生产型经济转化的独特道路

（一）对狩猎采集经济的长期坚持

兴隆洼文化的考古资料对传统上的新石器时代生产经济形态的认识提出了挑战。大型的半地穴房址，悉心规划的聚落布局，发达的陶器生产，新的石器种类，这些因素使很多人相信兴隆洼文化居民是以农业生产为主要食物来源的。但是，对考古资料的深入分析表明，虽然兴隆洼时期已经开始粟和黍的种植，我们仍然难以确定农业已经成为主导经济形态。对兴隆洼文化石器的研究表明，被考古学家命名为“锄”、“铲”等“农具”其实未必与农业生产有关。这些工具上面并没有明确的收割谷物的痕迹，有些可能用来加工兽皮，有些可能与砍伐树木和挖掘半地穴房址等活动有关。大量的动物骨骼遗存和农作物以外的植物遗存表明，狩猎和采集经济仍然占有很大的比重，具有不可替代的地位。

因此，兴隆洼文化可能是以狩猎采集经济为基础的新石器时代文化。与其同时期的黄河、淮河和长江流域的先民已经开始更多地依赖植物种植（Yan 1992，2002；Lu 1999；Cohen 2002）。有考古证据表明兴隆洼居民与南方邻居们有一定的交流，应该知晓农业生产方式正在流行，而且当时强劲的夏季季风带来的降水对辽西的农业生产相当有利，但兴隆洼居民仍然选择以狩猎采集为主的经济形式，并成功地发展出了大规模的定居聚落。虽然有考古资料表明赵宝沟文化时期也有农作物的种植，但仍然没有农业成为经济基础

的明确证据。相反，该时期遗址内的动植物遗存相当丰富，狩猎采集经济很可能仍然是主要的食物来源。

也就是说，在黄河和长江流域的居民大力发展农业生产的同时，辽西地区居民在持续约1 700年的时间里，坚持着以狩猎采集为主的经济形态，并发展出了定居的聚落。目前的考古资料还不足以全面解释这不同寻常的坚持，但辽西地区丰富的动植物资源和多丘陵山地的自然地貌可能是非常重要的原因（孔昭宸、杜乃秋 1981；孔昭宸、杜乃秋等 1991）。

（二）向食物生产经济的转变

毫无疑问，在红山文化时期，辽西地区发生了由向自然界获取食物的狩猎采集经济向生产食物的农业经济的重要转变。红山文化密集的聚落群、谷物遗存、半月形收割工具以及新的基于宇宙运行知识的意识形态均是这一转变的明确证据。气候的变化及其引起的植被变化可能是促成此转变的原因之一，但红山社会内的社会上层或充满野心的“积累者”是促成此转变的重要内因，这主要因为以下两个原因。

首先，在此转变发生前，辽西地区以南的黄河和长江流域已经形成了农业生产的经济模式，考虑到红山文化与黄河和长江流域文化的密切交流关系，红山社会发生的向农业的转变很可能是借鉴南方邻居们的经济生产方式的结果。其次，辽西地区在兴隆洼文化时期即出现了社会不平等，赵宝沟文化时期，这种不平等得到加强。聚落中大型房屋中的居民在社会中明显占有更高的地位。对聚落中遗物分布情况的分析表明，他们对石器和陶器的生产及仪式活动有某种程度上的控制。赵宝沟聚落中还发现了与举行宴饮有关的遗存。总之，辽西地区已经出现了具有相当权力和威望的社会上层。

因此，红山文化时期发生的向食物生产经济的转变颇为符合海登的“社会—经济竞争”理论（Hayden 1995）。这一转变更多的是红山社会上层的主动选择，而非在环境突然变化的情况下的被动应对。环境之变化不能被简单地认定为促成农业发生的唯一动因，而更应被看作红山社会上层主动从南边的邻居们那里引入农业生产和生活方式，并建立与之相关的新意识形态的有利契机。红山社会努力引入农业的原因，并非仅仅是应对环境变化造成的食物资源短缺和生存压力，也意在以更有效的、更可预期的方式积累更多的剩余食物，为获取更多的社会经济权力和威望奠定经济基础。正如寇恩指出的（Cohen 2002），在向农业生活方式转变的过程中，人类不仅经历着获取食物手段的变革，也经历着对自然和精神世界的认知，以及对社会组织和人群间互动关系的变革。

红山文化独特的向食物生产经济转变的道路，塑造了红山社会复杂化的各项重要特征。

二、“超自然取向”的社会复杂化道路

考古资料清晰表明，红山社会在向食物生产经济转变的同时，社会复杂化也发生了急剧的跃进。蚌河流域的区域调查结果显示，红山时期的聚落在数量和总面积上均显著增

长,并且出现了明确的聚落等级差异。蚌河这样的小流域,应该形成了区域聚落群体组织,而牛河梁这样的仪式中心的出现,更表明存在包括了多个区域聚落群体的更大的社会组织的存在,可以组织实施大规模的建设工程,举行包括更多参与群体的仪式活动。精美的玉器表明手工业生产专业化的发展。此外,复杂的仪式性建筑和精美的仪式用品的流行表明形成了更加复杂的仪式系统。

红山文化的区域聚落群体规模和特征颇为符合西方学者定义的“酋邦”,并表现出强烈的“超自然”倾向,即整个社会都对与超自然的沟通极为重视,沟通超自然的能力成为权力和威望的主要来源。

(一) 红山社会新意识形态的形成

新意识形态的创立是红山社会上层在向农业经济转型过程中获得的最重要成果之一。因为考古资料的限制,我们难以明了这一意识形态的很多细节,但可以明确的是,这一意识形态的一个重要基础是对宇宙结构和日月星辰运行知识的了解和掌控。这些知识的基本内容包括：天圆地方、天体以极星为核心旋转、龟为宇宙的天然模型、神鸟在日月星辰运行中扮演重要角色、北斗星的运转是重要的季节标志、猪为北斗星的象征等。这些知识对准确观测季节变化、把握农时、保证农业丰产至关重要,对这些知识的掌控意味着对当时最重要的经济基础——农业生产的掌控。

这一新的意识形态是继承、引进和创新的产物。

新意识形态的很多基本元素根植于辽西地区的文化传统之中。猪的仪式功能在兴隆洼时期即已存在。赵宝沟时期小山遗址尊形器上身体抽象为弯勾状的刻划猪纹已经与红山玉猪龙的形态极为相似。与鸟有关的仪式用品以及人形塑像均见于兴隆洼和赵宝沟时期的多处遗址。此外,红山意识形态物化的最重要载体玉器也早在兴隆洼时期就可见其源头。以石料建筑的仪式活动场所至迟在赵宝沟时期也已经出现,但没有证据表明在红山时期之前已经产生了融合这些因素的以天文观测知识为核心的意识形态。

如果考虑到辽西以南的黄河、淮河和长江流域在相当于兴隆洼文化时期即已出现与宇宙观和天文观测相关的遗物,再考虑到农业生产方式与天文观测的密切联系,一个合理的推测是,红山文化新意识形态的形成受到了伴随着农业生产方式一起引进的黄河和长江流域意识形态的深刻影响。红山社会的社会上层在模仿南部邻居们的食物生产经济,努力实现由狩猎采集经济向农业经济的转变的同时,显然也会意识到宇宙运行知识和天文观测对于农业丰产的重要性,也会意识到在农业社会中,获得权力和威望的最佳途径就是对宇宙运行知识和天文观测的掌控,因此自然会引进相关知识。

但需要强调的是,红山社会上层并未完全复制外来的意识形态,而是在继承传统的基础上进行了精彩的再创造,以适应本文化的特殊环境。传统的文化因素被赋予了新的意义,以承载新的意识形态。

这一精彩创制的意识形态在红山社会中无疑获得了至高无上的地位。承载着宇宙知识的玉器几乎是社会上层墓葬中唯一的随葬品。这一被称作“唯玉为葬”(郭大顺1997a)的习俗清楚表明,对于红山社会上层来说,与超自然沟通的神圣能力是最值得珍视和需要炫耀的权力。也就是说,新创制的意识形态奠定了红山社会“超自然取向”的基础。

(二)红山社会复杂化的形成

目前的考古资料显示,红山文化社会存在蚌河流域聚落群那样的区域聚落群体和牛河梁仪式中心暗示的区域聚落群体联盟两级政体。

没有证据表明在赵宝沟文化末期出现了人口增长造成的环境压力。红山文化聚落快速增长显示的人口快速增长不像是促成社会复杂化的诱因,而更像是其结果。气候的变化可能只是刺激了红山经济形态和社会机构的变革。以获取自身利益为目标的“积累者”在这一转变中发挥了更重要的作用,而且他们使用的重要领导策略是基于意识形态而非经济基础的。正如尼尔森指出的(Nelson 1996,1998),红山社会上层是通过对有关超自然的特殊知识的掌控而逐渐获得权力和威望的。基于宇宙观和天文观测的新红山意识形态是将红山社会凝聚成复杂结构的最有力的粘合剂。

剩余食物当然是红山社会复杂化的必要经济基础。对蚌河流域红山文化聚落的基于地理信息系统的农业承载力分析表明,该流域的聚落群体在谷物上可以达到自给自足并有盈余。红山新意识形态的各种物化方式和建立远距离交流网都需要这些剩余食物的支持。红山社会上层似乎并未使用“世俗”或“行政”的方法集中剩余食物,也许是因为有关行为的考古资料难以被发现和释读。考古资料反映的红山社会强烈的“超自然取向”提示我们,对意识形态权力的操纵可能是红山社会上层聚集剩余食物的有效手段。对意识形态权力的成功运用,使得红山社会上层的权力和威望日益巩固,红山社会逐渐形成区域聚落群体那样的复杂社会组织;更是因为意识形态的粘合作用,若干区域聚落群体进一步形成以牛河梁仪式中心为标志、以举行共同的仪式活动为主要功能的区域聚落群体联盟。

(三)红山社会上层的领导策略

因为新意识形态的重要性,这一意识形态的物化和建立社会上层远距离交流网成为红山社会上层维护权力的最重要的“领导策略”。

公共仪式活动、仪式用物品和公共建筑及仪式圣地景观是红山社会上层物化其意识形态的主要手段。公共仪式活动为红山社会公众提供了共同的仪式经验,对以意识形态凝聚社会意义重大。玉器是红山社会最重要的符号性仪式用品,标示着佩戴者沟通超自然法力以及随之而来的社会身份。仪式性建筑则是我们至今仍然可以看到的红山社会大型物化意识形态成果。

红山时期有两个层次的对外交流。区域间交流将红山社会上层与同时期其他考古学文化的社会上层联系起来。中国东部不同文化区开始共享相似的关于宇宙运行和天体观测的知识，并不约而同地以玉为承载这些知识的载体。各地间的玉器在形制上有各自的特点，表明在社会上层间交流的主要是神秘知识而非实物。另一个层次是红山文化控制区内部的交流。在这个层次的交流中，神秘知识和物品均可以交流。玉器，特别是玉猪龙、勾云玉佩和箍形器很可能具备了“政治货币”的功能，可以被高等级聚落的领导者以赏赐、赠予等方式，分配到次级聚落，作为维系整体团结的“政治投资”。

我们目前还难以通过考古资料辨认出社会上层运用的经济方面的领导策略。鉴于新意识形态在红山社会中至高无上的地位，意识形态权力应该足以使得红山社会上层获得对经济生产的控制。因此，红山社会具有强烈的“超自然取向”：经济利益的获得依靠意识形态权力的行使，而以此获得的经济财富又被投入到意识形态权力的宣扬和维护中。简言之，红山社会上层权力操控的核心是意识形态权力。

三、红山复杂社会的衰落

聚落数量的急剧减少，区域聚落等级化现象的消失，标示拥有者仪式权力和威望的玉器的急剧减少，以及牛河梁这样的仪式活动中心的废弃等考古现象均清楚表明，在小河沿时期，红山时期形成的高度复杂化社会已经倏然崩溃。对大南沟墓地的分析显示，较高等级墓葬随葬品强调的是世俗权力，尤其是与经济生产相关的能力，几乎没有可以确定与仪式权力相关的特殊物品。此外，农业在经济生活中的地位似乎也有所下降。

日益干旱的气候可能是促成红山复杂社会衰落的重要外因，但整个社会系统不能对气候变化作出及时有效的应对才是衰落的根本原因。虽然缺乏确凿的考古证据，但我们可以推测，红山社会的社会上层们不会坐以待毙，可能会采取一些措施以扭转颓势。

事实上，辽西地区在兴隆洼文化时期就已经出现了社会上层对经济活动的某种程度的控制，形成了注重经济权力的传统。南台子和兴隆洼遗址房址内的遗物分布情况均表明，位置重要、面积较大的房屋的居住者在石器生产的组织实施中可能发挥了更重要的作用。小山遗址特殊房址内细石叶和细石器原料的集中出现，表明赵宝沟时期也存在受到社会上层某种程度控制的石器生产。

但同时，辽西地区也存在着仪式活动日渐发展的明确轨迹，表现为由兴隆洼时期的“仪式在家居内”，即特殊家庭掌控的范围较小的仪式活动；到赵宝沟时期的“仪式在聚落边”，出现以整个聚落为对象的更大规模的仪式活动；再到红山时期出现的“仪式在圣地”，以及可能面向若干区域聚落群体的大规模仪式活动。考古资料表明，红山时期特别强调和发扬了这一注重仪式的传统，因而形成红山社会独特的“超自然取向”的复杂化进程。既促成了其勃然兴起，也造成了其倏忽衰败。面对危机，红山社会采取的很可能是不切实际的、强烈的“超自然取向”的措施，例如运用更多的手段、投入更多的资源以强化与超自然的沟通。这些措施并不能解决现实中的问题，甚至会使问题更加恶化，加速了衰落的进程，终于导致整个复杂社会系统的快速崩溃。

第二节 打破“第三个怪圈”：中国史前社会复杂化的不同轨迹

将红山文化放置在整个“中国相互作用圈”的背景下观察，我们会对其独特的社会复杂化进程有更清晰的认识。

越来越多的考古资料证明，公元前第四千纪是中国史前时代灿烂的转折期，尤其是在其后期，及公元前3500年前后，各主要文化区均发生了跨越式的发展。

在江淮地区，凌家滩遗址是江淮之间社会复杂化进程的代表。该遗址出现祭坛、积石圈和随葬大量玉器和石器的大型墓葬，最新发掘出的07M23出土随葬品330件，有玉器200件、石器97件、陶器31件和绿松石器1件等，其中包括长72厘米、重达88公斤的玉猪（安徽省2008）。前文已经讨论过凌家滩与红山社会通过社会上层远距离交流网发生的密切联系。值得关注的是，这对社会上层交流的最佳范本虽然关系亲密超过其他同时期文化，而且均极为重视蕴涵宇宙观内容的玉器，同样具有浓厚的“超自然倾向”，但也有显著的差别。首先，凌家滩并没有形成像牛河梁那样的仪式中心，其祭祀和墓葬区就位于居址附近。其次，凌家滩大墓中随葬大量玉钺、石钺和石锛。如07M23墓主的身下就铺满石锛，如同棺床。这表明凌家滩社会上层的“超自然取向”比红山略逊，以钺为标志的军事权力占有重要位置，而石锛则可能体现了江淮地区重视石器制作和木作技术的特殊传统。

在长江下游地区，东山村遗址的重要发现充分展示了以长江下游环太湖地区为中心的崧泽文化的社会发展程度。已经发表资料的M90墓口面积超过5平方米，随葬品67件，包括5件大型石钺、2件大型石锛、19件玉器和38件陶器等，是目前所知随葬品数量最多的崧泽文化墓葬。M91墓口面积也超过5平方米，随葬品40件，包括玉器14件、石器2件和陶器24件。M92墓口面积超过4平方米，随葬品49件，包括玉器12件、石器10件和陶器27件。拥有丰富随葬品的大型墓葬是崧泽文化社会复杂化的显著标志（南京博物院等2010；南京博物院、张家港博物馆2010）。东山村墓葬玉器虽然显示出与凌家滩墓葬的很大相似性，但其突出特点是无蕴涵宇宙观的特殊玉器，而且东山村墓葬中随葬陶器的比重明显要高，很明显，世俗权力在崧泽社会中受到了比与超自然沟通的仪式权力更多的重视。

在黄河下游地区，大汶口文化出现大型墓葬，山东泰安大汶口墓地M2005随葬品共计104件，包括陶器58件及石器、骨器、象牙器、獐牙、猪头骨和牛头骨等（山东省1997）。缺乏与超自然沟通的“神器”，成套的、具有“礼器”特性的陶器在墓葬中占有显要地位是该地区尤其值得重视的现象，世俗权力在社会中明显受到更多重视。

在长江中游地区，大溪文化晚期龙王山墓地墓葬等级差别明显，大型墓葬M11有随葬品159件（湖北省等2008）。这些随葬品多为专门用于随葬的“冥器化”的小型陶器，同样缺乏与超自然沟通的“神器”。

在“中原地区”，河南灵宝铸鼎原周围的系统聚落调查显示，庙底沟时期的聚落数量从仰韶早期的 13 处增加到 19 处，而聚落总面积则从 44 万平方米增加到近 190 万平方米。最大的北阳平遗址面积近 100 万平方米，次一级的中心性聚落西坡遗址面积 40 多万平方米，而小型遗址面积只有几万平方米，呈现出明显的等级分化。对西坡遗址核心部位的 5 次发掘和对整个遗址的系统钻探发现，遗址中心很可能存在一个没有任何建筑的广场，广场的四角各有一座大型半地穴房屋。西北角的 F105 室内面积约 200 平方米，外有回廊，占地面积达 500 余平方米。特殊的位置、浩大的工程，都表明这些房屋不是一般的居址，可能是公共活动场所和特殊人物的“宫殿”。在西坡墓地发现 34 座墓葬，等级差别明显，最大的墓葬 M27 墓口面积达 17 平方米，在同时期墓葬中无出其右；该墓全部以掺杂了各种植物枝叶的泥填埋，墓室上覆盖有木板和麻布，随葬品中有显示墓主身份的一对大口缸。重视大型公共建筑的建设和墓葬的规格，缺乏表达个人身份的奢侈随葬品是本地区的突出特色。

参考第二章讨论的西方学界对前国家复杂社会的分类，中原地区的复杂化社会颇类似于“集体取向”社会，其他地区则颇类似“个人取向”社会。但如上所述，各地区的“个人取向”社会其实各有不同。整个中国史前社会复杂化进程呈现出各地区齐头并进又各具特征的宏阔局面。

很明显，只有打破片面强调中国史前社会发展的一体性，忽视各地区独特发展道路的“第三个怪圈”，由探讨各地区发展道路的独特性入手，才能对中华文明的形成这一宏大过程有更深刻和全面的认识。

第三节 “多元”与“一体”的统一

我们强调各地区发展的独特性和打破“第三个怪圈”的努力并不是想解构中国史前发展的整体性，否定作为历史时期中国发展基础的史前时代“最初的中国”的真实性。我们想强调的是，此“最初的中国”具有“多元一体”的结构，兼具多样性和统一性。

在“多元”方面，包含以下要点。

首先，各地区相对独立发展，开启了自己的文明化进程，没有证据表明某一个地区在“最初的中国”初步形成过程中发挥了引领其他地区的核心作用。

自“区系类型”模式提出后，“中原中心”模式对黄河流域在中国史前文化发展中的领导地位的过分强调已经被扭转，但在讨论公元前第四千纪的中国史前社会的普遍发展时，仍然有学者坚持庙底沟文化发挥了特殊作用。庙底沟类型彩陶的广泛传播是公元前第四千纪发生的重要文化现象，久已引起学者的关注和热烈讨论。严文明指出：“庙底沟期是一个相当繁盛的时期，这一方面表现在它内部各地方类型融合和一体化趋势加强，另一方面表现在对外部文化影响的加强。”王仁湘也指出：“庙底沟文化彩陶播散到这样大的一个区域，意味着什么呢？这样的一个范围很值得注意，这可是后来中国历史演进的最核心的区域。仅此一点，就足以让我们对庙底沟文化的彩陶好好思考一番了。”韩建业则明确提出，庙底沟彩陶的强力传播催生了“庙底沟时代”，而该时代的到来标志着“早期中国文化圈”或文化上“早期中国”的形成。这一可以被称为“彩陶中国”的观念颇可商榷。正如笔者讨论过的，彩陶是当时被广泛交流的各种文化元素之一而非全部。彩陶的广泛传播，很大程度上依赖于其易于被模仿，可以被广泛应用于日常生活的特性。似乎并不完全归功于庙底沟类型的超强实力和核心地位。

其次，正如上面讨论的，各地新涌现出的社会上层表达等级、展示权力和维持统治的策略各不相同，所选择的社会复杂化道路各具特色。

最后，各地区的社会上层在交流中采取的是各取所需而非全盘接受的态度，充分考虑到了自己的文化传统。例如，处于存在特殊交流关系的凌家滩和红山文化之间的大汶口文化与南北两个邻居均有交流，其墓葬中随葬的连环式璧和龟的抽象形式筒形器即是交流的明证。但大汶口社会上层并未接受各种蕴涵宇宙观的玉器，而是坚持使用表达世俗身份、威望、地位和财富的物品随葬，明显选择了更适合于本地传统的更加世俗化的社会发展道路。因此，虽然密切交流形成了很多传播广泛的“时代风尚”，但各地区在文化面貌和社会发展道路上仍然保持着各自的特色。

在“一体”方面，也不仅限于密切的交流中。各地区出现了相似的陶器，形成了以彩陶的广泛传播为代表的“时代风尚”，这包括两个要点。

首先，各地区逐渐开始共享相似的文化精髓，就目前的资料看，这些精髓可能包括龟的抽象表现形式筒形器等器物反映的相似的宇宙观、天文历法、沟通天地的手段和各种礼仪，玉钺等器物反映的相似的表达权力的形式，大口缸等器物反映的相似的丧葬礼仪等。放眼东亚大地，这些相互作用的文化区已经在某种程度上形成了区别于周边地区的进入到更高发展阶段的文化共同体。

其次，踊跃参与着区域间交流的各地区社会精英们很可能已经认识到了此文化共同体的存在。我们讨论过，社会上层很可能采取了亲身旅行这种直接的交流方式，原因有二：一是交流的内容包括最高级、最神秘的知识，需要面传身授；二是对于社会上层来说，游学旅行本身就是值得夸耀的也是必需的英雄经历，是提高自己威望的最佳方式。参与交流的社会上层应该积累了关于可以交流的自然地理和人文地理范围的丰富知识，并产生了对相应的地理范围和文化心理范围的某种认同。各地区当然未必认为自己属于同一个更高层次的“国家”，围绕着共同的“花心”，但至少已经认识到彼此共同拥有一个可以相互交流、可以共享很多文化要素的“世界”或者“天下”。也就是说，最初的“天下观”很可能随着各地区的密切交流逐渐形成，并被作为新的高级知识传授给后代。

苏秉琦在《关于重建中国史前史的思考》中对广义的“中国”的形成过程进行了视野宏阔的总结，认为其经历了“从共识的‘中国’（即相当于龙山时代或传说中的‘五帝’时代，广大黄河、长江流域文化的交流和各文化区系间的彼此认同）到理想的‘中国’（三代的政治文化上的重组），到现实的‘中国’——秦汉帝国”三个阶段。“最初的中国”出现的时期，也正是共识的“中国”形成的时期。

我们对辽西地区的社会复杂化进程的描述，为以此“多元”与“一体”统一的视角观察史前中国的发展提供了一个生动案例。

参 考 文 献

中文参考文献

安徽省文物考古研究所(**1989**),《安徽含山凌家滩新石器时代墓地发掘简报》,《文物》**4**: 1~9。

安徽省文物考古研究所(1999),《安徽含山县凌家滩遗址第三次发掘简报》,《考古》**11**: 1~12。

安徽省文物考古研究所(2008),《安徽含山凌家滩遗址第五次发掘的新发现》,《考古》**3**: 7~17。

安志敏(1957),《细石器文化》,《考古》**2**: 36~47。

安志敏(1959),《中国新石器时代考古学上的主要成就》,《文物》**10**: 19~23。

安志敏(1972),《略论我国新石器时代文化的年代问题》,《考古》**6**: 35~44 转 47。

安志敏(1979),《裴李岗、磁山和仰韶——试论中原新石器文化的渊源及发展》,《考古》**4**: 335~346。

安志敏(1982),《三十年来中国的新石器时代考古学》,《中国新石器时代论集》,文物出版社: 1~19。

安志敏(1988),《中国的史前农业》,《考古学报》**4**: 369~382。

敖汉旗博物馆(1991**a**),《敖汉旗南台地赵宝沟文化遗址调查》,《内蒙古文物考古》**5**: 2~10。

敖汉旗志编委会(1991**b**),《敖汉旗志》,内蒙古人民出版社。

巴林右旗博物馆(1987),《内蒙古巴林右旗那斯台遗址调查》,《考古》**6**: 507~518。

白云翔、顾智界(1989),《文明起源座谈纪要》,《考古》**12**: 1110~1120。

白云翔、顾智界(1992),《中国文明起源研讨会纪要》,《考古》**6**: 526~549。

北京市文物研究所、北京市平谷县文物管理所、北埝头考古队(1989**a**),《北京平谷北埝头新石器时代遗址调查与发掘》,《文物》**8**: 9~16。

北京市文物研究所、北京市平谷县文物管理所、上宅考古队(1989**b**),《北京平谷上宅新石器时代遗址发掘简报》,《文物》**8**: 1~8 转 16。

滨田耕作、水野清一(1938),《赤峰红山后》,日本远东考古学会。

晁福林(2009),《论古史重构》,《史学集刊》**4**: 23~29。

陈国庆(2009),《浅析小河沿文化与其他考古学文化的互动关系》,《边疆考古研究》,科学出版社。

陈久金、张敬国(1989),《含山出土玉片图形试考》,《文物》**4**: 14~17。

陈文华(1991),《中国古代农业科技史图谱》,农业出版社。

陈星灿(1990),《丰产巫术与祖先崇拜——红山文化出土女性塑像试探》,《华夏考古》**3**: 92~98。

陈星灿(1997),《中国史前考古学史研究 1895—1949》,生活·读书·新知三联书店。

陈星灿、刘莉等(2003),《中国文明腹地的社会复杂化进程——伊洛河地区的聚落形态研究》,《考古学报》**2**：161~218。

承德地区文物保管所、滦平县博物馆(1994)，《河北滦平县后台子遗址发掘简报》，《文物》**3**：53~74。

赤峰考古队(2002)，《半支箭河中游先秦时期遗址》，科学出版社。

邓淑苹(1992)，《龙兮？凤兮？由两件新公布的红山玉器谈起》，《故宫文物月刊》**114**：4~11。

董新林(1997)，《赵宝沟文化研究》，《考古求知集》，中国社会科学出版社：172~185。

杜金鹏(1998)，《红山文化"勾云形"类玉器探讨》，《考古》**5**：50~64。

段天璟等(2011)，《红山文化聚落遗址研究的重要发现——2010年赤峰魏家窝铺遗址考古发掘的收获与启示》，《吉林大学社会科学学报》**4**。

方殿春、刘葆华(1984)，《辽宁阜新县胡头沟红山文化玉器墓的发现》，《文物》**4**：1~5。

费孝通(1989)，《中华民族的多元一体格局》，中央民族学院出版社：1~36。

冯时(1997)，《史前八角星纹与上古天数观》，《考古求知集》，社会科学出版社：43~58。

冯时(2001)，《中国天文考古学》，社会科学文献出版社。

傅斯年(2003)，《夷夏东西说》，《傅斯年全集》第三卷，湖南教育出版社：181~234。

高广仁、邵望平(1986)，《中国史前时代的龟灵和犬牲》，《中国考古学研究——夏鼐先生考古五十年纪念论文集》，文物出版社：57~70。

高立兵(1997)，《时空解释新手段——欧美考古GIS研究的历史现状和未来》，《考古》**7**：89~95。

高炜(1989)，《龙山时代的礼制》，《庆祝苏秉琦考古五十五年论文集》，文物出版社：235~244。

巩启明、严文明(1981)，《从姜寨早期村落布局探讨其居民的社会组织结构》，《考古与文物》**1**：63~71。

顾颉刚(1982)，《我是怎样写〈古史辨〉的》，《古史辨》第一册，上海古籍出版社：1~29。

郭大顺(1997a)，《红山文化的"唯玉为葬"与辽河文明起源特征再认识》，《文物》**8**：20~26。

郭大顺(1997b)，《中华五千年文明的象征》，《牛河梁红山文化遗址与玉器精粹》，文物出版社：1~48。

郭大顺(1997c)，《辽宁史前考古与辽河文明探源》，《东北亚考古学研究——中日合作研究报告书》，科学出版社：105~119。

郭大顺(2001a)，《论考古学文化区系理论在实践中的发展》，《苏秉琦与当代中国考古学》，科学出版社：20~29。

郭大顺(2001b)，《世纪之交的辽宁考古》，《考古》**8**：3~14。

郭大顺、张克举(1984)，《辽宁省喀左县东山嘴红山文化建筑群址发掘简报》，《文物》**11**：1~11。

郭沫若(1930)，《中国古代社会研究》，上海联合书店。

郭治中(1997)，《内蒙古东部地区新石器—青铜时代的考古发现与研究》，《内蒙古文物考古文集(二)》，中国大百科全书出版社：13~23。

河北省文物管理处(1990)，《河北迁安安新庄新石器遗址调查和试掘》，《考古学集刊》**4**：96~110。

河北省文物管理处、邯郸市文物保管所(1981)，《河北武安磁山遗址》，《考古学报》**3**：303~338。

河北省文物管理处、廊坊地区文化局(1983)，《河北三河县孟各庄遗址》，《考古》**5**：404~414。

河北省文物研究所(1992)，《河北省迁西县东寨遗址发掘简报》，《文物春秋》增刊：128~143。

河北省文物研究所(2007)，《北福地——易水流域史前遗址》，文物出版社。

河北省文物研究所、唐山市文物管理处等(1992),《迁西西寨遗址1988年发掘报告》,《文物春秋》增刊: 144~177。

河南省文物考古研究所(1995),《汝州洪山庙》,中州古籍出版社。

河南省文物考古研究所(1999),《舞阳贾湖》,科学出版社。

河南省文物考古研究所、密苏里州立大学人类学系(1998),《河南颍河上游考古调查中运用GPS与GIS的初步报告》,《华夏考古》**1**: 1~16。

河南省文物考古研究所等(2002),《河南灵宝市西坡遗址2001年春发掘简报》,《华夏考古》**2**: 31~52转92。

湖北省文物考古研究所、荆门市文物考古研究所(2008),《湖北荆门龙王山新石器时代墓地发掘简报》,《江汉考古》**4**。

胡适(1982),《自述古史观书》,《古史辨》第一册,上海古籍出版社: 22。

华玉冰(1994),《牛河梁女神庙平台东坡筒形器群遗存发掘简报》,《文物》**5**: 54~59转82。

华玉冰、杨荣昌(1998),《红山文化墓葬剖析》,《青果集》,科学出版社: 35~43。

黄翠梅、郭大顺(2012),《红山文化斜口筒形玉器龟壳说——凌家滩的启示》,《玉魄国魂——中国古代玉器与传统文化学术讨论会文集(五)》,浙江古籍出版社。

黄其煦(1982),《黄河流域新石器时代农耕文化中的作物——关于农业起源问题的探索》,《农业考古》**2**: 55~61。

金家广、徐浩生(1992),《浅议徐水南庄头新石器时代早期遗存》,《考古》**11**: 1018~1022。

金文馨(1997),《河姆渡文化日鸟图像试析》,《考古求知集》,社会科学出版社: 138~143。

克什克腾旗博物馆(1992),《克什克腾旗上店小河沿文化墓地及遗址调查简报》,《内蒙古文物考古》**1**、**2**: 77~83。

孔昭宸、杜乃秋(1981),《内蒙古自治区几个考古地点的孢粉分析在古植被和古气候上的意义》,《植物生态学与地植物学丛刊》**5**(3): 195~202。

孔昭宸、杜乃秋等(1991),《内蒙古自治区赤峰市距今8000~2400年间环境考古学的初步研究》,《环境考古研究》第一辑,科学出版社: 112~119。

李非、李水城等(1993),《葫芦河流域的古文化与古环境》,《考古》**9**: 822~842。

李恭笃(1986),《辽宁凌源县三官甸子城子山遗址试掘报告》,《考古》**6**: 497~510。

李济(1927),《西阴村史前的遗存》,清华学校研究院。

李健民(1985),《大汶口文化时期原始居民随葬獐牙和獐牙钩形器习俗试析》,《文物资料丛刊》**9**: 77~80。

李少兵、索秀芬(2010),《内蒙古自治区东南部新石器时代遗址分布》,《内蒙古文物考古》**1**。

李新伟(1997),《我国史前房屋的废弃习俗》,《考古求知集》,中国社会科学出版社,131~137。

李新伟(2004),《中国史前玉器反映的宇宙观——兼论中国东部史前复杂社会的上层交流网》,《东南文化》**3**: 66~72。

李新伟(2009),《我国史前有槽箭杆整直器》,《考古》**6**: 62~71。

李新伟(2012),《中国史前文化格局构建的心路历程》,《考古学研究(九)》,文物出版社。

李新伟、贾笑冰(1995),《探讨姜寨一期聚落的重新分组》,《考古》**9**: 831~834。

李学勤(1997),《论含山凌家滩玉龟、玉版》,《走出疑古时代》,辽宁大学出版社: 113~124。

李宇峰（1984），《辽宁建平县红山文化遗址考古调查》，《考古与文物》**2**：18～22 转 31。

梁思永（1936），《热河查不干庙等处所采集之新石器时代石器与陶片》，《田野考古报告》第 1 册，1～67。

辽宁省博物馆、昭乌达盟文物工作站等（1977），《辽宁敖汉旗小河沿三种原始文化的发现》，《文物》**12**：1～22。

辽宁省文物考古研究所（1986），《辽宁牛河梁红山文化“女神庙”与积石冢群发掘简报》，《文物》**8**：1～17。

辽宁省文物考古研究所（1988），《阜新查海新石器时代遗址试掘简报》，《辽海文物学刊》**1**：11～16。

辽宁省文物考古研究所（2012a），《查海——新石器时代聚落遗址发掘报告》，文物出版社。

辽宁省文物考古研究所（2012b），《牛河梁红山文化遗址发掘报告（1983～2003 年度）》，文物出版社。

辽宁省文物考古研究所、赤峰市博物馆（1998），《大南沟——后红山文化墓地发掘报告》，科学出版社。

林华东（1991），《论良渚文化玉琮》，《东南文化》**6**：135～146。

林华东（1996），《论良渚玉器的制作工艺》，《东方文明之光——良渚文化发现 60 周年纪念文集》，海南国际新闻出版中心：374～381。

林华东（1998），《良渚文化研究》，浙江教育出版社。

刘春迎（1997），《试析鹿台岗遗址Ⅰ、Ⅱ号遗迹的性质》，《江汉考古》**2**：45～49。

刘国祥（1997），《论滦平后台子下层文化遗存及相关问题》，《考古求知集》，中国社会科学出版社：194～212。

刘国祥（1998），《红山文化勾云形玉器研究》，《考古》**5**：65～79。

刘国祥（2003），《兴隆沟聚落遗址 2002 年发掘新收获》，《中国社会科学院古代文明研究中心通讯》**5**：31～35。

刘国祥（2016），《红山文化研究》，科学出版社。

刘国祥、贾笑冰等（2001.11.16），《赤峰兴隆沟遗址发掘可望解决多项学术课题》，《中国文物报》。

刘晋祥（1989a），《翁牛特旗小善得德沟新石器时代遗址》，《中国考古学年鉴（1989）》，文物出版社：130～131。

刘晋祥（1989b），《赵宝沟文化初论》，《庆祝苏秉琦考古五十五年论文集》，文物出版社：198～202。

刘晋祥、董新林（1996），《浅论赵宝沟文化的农业经济》，《考古》**2**：61～65。

刘莉（2007），《中国新石器时代——迈向早期国家之路》，文物出版社。

刘莉、陈星灿（2002），《中国早期国家的形成：从二里头和二里岗时期的中心和边缘之间的关系谈起》，《古代文明》第一辑，文物出版社：71～134。

陆建芳（1996），《良渚文化墓葬研究》，《东方文明之光——良渚文化发现 60 周年纪念文集》，海南国际新闻出版中心：176～217。

陆思贤（1991），《“勾云形玉佩”的形状结构及寓意的思想内容》，《内蒙古东部地区考古学文化研究文集》，大百科全书出版社：24～32。

吕军（2001），《红山文化玉器研究》，《青果集》，知识出版社：44～83。

吕学明（2001），《红山文化墓葬研究》，吉林大学硕士学位论文。

栾丰实（1997），《大汶口文化的骨牙雕筒、龟甲器和獐牙勾形器》，《海岱地区考古研究》，山东大学出版社：181~200。

罗运兵(2012)，《中国古代猪类驯化、饲养与仪式性使用》，科学出版社。

牟永抗(1995)，《东方史前时期太阳崇拜的考古学观察》，《故宫学术季刊》**12**(4)：1~31。

牟永抗、吴汝祚(1993)，《水稻、蚕丝和玉器——中华文明起源的若干问题》，《考古》**6**：543~553。

南京博物院、张家港博物馆(2010)，《江苏张家港东山村遗址M91发掘报告》，《东南文化》**6**。

南京博物院、张家港市文广局、张家港博物馆(2010)，《江苏张家港市东山村新石器时代遗址》，《考古》**8**。

内蒙古文物考古研究所(1993)，《内蒙古林西县白音长汗新石器时代遗址发掘简报》，《考古》**7**：577~586。

内蒙古文物考古研究所(1994a)，《巴林左旗友好村二道梁红山文化遗址发掘简报》，《内蒙古文物考古文集》第一辑，中国大百科全书出版社：95~113。

内蒙古文物考古研究所(1994b)，《克什克腾旗南台子遗址发掘简报》，《内蒙古文物考古文集》第一辑，中国大百科全书出版社：87~95。

内蒙古文物考古研究所(1997a)，《克什克腾旗南台子遗址》，《内蒙古文物考古文集》第二辑，中国大百科全书出版社：53~77。

内蒙古文物考古研究所(1997b)，《林西县水泉遗址发掘述要》，《内蒙古文物考古文集》第二辑，中国大百科全书出版社：78~84。

内蒙古文物考古研究所等(2000)，《查干诺尔新石器时代遗址调查简报》，《内蒙古文物考古》**2**。

内蒙古自治区文物工作队(1963)，《内蒙古昭乌达盟石羊石虎山新石器时代墓葬》，《考古》**10**：523~524转546。

内蒙古自治区文物考古研究所(2004)，《白音长汗——新石器时代遗址发掘报告》，科学出版社。

濮阳市文物管理委员会、濮阳市博物馆等(1988)，《河南濮阳西水坡遗址发掘简报》，《文物》**3**：1~6。

濮阳西水坡遗址考古队(1989)，《1988年河南濮阳西水坡遗址发掘简报》，《考古》**12**：1057~1066。

乔玉(2010)，《伊洛地区裴李岗至二里头文化时期复杂社会的演变——地理信息系统基础上的人口和农业可耕地分析》，《考古学报》**4**：423~454。

乔玉(2015)，《尉迟寺遗址大汶口文化聚落陶器使用情况分析》，《南方文物》**4**。

任式楠(1986)，《我国新石器—铜石并用时代农作物和其他食用植物遗存》，《史前研究》**3**、**4**：77~94。

任式楠(1993)，《中国史前玉器类型初析》，《中国考古学论丛》，科学出版社：106~130。

任式楠(1995)，《公元前五千年前中国新石器文化的几项主要成就》，《考古》**1**：37~49。

任式楠(2010)，《中国考古学·新石器时代卷》绪论，中国社会科学出版社：1~47。

山东省文物考古研究所(1997)，《大汶口续集——大汶口遗址第二、三次发掘报告》，科学出版社：121~123。

邵国田(1995)，《概述敖汉旗的红山文化遗址分布》，《中国北方古代文化国际学术研讨会论文集》，中国文史出版社：97~102。

邵望平(1995)，《海岱系古玉略说》，《中国考古学论丛》，科学出版社：131~141。

邵望平(1996)，《楚地信巫龟、重淫戏溯源》，《长江中游史前文化暨第二届亚洲文明学术讨论会论文集》，岳麓书社：326~331。

石兴邦(1959)，《黄河流域原始社会考古研究上的若干问题》，《考古》**10**：566~570。

史念海(1963)，《石器时代人们的居地及其聚落分布》，《河山集》，生活·读书·新知三联书店：1~25。

朔知(2000)，《良渚文化的初步分析》，《考古学报》**4**：421~450。

宋建(2012)，《凌家滩文化的冠、冠徽及相关问题》，《玉魂国魄——中国古代玉器与传统文化学术讨论会文集(五)》，浙江古籍出版社。

苏秉琦(1965)，《关于仰韶文化的若干问题》，《考古学报》**1**。

苏秉琦(1986)，《辽西古文化古城古国——兼谈当前田野考古工作的重点或大课题》，《文物》**8**：41~44。

苏秉琦(1994a)，《关于环太湖地区考古的通信》，《华人、龙的传人、中国人——考古寻根记》，辽宁大学出版社：54~55。

苏秉琦(1994b)，《谈课题》，《华人、龙的传人、中国人——考古寻根记》，辽宁大学出版社：167~169。

苏秉琦(1994c)，《中国通史》第二卷《远古时代》，上海人民出版社。

苏秉琦(1997)，《中国文明起源新探》，商务印书馆。

苏秉琦(2007)，《学科改造与建设——1975 年 8 月间为吉林大学考古专业同学讲课提纲》，《苏秉琦文集(二)》，文物出版社：210~217。

苏秉琦、殷玮璋(1981)，《关于考古学文化的区系类型问题》，《文物》**5**：10~17。

孙守道(1984)，《三星他拉红山文化玉龙考》，《文物》**6**：7~10。

孙守道、郭大顺(1986)，《牛河梁红山文化女神头像的发现与研究》，《文物》**8**：18~24。

汤池(1994)，《试论滦平后台子出土的石雕女神像》，《文物》**3**：46~51。

滕铭予(2009)，《GIS 支持下的赤峰地区环境考古研究》，科学出版社。

天津市历史博物馆考古队、宝坻县文化馆(1991)，《天津宝坻县牛道口遗址调查发掘简报》，《考古》**7**：577~586。

田广金、史培军(1997)，《中国北方长城地带环境考古学的初步研究》，《内蒙古文物考古》**2**：44~51。

佟伟华(1984)，《磁山遗址的原始农业遗存及其相关的问题》，《农业考古》**1**：194~207。

佟柱臣(1961)，《东北原始文化的分布与分期》，《考古》**10**：557~566。

佟柱臣(1982)，《仰韶、龙山文化的工具使用痕迹和力学上的研究》，《考古》**6**：614~621。

佟柱臣(1986)，《中国新石器时代文化的多中心发展论和发展不平衡论——论中国新石器时代文化发展的规律和中国文明的起源》，《文物》**2**：16~30。

王吉怀(1985)，《从裴李岗文化的生产工具看中原地区早期农业》，《农业考古》**2**：81~85。

王青(1996)，《距今 4000 年前后的环境变迁与社会发展》，《东方文明之光——良渚文化发现 60 周年纪念文集》，海南国际新闻出版中心：291~299。

王清(1999)，《大禹治水的地理背景》，《中原文物》**1**：34~42。

王小庆(2008)，《石器使用痕迹显微观察的研究》，文物出版社。

魏兴涛、李胜利(2002.3.8)，《灵宝西坡遗址发现仰韶文化特大型房址》，《中国文物报》。

吴健民(1988),《长江三角洲史前遗址的分布与环境变迁》,《东南文化》**6**: 16~36。

吴金鼎(1930),《平陵访古记》,《中研院史语所集刊》第一本第四分,471~486。

吴汝祚(1987),《试论大汶口文化的三处墓地》,《考古学报》**3**: 275~292。

吴汝祚(1988),《大汶口文化獐牙勾形器和象牙雕筒文化含意考释》,《东南文化》**1**: 7~10。

夏鼐(1959),《关于考古学上文化的定名问题》,《考古》**4**: 169~172。

夏鼐(1977),《碳-14测定年代和中国史前考古学》,《考古》**4**: 217~232。

谢维扬(2001),《中国国家起源研究中的"古国"问题》,《学术月刊》**4**: 90~96转103。

辛岩(1995.3.19),《查海遗址发掘再获重大成果》,《中国文物报》。

徐光冀、朱延平(2001),《辽西区古文化(新石器至青铜时代)综论》,《苏秉琦与当代中国考古学》,科学出版社: 86~96。

徐旭生(1985),《中国古史的传说时代》,文物出版社。

许倬云(1999),《良渚文化到哪里去了》,《良渚文化研究——纪念良渚文化发现六十周年国际学术讨论会文集》,科学出版社: 120~132。

严文明(1979),《黄河流域新石器时代早期文化的新发现》,《考古》**1**: 45~50。

严文明(1987),《中国史前文化的统一性与多样性》,《文物》**3**: 38~50。

严文明(1989),《中国新石器时代聚落形态的考察》,《庆祝苏秉琦考古五十五年论文集》,文物出版社: 24~37。

杨伯达(1989),《中国古代玉器雕刻史》,《中国美术全集·玉器卷》,中国美术出版社: 1~23。

杨贵(1988),《对夏商周亩产量的推测》,《中国农史》**2**: 24~26。

杨虎(1986),《试论兴隆洼文化及相关问题》,《中国考古学研究(一)》,文物出版社: 71~81。

杨虎(1989),《关于红山文化的几个问题》,《庆祝苏秉琦考古五十五年论文集》,文物出版社: 216~226。

杨虎(1994),《辽西地区新石器—铜石并用时代考古学文化序列与分期》,《文物》**5**: 37~59。

杨虎、刘国祥(1997),《兴隆洼文化居室葬俗及相关问题探讨》,《考古》**1**: 27~36。

杨美莉(1993),《卷云山戢戢,翠石水磷磷,新石器时代北方系环形玉器系列之一——勾云形器》,《故宫文物月刊》**126**: 82。

尹达(1955),《中国新石器时代》,生活·读书·新知三联书店。

雍颖(1995),《海岱地区出土新石器时代玉器研究》,《故宫学术季刊》**17**(4): 1~53。

尤仁德(1992),《两件史前玉器的研究》,《故宫文物月刊》**114**: 12~19。

俞伟超(1989),《含山凌家滩玉器和考古学中研究精神领域的问题》,《文物研究》**5**: 57~63。

俞伟超、严文明等(1984),《座谈东山嘴遗址》,《文物》**11**: 12~21。

张长寿、张光直(1997),《河南商丘地区殷商文明调查发掘初步报告》,《考古》**4**: 24~31。

张光直(1986),《谈聚落形态考古》,《考古学专题六讲》,文物出版社: 74~93。

张光直(2010),《论中国文明的起源》,《考古学专题六讲》增订本,生活·读书·新知三联书店: 133~155。

张敬国(2001),《凌家滩聚落与玉器文明》,《文物研究》**13**: 28~34。

张星德(1991),《红山文化分期初探》,《考古》**8**: 727~736。

张星德(1995),《红山文化女神之性质及地位考》,《辽海文物学刊》**2**: 36~42。

张忠培(1994),《中国考古学：实践·理论·方法》,中州古籍出版社：45~57。

张忠培(1995),《良渚文化的年代和其所处社会阶段——五千年前进入文明的一个例证》,《文物》**5**：47~58。

张忠培(2000),《20 世纪后半期中国新石器时代考古学的历程》,《中国考古学：跨世纪的回顾与前瞻》,科学出版社：27~41。

赵春青(1998),《也谈姜寨一期村落中的房屋与人口》,《考古与文物》**5**：49~55。

赵辉(1999),《良渚文化的若干特殊性——论一处中国史前文明的衰落原因》,《良渚文化研究——纪念良渚文化发现六十周年国际学术讨论会文集》,科学出版社：104~119。

赵希涛(1996),《中国海面变化》,山东科学技术出版社。

赵志军(2005),《植物考古学及其新进展》,《考古》**7**：42~49。

中国历史博物馆考古部(1991),《当代国外考古学理论与方法》,三秦出版社。

中国社会科学院考古研究所(1984),《红山文化的发现》,《新中国的考古发现与研究》,文物出版社。

中国社会科学院考古研究所(1996),《考古学的历史、理论与实践》,中州古籍出版社。

中国社会科学院考古研究所(1997a),《敖汉赵宝沟——新石器时代聚落》,中国大百科全书出版社。

中国社会科学院考古研究所(2000),《内蒙古敖汉旗兴隆沟新石器时代遗址调查》,《考古》**9**：30~48。

中国社会科学院考古研究所(2001),《蒙城尉迟寺》,科学出版社。

中国社会科学院考古研究所、敖汉旗博物馆(2005),《内蒙古敖汉旗蚌河、老虎山河流域新石器时代遗址调查简报》,《考古》**3**：7~20。

中国社会科学院考古研究所等(1963),《西安半坡——原始氏族公社聚落遗址》,文物出版社。

中国社会科学院考古研究所河南一队(1982a),《1979 年裴李岗遗址发掘简报》,《考古》**4**：337~340。

中国社会科学院考古研究所内蒙古工作队(1979),《赤峰蜘蛛山遗址的发掘》,《考古学报》**2**：215~243。

中国社会科学院考古研究所内蒙古工作队(1982b),《赤峰西水泉红山文化遗址》,《考古学报》**2**：183~198。

中国社会科学院考古研究所内蒙古工作队(1985a),《内蒙古敖汉旗兴隆洼遗址发掘简报》,《考古》**10**：865~874。

中国社会科学院考古研究所内蒙古工作队(1985b),《内蒙古敖汉旗兴隆洼遗址植物的初步报告》,《考古》**10**：873~874。

中国社会科学院考古研究所内蒙古工作队(1987),《内蒙古敖汉旗小山遗址》,《考古》**6**：481~506。

中国社会科学院考古研究所内蒙古工作队(1997b),《敖汉旗兴隆洼聚落遗址 1992 年发掘简报》,《考古》**1**：1~26。

中国社会科学院考古研究所内蒙古工作队等(2000),《内蒙古敖汉旗兴隆沟新石器时代遗址调查》,《考古》**9**：30~48。

中美两城地区联合考古队(1997),《山东日照市两城地区的考古调查》,《考古》**4**：1~15。

中日考古合作研究考察队(1997),《辽宁省凌源县三官甸子城子山石城址测量及有关遗存考察》,《东北亚考古学研究》,文物出版社：25~35。

朱乃诚(2011),《论红山文化玉兽面玦形饰的渊源》,《文物》**2**。

朱延平(1990),《小山尊形器“鸟兽图”试析》,《考古》**4**: 360~365。

朱延平(1991),《辽西区新石器时代考古学文化纵横》,《内蒙古东部地区考古学文化研究文集》,海洋出版社: 9~14。

朱延平(1997),《赵宝沟遗址浅析》,《内蒙古文物考古文集》**2**: 24~29。

朱延平(2000),《辽西区古文化中的祭祀遗存》,《中国考古学跨世纪的回顾与前瞻》,科学出版社: 207~226。

朱永刚、王立新(1994),《大沁他拉陶器再认识》,《内蒙古文物考古文集(一)》,中国大百科全书出版社: 119~123。

注:“中国社会科学院考古研究所”在正文参考文献中被简称为“考古所”。其他科研机构亦有所简化。

西文参考文献

Adams, R. M. (1981). *Heartland of Cities: Surveys of Ancient Settlement and Land Use on the Central Floodplain of the Euphrates*. Chicago, University of Chicago Press.

Adams, R. M. and H. Nissen (1972). *The Uruk Countryside*. Chicago. University of Chicago Press.

Aikens, C. M. (1992). "Hunting, Fishing, and Gathering in Pacific Northeast Asia: Pleistocene Continuities and Holocene Developments". In *Pacific Northeast Asia in Prehistory: Hunter-Fisher-Gatherers, Farmers and Sociopolitical Elites*. C. M. Aikens and S. N. Rhee. Pullman, Washington State University Press: 99 - 104.

Aikens, C. M. (1995). "First in the World: The Jomon Pottery of Early Japan". In *The Emergence of Pottery: Technology and Innovation in Ancient Societies*. W. K. Barnett and J. W. Hoppes. Washington and London, Smithsonian Institution Press: 11 - 21.

Allan, S. (1991). *The Shape of the Turtle: Myth, Art and Cosmos in Early China*. Albany, State University of New York.

Allison, P. M. (1999). *The Archaeology of Household Activities*. London, Routledge.

An, Zhimin (1989). "Prehistoric Agriculture in China". In *Foraging and Farming: The Evolution of Plant Exploitation*. G. C. Hillman. Boston, Unwin Hyman: 643 - 649.

An, Zhisheng, S. C. Porter, et al. (2000). "Asynchronous Holocene Optimum of the East Asian monsoon". In *Quaternary Science Reviews* **19**: 743 - 762.

Andersson, J. G. (1923a). "The Cave Deposit at Sha-kuo-tun in Ching-hsi, Fengtian". *Palaeontologia Sinica* 1 (ser. D, No. 1).

Andersson, J. G. (1923b). "An Early Chinese Culture". *Bull. Gsu C* **5**: 1 - 68.

Baines, J. and N. Yoffee (1998). "Order, Legitimacy, and Wealth in Ancient Egypt and Mesopotamia". In *Archaic States*. J. Marcus. Santa Fe, School of American Research: 199 - 260.

Balfet, H. (1965). "Ethnographical Observations in North Africa and Archaeological Interpretation: The Pottery of the Maghreb". In *Ceramics and Man*. F. R. Matson. Chicago, Aldine: 161 - 177.

Barnes, G. L. and Guo Dashun (1996). "The Ritual Landscape of 'Boar Mountain' Basin: The Niuheliang Site Complex of North-eastern China". *World Archaeology* **28**: 209 - 219.

Bar-Yosef, O. and R. H. Meadows (1995). "The Origins of Agriculture in the Near East". In *Last Hunters First Farmers*. T. D. Price and A. B. Gebauer. Santa Fe., School of American Research Press: 39 - 94.

Bender, B. (1978). "Gatherer-hunter to Farmer: A Social Perspective". *World Archaeology* **10**: 204 - 222.

Bender, B. (1990). "The Dynamics of Nonhierarchical Societies". In *The Evolution of Political Systems*. S. Upham. Cambridge, Cambridge University Press: 62 - 86.

Berreman, G. (1981). "Social Inequity: A Cross-cultural Analysis". In *Social Inequity: Comparative and Developmental Approaches*. G. Berreman. New York, Academic Press: 3 - 40.

Billman, B. R. (1999a). "Reconstructing Prehistoric Political Economics and Cycles of Political Power in the Moche Valley, Peru". In *Settlement Pattern Studies in the Americas: Fifty Years since Viru*. G. M. Feinman.

Washington and London, Smithsonian Institution Press: 131 – 159.

Billman, B. R. (1999b). "Settlement Pattern Research in the Americas: Past, Present, and Future". In *Settlement Pattern Studies in the Americas: Fifty Years since Viru*. G. M. Feinman. Washington and London, Smithsonian Institution Press: 1 – 5.

Binford, L. R. (1968). "Post-pleistocene Adaptations". In *New Perspectives in Archaeology*. L. R. Binford and S. R. Binford. Chicago, Aldine Publishing Company: 313 – 342.

Binford, L. R. (1971). "Mortuary Practices: Their Study and Their Potential". In *Approaches to the Social Dimensions of Mortuary Practices, Memoirs of the Society for American Archaeology* 25. J. A. Brown: 6 – 29.

Binford, L. R. (1983). *In Pursuit of the Past: Decoding the Archaeological Record*. New York, Thames and Hudson.University of California Press,1983.

Blanton, R. E., Gary M. Feinman, Stephen A. Kowalewski and Peter N. Peregrine (1996). "A Dual-processual Theory for the Evolution of Mesoamerican Civilization". *Current Anthropology* **37**: 1 – 14.

Borah, W. and S. F. Cook (1960). *The population of Central Mexico in 1548: An Analysis of the Suma de Visitas de Pueblos*, Ibero-Americana: 43.

Boserup, E. (1965). *The Conditions of Agricultural Growth*. Chicago, Aldine.

Bove, F. J. (1981). "Trend Surface Analysis and the Lowland Classic Maya Collapse". *American Antiquity* **46**: 93 – 112.

Bradley, R. (1991). "The Pattern of Change in British Prehistory".In *Chiefdoms: Power, Economy, and Ideology*. T. K. Earle. Cambridge, Cambridge University Press: 44 – 70.

Brown, P. E. and B. H. Tubin (1982). "Patterns of Desert Resource Use: An Integrated Approach to Settlement Analysis". In *Granite Reef: A Study in Desert Archaeology*. C. L. Stone. Tempe, Arizona State University. **No. 28**: 267 – 305.

Brumfiel,E.M. (1976)."Regional Growth in the Eastern Valley of Mexico: A Test of the Population Pressure 'Hypothesis'", In *The Early Mesoamerican Village*, Edited by K. V. Flannery. New York: Academic Press:234 – 249.

Byrne, R. (1987). "Climate Change and the Origins of Agriculture". In *Studies in the Neolithic and Urban Revolutions*, BAR International Series **349**: 21 – 35.

Cannon, A. (1989). "The Historical Dimension in Mortuary Expressions of Status and Sentiment". *Current Anthropology* **30**: 437 – 458.

Carneiro, R. (1970). "A Theory of the Origin of the State". *Science* **169**: 733 – 738.

Carrasco, P. (1964). "Family Structure in Sixteenth-century Tepoztlan". In *Process and Pattern in Culture*. R. Manners. Chicago, ALdine: 185 – 210.

Carrasco, P. (1971a). "The Peoples of Central Mexico and Their Historic Traditions".In *Handbook of Middle American Indians*. G.F.Ekholm. Austin, University of Texas Press: 459 – 473.

Carrasco, P. (1971b). "Social Organization of Ancient Mexico". In *Handbook of Middle American Indians*. I. Bernal. Austin, University of Texas Press: 349 – 375.

Casselberry, S. E. (1974). "Further Refinement of Formulae for Determining Population from Floor

Area". *World Archaeology* **6**: 117 - 122.

Chang, Kwang-chih (1958). "Study of the Neolithic Social Grouping: Examples from the New World". *American Anthropologist* **60**: 298 - 334.

Chang, Kwang-chih (1968). "Toward a Science of Prehistoric Society". *Settlement Archaeology*. K. C. Chang. Palo Alto, California, National Press Books: 1 - 9.

Chang, Kwang-chih (1986). *The Archaeology of Ancient China* (fourth edition). New Haven, Yale University Press.

Chang, Kwang-chih (1989). "An Essay on Cong". *Orientations* **20**(6): 37 - 43.

Chiang, Kai-shek (1947). *China's Destiny and Chinese Economic Theory*. London, Dennis Dobson Ltd.

Childe, V.G. (1951), *Social Evolution*, London, Watts Press.

Chisholm, M. (1968). *Rural Settlement and Land Use: An Essay in Location*. Chicago, Aldine.

Chow, T. T. (1960). *The May Fourth Movement: Intellectual Revolution in Modern China*. Cambridge, Harvard University Press.

Clark, J. E. and M. Blake (1993). "The Power of Prestige: Competitive Generosity and the Emergence of Rank Societies in Lowland Mesoamerica". In *Factional Competition and Political Development in the New World*. J. W. Fox. Cambridge, Cambridge University Press: 17 - 30.

Clarke, D. L. (1977). "Spatial Information in Archaeology". In *Spatial Archaeology*. D. L. Clark. London, New York, San Francisco, Academic Press: 1 - 32.

Clarke, J. I. (1965). *Population geography*. New York, Pergamon.

Clarke, K. C. (1986). "Advances in Geographical Information Systems". *Computers, Environment, and Urban Systems* **10**(3 - 4): 175 - 184.

Cobb, Charles R. (1996). "Specialization, Exchange, and Power in Small Scale Societies and Chiefdoms". *Research in Economic Anthropology* **17**: 251 - 296.

Cohen, A. (1974). *Two-dimensional Man: An Essay on the Anthropology of Power and Symbolism in Complex Society*. Berkeley, University of California Press.

Cohen, D. J. (2002). "New Perspectives on the Origins Transition to Agriculture in China". In *The Origins of Pottery and Agriculture*. Y. Yoshinori. New Delhi, Lustre Press: 217 - 230.

Cohen, M. N. (1977). *The Food Crisis in Prehistory: Overpopulation and the Origins of Agriculture*. New Haven, Yale University Press.

Cook, S. F. (1972). *Prehistoric Demography*. Addison-Wesley, Reading, Mass.

Coquery-Vidrovitch, C. (1969). "Recherches sur une Mode de Production Africain". *La Pensee*(144): 61 - 78.

Cordy, R. H. (1985). "Settlement Patterns of Complex Societies in the Pacific". *New Zealand Journal of Archaeology* **7**: 159 - 182.

Costin, C. L. (1991). "Craft Specialization: Issues in Defining, Documenting, and Explaining the Organization of Production". In *Archaeological Method and Theory*. M. B. Schiffer. Tucson, The University of Arizona Press. **3**: 1 - 56.

Costin, C. L. (1998). "Introduction: Craft and Social Identity". In *Craft and Social Identity*,

Archaeological Papers of the American Anthropological Association. C. L. Costin and R. P. Wright. Arlington, American Anthropological Association. **8**: 3 – 18.

Costin, C. L. (2001). "Craft Production Systems". In *Archaeology at the Millennium*. G. M. Feinman and T. D. Price. New York, Kluwer Academic/Plenum Publishers: 273 – 328.

Cowgill, G. (1996). "Population, Human Nature, Knowing Actors, and Explaining the Onset of Complexity". In *Debating Complexity*. P. C. Dawson and D. T. Hanna. Calgary, Alberta, Archaeological Association of the University of Calgary: 16 – 22.

Deal, M. (1998). *Pottery Ethnoarchaeology in the Central Maya Highlands*. Salt Lake City, University of Utah Press.

Deng, Shuping (2000). "The Original Significance of Bi Disks: Insights Based on Liangzhu Jade Bi with Incised Symbolic Motifs". *Journal of East Asian Archaeology* **2**: 165 – 194.

Drennan, R. D. (1991). "Pre-hispanic Chiefdom Trajectories in Mesoamerica, Central America, and Northern South America". In *Chiefdoms: Power, Economy, and Ideology*. T. K. Earle. New York, Cambridge University Press: 263 – 287.

D'Altroy, T. N. and T. K. Earle (1985). "Staple Finance, Wealth Finance, and Storage in the Inca Political Economy". *Current Anthropology* **26**: 187 – 206.

Earle, T. K. (1977). "A Reappraisal of Redistribution: Complex Hawaiian Chiefdoms". In *Exchange Systems in Prehistory*. T. K. Earle. New York, Academic Press: 213 – 229.

Earle, T. K. (1978). *Economic and Social Organization of A Complex Chiefdom: The Halelea District, Kaua'i, Hawaii*. Michigan, ANN AROBR.

Earle, T. K. (1984). Introduction. *On the Evolution of Complex Societies*. T. K. Earle. Malibu, Undena Publications: 1 – 6.

Earle, T. K. (1987). "Chiefdoms in Archaeological and Ethohistorical Perspective". *Annual Review of Anthropology*, Annual Reviews Inc. **16**: 279 – 308.

Earle, T. K. (1991). "The Evolution of Chiefdoms". In *Chiefdoms: Power, Economy, and Ideology*. T. K. Earle. New York, Cambridge University Press: 1 – 15.

Earle, T. K. (1997). *How Chiefs Come to Power: The Political Economy in Prehistory*. Stanford, Stanford University Press.

Ebert, J. I. and T. A. Kohler (1986). Chapter 4. "BLM Predictive Modelling Draft".In *The Theoretical and Methodological Basis of Archaeological Predictive Modelling*. Bureau of Land Management.

Edwards, P. C. (1989). "Problems of Recognizing Earliest Sedentism: The Natufian Example". *Journal of Mediterranean Archaeology* **2**: 5 – 48.

Effland, R. W. (1979). "Statistical Distribution Cartography and Computer Graphics". *Computer Graphics in Archaeology*. S. Upham. Tempe, Arizona State University. **No. 15**: 17 – 29.

Engels, F. 1884 (1902). *The Origin of the Family, Private Property and the State*. Chicago, Kerr.

Falkenhausen, L. v. (1993). "On the Historical Orientation of Chinese Archaeology". *Antiquity* **67**: 839 – 849.

Falkenhausen, L. v. (1995). "The Regionalist Paradigm in Chinese Archaeology". In *Nationalism*,

Politics, and the Practice of Archaeology. P. Kohl and C. Fawcett. Cambridge and New York, Cambridge University Press: 198 – 217.

Falkenhausen, L. v. (1999). Su Bingqi. *Encyclopedia of the History of Archaeology*. T. Murry. Santa Barbara, ABC-CLIO. **2**: 591 – 599.

Feinman, G. M. (1991). "Demography, Surplus, and Inequality: Early Political Formations in Highland Mesoamerica". In *Chiefdoms: Power, Economy, and Ideology*. T. K. Earle. Cambridge, Cambridge University Press: 229 – 261.

Feinman, G. M. (1995). "The Emergence of Inequality: A Focus on Strategies and Process". In *Foundations of Social Inequality*. T. D. Price and G. M. Feinman. New York, Plenum Press: 255 – 275.

Feinman, G. M. (2000). "Corporate/Network, New Perspectives on Models of Political Action and the Puebloan Southwest". In *Social Theory in Archaeology*. M. B. Schiffer. Salt Lake City, The University of Utah Press: 31 – 51.

Feinman, G. M. and J. Neitzel (1984). "Too Many Types: An Overview of Sedentary Prestate Societies in the Americas". In *Advances in Archaeological Method and Theory*. M. B. Shiffer. New York, Academic Press. **7**: 39 – 102.

Feinman, G. M. and S. A. Kowalewski, et al. (1984). "Modelling Ceramic Production and Organizational Change in the Pre-hispanic Valley of Oaxaca, Mexico". In *The Many Dimensions of Pottery: Ceramics in Archaeology and Anthropology*. S. E. Van Der Leeuw and A. C. Pritchard. Amsterdam, Universiteit van Amsterdam: 297 – 333.

Finsten, L. and S. A. Kowalewski (1999). "Spatial Scales and Process: In and around the Valley of Oaxaca". In *Settlement Pattern Studies in the Americas: Fifty Years since Viru*. G. M. Feinman. Washington and London, Smithsonian Institution Press: 22 – 35.

Fischer, A. (1982). "Trade in Danubian Shaft-hole Axes and the Introduction of Neolithic Economy in Denmark". *Journal of Danish Archaeology* **1**: 7 – 12.

Fitzgerald, J. (1996). "The Nationless State: The Search for a Nation in Modern Chinese Nationalism". In *Chinese Nationalism*. J. Unger. Armonk, M.E. Sharpe: 56 – 85.

Flanagan, J. G. (1989). "Hierarchy in Simple 'Egalitarian' Societies". *Annual Review of Anthropology* **18**: 245 – 266.

Flannery, K. V. (1972). "The Cultural Evolution of Civilizations". *Annual Review of Ecology and Systematics* **3**: 399 – 426.

Flannery, K. V. (1973). "The Origins of Agriculture". *Annual Review of Anthropology* **2**: 271 – 310.

Flannery, K. V. (1976a). Chapter 4: "The Village and Its Catchment Area". In *The Early Mesoamerican Village*. K. V. Flannery. New York, Academic: 91 – 95.

Flannery, K. V. (1976b). "Contextual Analysis of Ritual Paraphernalia from Formative Oaxaca". In *The Early Mesoamerican Village*. K. V. Flannery. New York, Academic: 333 – 345.

Flannery, K. V. (1976c). "Empirical Determination of Site Catchments in Oaxaca and Tehuacan". In *The Early Mesoamerican Village*. K. V. Flannery. New York, Academic: 103 – 117.

Flannery, K. V. (1983). "Archaeology and Ethnology in the Context of Divergent Evolution". In *The*

Cloud People: Divergent Evolution of the Zapotec and Mixtec Civilizations. J. Marcus. New York, ISHI: 361 – 362.

Flannery, K. V. and M. C. Winter (1976). "Analyzing Household Activities".In *The Early Mesoamerican Village*. K. V. Flannery. New York, Academic: 34 – 47.

Frankenstein, S. M. and M. J. Rowlands (1978). "The Internal Structure and Regional Context of Early Iron Age in South-western Germany". *Institute of Archaeology Bulletin* (*University of London*) **15**: 73 – 112.

Fried, M. (1967). *The Evolution of Political Society*. New York, Random House.

Friedman, J. (1975). "Tribes, States, and Transformations". In *Marxist Analyses and Social Anthropology*. M. Bloch. New York, Willey.

Friedman, J. (1982). "Catastrophe and Continuity in Social Evolution".In *Theory and Explanation in Archaeology: The Southampton Conference*. C. Renfrew, M. J. Rowlands and B. A. Segraves. New York, Academic Press: 175 – 196.

Fung, C. (2000). "The Drinks Are on Us: Ritual, Social Status, and Practice in Dawenkou Burials, North China". *Journal of East Asian Archaeology* **2**: 67 – 92.

Gargett, R. and B. Hayden (1991). "Site Structure, Kinship, and Sharing in Aboriginal Australia".In *The Interpretation of Archaeological Spatial Patterning*. E. M. Kroll and T. D. Price. New York and London, Plenum Press: 11 – 32.

Gebauer, A. B. and T. D. Price (1992). "Foragers to Farmers: An Introduction". In *Transition to Agriculture in Prehistory*. A. B. Gebauer and T. D. Price. Madison, Prehistory Press: 1 – 10.

Gilman, A. (1987). "Unequal Exchange in Copper Age Iberia".In *Specialization Exchange, and Complex Society*. E. M. Brumfiel and T. K. Earle. Combridge, Combridge University Press: 22 – 29.

Green, S. W. (1990). "Approaching Archaeological Space: An Introduction to the Volume". In *Interpreting Space: GIS and Archaeology*. E. B. W. Zubrow. London & New York & Philadelphia, Taylor & Francis: 3 – 8.

Guo, Dashun (1995a). "Hongshan and Related Cultures".In *The Archaeology of Northeast China*. S. M. Nelson. London and New York, Routledge: 21 – 64.

Guo, Dashun (1995b)." Lower Xiajiadian Culture". In *The Archaeology of Northeast China*. S. M. Nelson. London and New York, Routledge: 147 – 181.

Guo, Dashun (1996). "A Study on the Cloud-scroll Jade Plaque of the Hongshan Culture". In *The Journal of Chinese Jade*. S. Bernstein. San Francisco, S. Bernstein & CO.: 8 – 35.

Guo, Ruihai and Li Jun (2002). "The Nanzhuangtou and Hutouliang Sites: Exploring the Beginnings of Agriculture and Pottery in North China".In *The Origins of Pottery and Agriculture*. Y. Yoshinori. New Delhi, Lustre Press: 193 – 204.

Haggett, P. (1965). *Locational Analysis in Human Geography*. London, Arnold.

Hagstrum, M. B. (1985). "Measuring Prehistoric Ceramic Craft Specialization: A Test Case in the American Southwest". *Journal of Field Archaeology* **12**: 65 – 75.

Hamada, K. and Mizuno S. (1938). *Chifeng Hongshanhou*, Far-Eastern Archaeology Society of Japan.

Harrison, J. (1969). *Modern Chinese Nationalism*. New York, Hunter College of the City of New York,

Research Institute on Modern Asia.

Hassan, F. A. (1978). "Demographic Archaeology". In *Advances in Archaeology Method and Theory*. M. B. Schiffer. New York and London, Academic press. **1**: 49 – 103.

Hassan, F. A. (1981). *Demographic Archaeology*. New York & London.

Haviland, W. A. (1969). "A New Population Estimate for Tikal, Guatemala". *American Antiquity* **34**: 429 – 33.

Haviland, W. A. (1982). "Where the Rich Folks Lived: Deranging Factors in the Statistical Analysis of Tikal Settlement". *American Antiquity* **47**(2): 427 – 429.

Hayden, B. (1975). "The Carrying Capacity Dilemma". *American Antiquity* **30**: 205 – 221.

Hayden, B. (1990). "Nimrods, Piscators, Pluckers, and Planters: The Emergence of Food Production". *Journal of Anthropological Archaeology* **9**: 31 – 69.

Hayden, B. (1992). "Contrasting Expectations in Theories of Domestication". In *Transitions to Agriculture in Prehistory*. A. B. Gebauer and T. D. Price. Madison, Prehistory Press: 11 – 20.

Hayden, B. (1995). "A New Overview of Domestication". In *Last Hunters: First Farmers*. T. D. Price and A. B. Gebauer. Santa Fe, School of American Research Press: 273 – 300.

Hayden, B. (2001). "Richman, Poorman, Beggarman, Chief: The Dynamics of Social Inequality". In *Archaeology at the Millennium: A Sourcebook*. T. D. Price. New York, Kluwer Academic/Plenum Publisher: 231 – 272.

Hayden, B. and R. Gargett (1990). "Big Man, Big Heart? A Mesoamerican View of the Emergence of Complex Society". *Ancient Mesoamerica* **1**: 3 – 20.

Helms, M. W. (1979). *Ancient Panama: Chiefs in Search of Power*. Austin and London, University of Texas Press.

Helms, M. W. (1992). " Thoughts on Public Symbols and Distant Domains Relevant to be the Chiefdoms of Lower Central America". In *Wealth and Hierarchy in the Intermediate Area*. F. W. Lange. Washington D.C., Dumbarton Oaks: 317 – 329.

Hirth, K. (1992). "Interregional Exchange as Elite Behavior: An Evolutionary Perspective". In *Mesoamerican Elites: An Archaeological Assessment*. D. Z. Chase and A. F. Chase. Norman, University of Oklahoma Press: 19 – 29.

Hodder, I. (1982). *Symbols in Action*. Cambridge, Cambridge University Press.

Hodder, I. (1986). *Reading the Past: Current Approaches to Interpretation in Archaeology*. Cambridge, Cambridge University Press.

Hodder, I. (1992). *Theory and Practice in Archaeology*. London, New York, Routledge.

Hodder, I., Ed. (1978). *The Spacial Organization of Culture*. Pittsburgh, University of Pittsburgh Press.

Hsu, Cho-Yun (1986). "Historical Conditions of the Emergence and Crystallization of the Confucian System". In *The Origins and Diversity of Axial Age Civilizations*. S. N. Eisenstadt. Albany, State University of New York Press: 306 – 324.

Huang, Tsui-Mei (1992). "Liangzhu: A Late Neolithic Jade-yielding Culture in Southeastern Coastal China". *Antiquity* **66**: 75 – 83.

Hummel, A. W. (1929). "What Chinese Historians Are Doing in Their Own History". *The American Historical Review* **34** (4): 715-724.

James, J. M. (1991). "Images of Power: Masks of the Liangzhu Culture". *Orientations* **22**: 46-55.

Jennbert, K. (1985). "Neolithisation: A Scanian Perspective". *Journal of Danish Archaeology* **4**: 196-197.

Johnson, G. A. (1977). "Aspects of Regional Analysis in Archaeology". *Annual Review of Anthropology* **6**: 479-508.

Johnson, G. A. (1980). "Rank-size Convexity and System Integration: A View from Archaeology". *Economic Geography* **56**(3): 234-247.

Johnson, G. A. (1981). "Monitoring Complex System Integration: A View Boundary Phenomena with Settlement Size Data". In *Archaeological Approaches to the Study of Complexity*. E. v. d. L. Sander. Amsterdam, A. E. van Giffen Instituut woor Praeen Protohistorie.

Joyce, R. A. (2000). "High Culture, Mesoamerican Civilization, and the Classic Maya Tradition". In *Order, Legitimacy, and Wealth in Ancient States*. v. M. Buren. Cambridge, Cambridge University Press: 64-76.

Keightley, D. N. (1985). "Dead but not Gone: Cultural Implications of Mortuary Practice in Neolithic and Early Bronze Age China ca. 8000 to 1000 B.C". In *Paper Presented to the Conference on the Ritual and Social Significance of Death in Chinese Society*, Oracle, Arizona, January, 1985.

Keightley, D. N. (1987). "Archaeology and Mentality: The Making of China". *Representations* 18: 91-128.

Kent, S. (1984). *Analyzing Activity Areas: An Ethnoarchaeological Study of the Use of Space*. Albuquerque, University of New Mexico Press.

Kent, S. (1990). "Activity Areas and Architecture: An Interdisciplinary View of the Relationship between Use of Space and Domestic Built Environments". In *Domestic Architecture and the Use of Space: An Interdisciplinary Cross-cultural Study*. K. Susan. Cambridge, Cambridge University Press: 1-8.

Kirch, P. V. (1980). "Burial Structures and Societal Ranking in Vava'u, Tonga". *Journal of the Polynesian Society* **89**(3): 291-308.

Kolb, C. C. (1985). "Demographic Estimates in Archaeology: Contributions from Ethnoarchaeology on Mesoamerican Peasants". **26**: 581-599.

Kramer, C. (1978). "Estimating Prehistoric Populations: An Ethnoarchaeological Approach". *Colloque International* C. N. R. S. **No.580**.

Kristiansen, K. (1991). "Chiefdoms, States, and Systems of Social Evolution". In *Chiefdoms: Power, Economy, and Ideology*. T. K. Earle. New York, Cambridge University Press: 16-43.

Kvamme, K. L. (1989). "Geographic Information System in Regional Archaeological Research and Management". In *Archaeological Method and Theory*. M. B. Schiffer. Tucson, University of Arizona Press. **1**: 139-203.

Kvamme, K. L. (1990). "GIS Algorithms and Their Effect on Regional Archaeological Analysis". In *Interpreting Space: GIS and Archaeology*. E. B. W. Zubrow, Taylor and Francis: 112-126.

LaMotta, V. M. and M. B. Schiffer (1999). "Formation Processes of House Floor Assemblages". In *The Archaeology of Household Activities.* P. M. Allison. London and New York, Routledge: 19 – 29.

Lawrence, R. J. (1990). "Learning from Colonial Houses and Lifestyles".In *Vernacular Architecture.* M. Turan. Aldershot, Avebury: 219 – 257.

Lawrence, S. (1999). "Towards a Feminist Archaeology of Households: Gender and Household Structure on the Australian Goldfields". In *The Archaeology of Household Activities.* P. M. Allison. London, Routledge: 121 – 141.

Leach, E. R. (1954). *Political Systems of Highland Burma.* Lodon, Athlone Press.

Leblanc, S. (1971). "An Addition to Naroll's Suggested Floor Area and Settlement Population Relationship". *American Antiquity* **36**: 210 – 211.

Lederman, R. (1986). *What Gifts Engender: Social Relations and Politics in Mendi Highland Papua New Guinea.* Combridge, Combridge University Press.

Lee, R. B. (1969). "Kung Bushmen Subsistence: An Input-output Analysis". In *Environment and Cultural Behavior.* A. P. Vayda. New York, Natural History Press: 47 – 79.

Lee, Yun Kuen (1993). "Spatial Expression of Segmentary Organization: A Case Study of a Yangshao Settlement Site". (Paper presented at the 58th Annual Meeting of Society American Archaeology). Saint Louis.

Lee, Yun Kuen and Zhu Naicheng (2002). "Social Integration of Religion and Ritual in Prehistoric China". *Antiquity* **76**: 715 – 23.

Li, Chi (1977). *Anyang.* Seattle, University of Washington Press.

Licent.E (1932). "Les Collection Neolithiques du musee Hoang ho Pai ho de Tientisin", *Publicatin du Musee Hoang ho Pai ho de Tientsin*, **No. 14**.

Lindstrom, L. (1984). " Doctor, Lawyer, Wise Man, Priest: Big Man and Knowledge in Melanesia ". *Man* **19**: 291 – 309.

Liu, Hongyan, Xu Lihong, et al. (2002). "Holocene History of Desertification along the Woodland-Steppe Border in Northern China". *Quaternary Research* **57**: 259 – 270.

Liu, Li (1994). *Development of Chiefdom Societies in the Middle and Lower Yellow River Valley in Neolithic China: A Study of the Longshan Culture from the Perspective of Settlement Patterns* (Ph. D. dissertation). Cambridge, Harvard University.

Liu, Li (1996). "Settlement Patterns, Chiefdom Variability, and the Development of Early States in North China". *Journal of Anthropological Archaeology* **15**: 237 – 288.

Liu, Li (1999). "Who Were the Ancestors? The Origins of Chinese Ancestral Cult and Racial Myths". *Antiquity* **73**: 602 – 613.

Liu, Li (2000a). "Ancestor Worship: An Archaeological Investigation of Ritual Activities in Neolithic North China". *Journal of East Asian Archaeology* **2**: 129 – 163.

Liu, Li (2000b). "The Development and Decline of Social Complexity in China: Some Environmental and Social Factors". *Bulletin of the Indo-Pacific Prehistory Association* (Melaka Papers) **20**(4): 14 – 33.

Liu, Li (2003). "'The Products of Minds as well as of Hands': Production of Prestige Goods in the Neolithic and Early State Periods of China". *Asian Perspectives* **42**(1): 1 – 40.

Liu, Li and Chen Xingcan (1999). "Archaeology of China". In *Encyclopedia of the History of Archaeology*. T. Murray. Santa Barbara, ABC-CLIO. **3**: 315 – 333.

Liu, Li and Chen Xingcan (2001). "Settlement Archaeology and the Study of Social Complexity in China". *The Review of Archaeology* **22**: 4 – 21.

Liu, Li and Chen Xingcan (2010). "Sociopolitical Change from Neolithic to Bronze Age China". In *An Archaeology of Asia*. M. T. Stark, Blackwell Publishers.

Liu, Li and Chen Xingcan (2012). *The Archaeology of China*. London, Cambridge University Press.

Liu, Li, Chen Xingcan, et al. (In press). "Settlement Patterns and Development of Social Complexity in the Yiluo Region, North China". *Journal of Field Archaeology*.

Lu, T. Lie-Dan. (1999). *The Transition form Foraging to Farming and the Origin of Agriculture in China*. Oxford, BAR International Series 774.

Lu, T. Lie-Dan. (2002). "A Green Foxtail (Setaria Viridis) Cultivation Experiment in the Middle Yellow River Valley and Some Related Issues". *Asian Perspective* **41**(1): 1 – 14.

Mann, M. (1986). *The Sources of Social Power*. Cambridge.

Marcus, J. (2000). "Toward an Archaeology of Communities". In *The Archaeology of Communities: A New World Perspective*. J. Yaeger. London and New York, Routledge: 231 – 242.

McGuire, R. H. and M. B. Schiffer (1983). "A theory of Architectural Design". *Journal of Anthropological Archaeology* **2**: 277 – 303.

Meadows, K. (1999). "The Appetites of Households in Early Roman Britain". In *The Archaeology of Household Activities*. P. M. Allison. London, Routledge: 101 – 120.

Merry de Morales, M. (1987). "Chalcatzingo's Burials as Indicators of Social Ranking". In *Ancient Chalcatzingo*. C. G. David. Austin, University of Texas Press: 95 – 113.

Miller, D. and C. Tilley (1984). "Ideology, Power and Prehistory: An Introduction". In *Ideology, Power and Prehistory*. D. Miller and C. Tilley. London, CPU: 1 – 16.

Moore, A. M. T. (1995). "The Inception of Potting in Western Asia and Its Impact on Economy and Society". In *The Emergence of Pottery: Technology and Innovation in Ancient Societies*. W. K. Barnett and J. W. Hoopes. Washington and London, Smithsonian Institution Press: 39 – 53.

Mou, Yongkang (1997). "An Archaeological Investigation into the Function of the Jade Bi and Cong". In *Chinese Jade*. R. E. Scott. London, Percival David Foundation of Chinese Art: 63 – 76.

Murowchick, R. (1997). "The State of Sino-foreign Collaborative Archaeology in China". *Orientations* **28**: 26 – 33.

Murray, T. and M. J. Walker (1988). "Like What? A Practical Question of Analogical Inference and Archaeological Meaningfulness". *Journal of Anthropological Archaeology* **7**: 248 – 287.

Naroll, R. (1962). "Floor Rea and Settlement Population". *American Antiquity* **27**: 587 – 589.

Needham, J. (1959). *Science and Civilization in China Ⅲ: The Sciences of the Heavens*. Cambridge, Cambridge University Press.

Nelson, S. M. (1991). "The Goddess Temple and the Status of Niuheliang, China". In *The Archaeology of Gender*. D. Walde and N. Willows. Proceedings of the 22nd annual Chacmool Conference. Calgary, Alberta,

Canada: 302 - 308.

Nelson, S. M. (1995a). Introduction. *The archaeology of Northeast China*. S. M. Nelson. London and New York, Routledge: 1 - 20.

Nelson, S. M. (1995b). "Ritualized Pigs and the Origins of Complex Society: Hypotheses Regarding the Hongshan Culture". *Early China* **20**: 1 - 16.

Nelson, S. M. (1996). "Ideology and the Formation of an Early State in Northeast China". In *Ideology and the Early State*. H. Claessen and J. Oosten. Leiden, E.J. Brill: 153 - 169.

Nelson, S. M. (1998). "Pigs in the Hongshan Culture". In *Ancestors for the Pigs: Pigs in Prehistory*. S. M. Nelson, Museum Applied Science Center for Archaeology University of Pennsylvania Museum of Archaeology and Anthropology: 99 - 108.

Nutini, H. G. (1967). "A Synoptic Comparison of Mesoamerican Marriage and Family Structure". In *Southwestern Journal of Anthropology* **23**: 383 - 404.

Nutini, H. G. (1968). *San Bernardino Contla: Marriage and Family Structure in a Tlaxcalan Municipio*. Pittsburgh, University of Pittsburgh Press.

Oliver, D. (1955). *A Solomon Island Society*. Cambridge, Harvard University Press.

Olsen, J. W. (1987). "The Practice of Archaeology in China Today". *Antiquity* **61**: 282 - 290.

Parsons, J. R. (1982). "Mortuary Practices, Society and Ideology: An Ethnoarchaeological Study". In *Symbolic and Structural Archaeology*. I. Hodder. Cambridge, Cambridge University Press: 99 - 113.

Paso Y Troncoso, F. D. (1939 - 1942). "Epistolario de Nueva Espana, 1508 - 1818". *Antigua Libreria Robredo de Jose Porruae Hijos* **2**.

Paynter, R. and R. H. McGuire (1991). "The Archaeology of Inequality: Material Culture, Demination, and Resistance". In *The Archaeology of Inequality*. R. Paynter. Oxford, Blackwell: 1 - 27.

Pearson, R. (1981). "Social Complexity in Chinese Coastal Neolithic Sites". *Science* **213**: 1078 - 1086.

Peebles, C. S. (1971). "Moundville and Surrounding Sites: Some Structural Considerations of Mortuary Practices". In *Approaches to the Social Dimensions of Mortuary Practices*, *Memoirs of the Society for American Archaeology*. J. A. Brown: 68 - 91.

Peebles, C. S. (1987). "Moundville from 1000 to 1500 AD as Seen from 1840 to 1985 AD". In *Chiefdoms in the Americas*. C. A. Uribe. New York, Lanham: 21 - 41.

Peebles, C. S. and S. M. Kus (1977). "Some Archaeological Correlates of Ranked Societies". *American Antiquity* **42**: 421 - 448.

Plog, S. (1990). "Agriculture, Sedentism, and Environment in the Evolution of Political System". In *The Evolution of Political Systems: Sociopolitics in Small-scale Sedentary Societies*. S. Upham. Cambridge, Cambridge University Press: 177 - 199.

Price, T. D. (1995). "Social Inequality at the Origins of Agriculture". In *Foundations of Social Inequality*. T. D. Price and G. M. Feinman. New York and London, Plenum Press: 129 - 151.

Rao, N. V. K. (1974). "Impact of Drought on the Social System of a Telengana Village". *The Eastern Anthropologist* **27**: 299 - 314.

Rapp, G. R., Jing Zhichun, et al. (2000). *Anyang Project: Co-evolution of Human Societies and*

Landscapes, *Annual Report for 1998 - 1999*. Unpublished report.

Redman, C. L. and P. J. Watson (1970). "Systematic, Intensive Surface Collection". *American Antiquity* **35**(3): 280 - 291.

Renfrew, C. (1974). "Beyond a Subsistence Economy: The Evolution of Social Organization in Prehistoric Europe". In *Reconstructing Complex Societies: An Archaeological Colloquium*. C. B. Moore. Ann Arbor: 69 - 95.

Renfrew, C. (1994a). "The Archaeology of Religion". In *The Ancient Mind: Elements of Cognitive Archaeology*. E. B. W. Zubrow. Cambridge, Cambridge University Press: 47 - 54.

Renfrew, C. (1994b). "Towards a Cognitive Archaeology". In *The Ancient Mind: Elements of Cognitive Archaeology*. E. B. W. Zubrow. Cambridge, Cambridge University Press: 3 - 12.

Rindos, D. (1984). *The Origins of Agriculture: An Evolutionary Perspective*. Orlando, Academic Press.

Robbins, M. C. (1966). "House Types and Settlement Patterns: An Application of Ethnology to Archaeological Interpretation". *Minnesota Archaeology* **28**: 3 - 26.

Rosen, A. (1995). "The Social Response to Environmental Change in Early Bronze Age Canaan". *Journal of Anthropological Archaeology* **14**: 26 - 44.

Rosenberg, M. (1998). "Territoriality and Sedentism in an Evolutionary Context". *Current Anthropology*.

Rossmann, D. L. (1976). "A Site Catchment Analysis of San Lorenzo, Veracruz". In *The Early Mesoamerican Village*. K. V. Flannery. New York, Academic: 95 - 103.

Sahlins, M. (1958). *Social Stratification in Polynesia*. Seattle, University of Washington Press.

Sahlins, M. (1960). *Evolution: Specific and General*. M. Sahlins and E. Service. Ann Arbor, University of Michigan Press: 12 - 44.

Sahlins, M. (1962). *Moala: Culture and Nature on a Fijian Island*. Ann Arbor, University of Michigan Press.

Sahlins, M. (1963). "Poor Man, Rich Man, Big Man, Chief: Political Types in Melanesia and Polynesia". *Comparative Studies in Society and History* **5**: 258 - 303.

Samson, R. (1990). Introduction. *The Social Archaeology of Houses*. R. Samson. Edinburgh, Edinburgh University Press: 1 - 18.

Sanders, W. T. (1999). "Three Valleys: Twenty-five Years of Settlement Archaeology in Mesoamerica". In *Settlement Pattern Studies in the Americas—Fifty Years since Viru*. G. M. Feinman. Washington and London, Smithsonian Institution Press: 12 - 21.

Sanders, W. T. and D. Webster (1978). "Unilinealism, Multilinealism, and the Evolution of Complex Societies". In *Social Archaeology*. M. J. B. C.L.Redman, E.V. Curtin, W.T. Langhorne, Jr., N. M. Versaggi, and J. C. Wanser. New York, Academic Press: 249 - 302.

Savage, S. H. (1989). *Projecting Settlement Patterns with Geographic Information Systems and the Archaeological Resource Management System*. The first Annual World Archaeological Congress, Baltimore.

Schneider, L. A. (1971). *Ku Chieh-kang and China's New History: Nationalism and the Quest for Alternative Traditions*. Berkeley, University of California Press.

Schneider, P., Schneider, J. and E. Hansen (1972). "Mordenization and Development: The Role of

Reginal Elites and Noncorporate Groups in European Mediterranean". *Comparative Studies in Society and History* **14**: 328 – 350.

Service, E. (1962). *Primitive Social Organization.* New York, Random House.

Service, E. (1975). *Origins of the State and Civilization: The Process of Cultural Evolution.* New York, Norton.

Shanks, M. and C. Tilley (1987). *Social Theory and Archaeology.* Cambridge, Polity Press.

Sharer, R. J. and W. Ashmore (1987). *Archaeology: Discovering Our Past.* California, Mayfield Publishing Company.

Shelach, G. (1994). "Social Complexity in North China during the Early Bronze Age: A Comparative Study of the Erlitou and Lower Xiajiadian Cultures". *Asian Perspective* **33**(2): 261 – 292.

Shelach, G. (1999). *Leadership Strategies. Economic Activity, and Interregional Interaction: Social Complexity in Northeast China.* New York, Kluwer Academic/Plenum Publishers.

Shelach, G. (2000). "The Earliest Neolithic Cultures of Northeast China: Recent Discoveries and New Perspectives on the Beginning of Agriculture". *Journal of World Prehistory* **14**(4): 363 – 413.

Shelach, G. (2002). "Apples and Oranges? A Cross-cultural Comparison of Burial Data from Northeast China". *Journal of East Asian Archaeology* **3**: 53 – 90.

Smith, B. D. (2001). "The Transition to Food Production". In *Archaeology at the Millennium: A Sourcebook.* G. Feinman and T. D. Price. New York, Kluwer Academic/Plenum Publisher: 199 – 229.

Spencer, C.S. (1982). *The Cuicatldn Canada and Monte Albdn: A Study of Primary State Formation.* New York: Academic Press.

Spencer, C. S. (1987). "Rethinking the Chiefdom". In Drennan, R. D., and Uribe, C. A. (eds.), *Chiefdoms in the Americas*, University Press of America, Lanham.

Spencer, C. S. (1990). "On the Tempo and Mode of State Formation: Neoevolutionism Reconsidered". *Journal of Anthropological Archaeology* **9**: 1 – 30.

Spengler, O. 1918(1922). *Decline of the West.* New York, Alfred Knopf.

Spielmann, K. (1998). "Ritual Craft Specialists in Middle Range Societies". In *Craft and Social Identity, Archaeological Papers of the American Anthropological Association.* C. L. Costin and R. P. Wright. Arlington, American Anthropological Association. **8**: 153 – 160.

Spitz, P. (1980). "Drought and Self-provisioning". In *Climatic Constraints and Human Activities.* J. Ausubel and A. K. Biswas. Pergamon, Oxford: 125 – 147.

Steponaitis, V. P. (1978). "Location Theory and Complex Chiefdoms: A Mississippian Example". In *Mississippian Settlement Pattern.* B. D. Smith. New York, Academic Press: 417 – 453.

Steponaitis, V. P. (1981). "Settlement Hierarchy and Political Complexity in Nonmarket Societies: The Formative Period of the Valley of Mexico". *American Anthropologist* **83**: 320 – 363.

Steponaitis, V. P. (1991). "Contrasting Patterns of Mississippian Development".In *Chiefdoms: Power, Economy, and Ideology.* T. K. Earle. New York, Cambridge University Press: 196 – 228.

Steward, J. H. (1937). "Ecological Aspects of Southwestern Society". *Anthropos* **32**: 87 – 104.

Strathern, A. (1969). "Finance and Production: Two Strategies in New Guinea Highland Exchange

Systems". *Oceania* **40**: 42 – 67.

Su, Bingqi (1997). "Hua People-descendants of the Dragon—Chinese: An Archaeological Seeking after Roots". *Antiquity* **71**: 37 – 39.

Swanton, J. R. (1979). *The Indians of the Southeastern United States.* Washington D. C., Smithsonian Institution Press.

Tainter, J. A. (1973). "The Social Correlates of Mortuary Patterning at Kaloko, North Kona, Hawaii". *Archaeology and Physical Anthropology in Oceania* **8**: 1 – 11.

Tainter, J. A. (1975). "Social Inference and Mortuary Practices: An Experiment in Numerical Classification". *World Archaeology* **7**(1): 1 – 15.

Tainter, J. A. (1989). *The Collapse of Complex Societies.* Cambridge, Cambridge University Press.

Tong, Enzheng (1995). "Thirty Years of Chinses Archaeology (1949 – 1979)". In *Nationalism, Politics, and the Practice of Archaeology.* P. Kohl and C. Fawcett. Cambridge and New York, Cambridge University Press: 177 – 197.

Torii R. and Torii K. (1914). "Populations Primitives de la Mogolie Oriental". *Journal of Science*(36/4).

Townsend, J. (1996). *Chinese Nationalism.* J. Unger. Armonk, M.E.Sharpe: 1 – 30.

Toynbee, A. (1961). *A Study of History.* Oxford, Oxford University Press.

Trigger, B. G. (1968). "The Determinants of Settlement Patterns". In *Settlement Archaeology.* K. C. Chang. Palo Alto, California, National Press Books: 53 – 78.

Trigger, B. G. (1993). *Early Civilizations: Ancient Egypt in Context.* Cairo, American University in Cairo Press.

Trigger, B. G. (1998). *Sociocultural Evolution.* Oxford, Malden, Blackwell Publishers.

Turner, C. G. and L. Lofgren (1966). "Household Size of Prehistoric Western Pueblo Indians". *Southwestern Journal of Anthropology* **22**: 117 – 132.

Underhill, A. P. (1983). *A Mortuary Analysis of the Dawenkou Cemetery Site.* Unpublished Master's Thesis. Department of Anthropology, University of British Columbia.

Underhill, A. P. (1991). "Pottery Production in Chiefdoms: The Longshan Period in Northern China". *World Archaeology* **23** (1): 12 – 27.

Underhill, A. P. (1997). "Current Issues in Chinese Neolithic Archaeology". *Journal of World Prehistory* **11**: 103 – 160.

Underhill, A. P. (2000). "An Analysis of Mortuary Ritual at the Dawenkou Site, Shandong, China". *Journal of East Asian Archaeology* **2**: 93 – 127.

Underhill, A. P., G. Feinman, et al. (1998). "Systematic, Regional Survey in SE Shandong Province, China". *Journal of Field Archaeology* **25**: 453 – 474.

Van Wersch, H. J. (1972). "The Agricultural Economy". In *The Minnesota Messenia Expedition: Reconstructing a Bronze Age Environment.* G. R. Rapp. Minneapolis, University of Minnesota Press: 177 – 187.

Vita-Finzi, C. and E. S. Higgs (1970). "Prehistoric Economy in the Mount Carmel Area of Palestine: Site Catchment Analysis". *Proceedings of the Prehistoric Society* **36**: 1 – 37.

Wang, Tao (1997). "Establishing the Chinese Archaeological School: Su Bingqi and Contemporary Chinese Archaeology". *Antiquity* **71**: 31 – 39.

Welch, P. D. (1991). Chapter 2. "Theoretical Background". *Moundville's Economy.* Tuscaloosa, The University of Alabama Press: 6 – 22.

Wen, Guang and Jing Zhichun (1992). "Chinese Neolithic Jade: A Preliminary Geoarchaeological Study". *Geoarchaeology: An International Journal* **3**(3): 251 – 275.

Wen, Guang and Jing Zhichun (1996). "Mineralogical Studies of Chinese Archaic Jade". *Acta Geologica Taiwanica* **32**: 55 – 83.

White, L. A. (1949). *The Science of Culture: A Study of Man and Civilization.* New York, Farrar, Straus.

White, L. A. (1959). *The Evolution of Culture.* New York, McGraw-Hill.

Wilkinson, T. J. (2000). "Regional Approaches to Mesopotamian Archaeology: The Contribution of Archaeological Surveys". *Journal of Archaeological Research* **8**(3): 219 – 267.

Willey, G. R. (1953). *Prehistoric Settlement Patterns in the Viru Valley.* Washington, D.C., Smithonian Institution.

Willey, G. R. (1968). "Settlement Archaeology: An Appraisal". In *Settlement Archaeology.* K. C. Chang. Palo Alto California, National Press Books: 208 – 226.

Willey, G. R. (1974). "The Viru Valley Settlement Pattern Study". In *Archaeological Researches in Retrospect.* G. R. Willey. Cambridge, Winthrop: 149 – 179.

Willey, G. R. (1999). "The Viru Valley Project and Settlement Archaeology: Some Reminiscences and Contemporary Comments". In *Settlement Pattern Studies in the Americas: Fifty Years since Viru.* G. M. Feinman. Washington and London, Smithsonian Institution Press: 9 – 11.

Willey, G. R. and J. A. Sabloff (1993). *A History of American Archaeology.* London, Thames and Hudson Ltd.

Winkler, M. G. and P. K. Wang (1993). "The Late-quaternary Vegetation and Climate of China". In *Global Climates since the Last Glacial Maximum.* P. J. Bartilein. Minneapolis and London, University of Minnesota Press: 221 – 264.

Winter, M. C. (1972). *Tierras Largas: A Formative Community in the Valley of Oaxaca, Mexico* (unpublished Ph.D. thesis). Tucson, Department of Anthropology, University of Arizona.

Winter, M. C. and J. W. Pires-Ferreira (1976). "Distribution of Obsidian among Households in two Oaxacan Villages". In *The Early Mesoamerican Village.* K. V. Flannery. New York, Academic: 306 – 311.

Wright, H. E. (1993). "Environmental Determination in Near East Prehistory". *Current Anthropology* **34**(4): 458 – 469.

Wright, H. T. (1984). "Pre-state Political Formation". In *On the Evolution of Complex Societies: Essays in Honor of Harry Hoijer* 1982. T. K. Earle. Malibu, Undena Publications: 41 – 77.

Wu, Hong (1985). "Bird Motif in Eastern Yi Art". *Orientations* **16**(10): 30 – 41.

Yan, Wenming (1992). "Origins of Agriculture and Animal Husbandry in China". In *Pacific Northeast Asia in Prehistory: Hunter-fisher-gatherers, Farmers and Sociopolitical Elites.* C. M. Aikens and S. N. Rhee. Pullman, Washington State University Press: 113 – 123.

Yan, Wenming (2002). "The Origins of Rice Agriculture, Pottery and Cities". In *The Origins of Pottery and Agriculture.* Y. Yoshinori. New Delhi, Lustre Press: 151 – 156.

Yoffee, N. (1985). "Perspectives on 'Trends towards Social Complexity in Prehistoric Australia and Papua New Guinea'". *Archaeology in Oceania* **20**(2): 41-49.

Yoffee, N. (1988). Orienting Collapse. *The Collapse of Ancient States and Civilizations.* N. Yoffee and G. L. Cowgill. Tucson, The University of Arizona Press: 1-19.

Yoffee, N. (1993). "Too Many Chiefs? (or Safe Texts for the '90s)". In *Archaeological Theory: Who Sets the Agenda?* N. Yoffee and A. Sherratt. Cambridge, Cambridge University Press: 60-78.

Yuan, Jing and R. K. Flad (2002). "Pig Domestication in Ancient China". *Antiquity* **76**: 724-732.

Zarky, A. (1976). "Statistical Analysis of Site Catchments at Ocos, Guatemala". In *The Early Mesoamerican Village.* K. V. Flannery. New York, Academic: 117-128.

Zimmerman, L. J. (1977). *Prehistoric Locational Behavior: A Computer Simulation.* Iowa City, University of Iowa Press.

